新时代

追梦火箭人

李明华　主编

人民出版社

序

伟大的事业，孕育伟大的精神；伟大的精神，滋养成就伟大的事业。伟大的事业和伟大的精神一定会锻造出伟大的英才队伍。以航天精神武装起来的航天英才队伍，是我国航天事业永续辉煌最根本、最强大的支撑力量。

伴随着共和国70年波澜壮阔的历史征程，中国航天事业也走过了60余年的辉煌发展道路。以钱学森为代表的先驱带领着一大批航天科技工作者创造了“两弹一星”的惊人创举，并一步步实现了导弹武器、运载火箭、人造卫星、载人航天、月球探测等具有里程碑意义的伟大成就。如今，“北斗”指路、“天宫”揽胜、“嫦娥”奔月，航天员中期驻留、太空授课……航天事业每一步的完美跨越，背后都有着航天精神作为坚定支撑。

航天“三大精神”是中国航天精神的集中体现。自1956年党中央决策发展航天事业以来，先后形成了航天传统精神、“两弹一星”精神和载人航天精神，统称为航天“三大精神”。航天“三大精神”反映了不同时期航天事业的特征，体现着一脉相承的伟大民族精神，是中国特色社会主义先进文化的重要组成部分。航天“三大精神”本质上是一种信仰，是一种对党、对国家、对民族、对人民、对事业的无限忠诚。

60余年时光流转，以“自力更生、艰苦奋斗、大力协同、无私奉献、严谨务实、勇于攀登”为元素的航天传统精神，早已成为航天人甚至整个国民的集体记忆。20世纪80年代，它鼓舞了一代中国人投身改革开放的豪情壮志。如今，年轻一代在网络上以他们特有的方式刷屏点赞，领略航天精神的内涵。“90后”网友感叹：“正是因为有了宝贵的‘精神力’，我们的航天英雄们才能写下这样的灿烂诗篇。”

精神的回响穿越时空。航天“三大精神”的表述内容历经变化，但蕴含在其中的共性特征，深深植根于航天事业的肥沃土壤和航天人的心田，一以贯之、历久弥新。《新时代追梦火箭人》一书，把火箭人的故事内容分为六章，分别体现热爱祖国的根本内核、改革创新的时代要义、自力更生的立业之本、无私奉献的崇高境界、协同攻坚的大局意识、勇攀高峰的科学追求。这些特质是航天“三大精神”的共性特征，是航天“三大精神”的丰富内涵所在、持久魅力所在、深刻启迪所在，也是新长征路上火箭人不畏艰险、奋斗新时代的底气所在、力量所在。航天“三大精神”是中国精神的灿烂映射。它蕴含的是一种让人激动落泪、催人昂扬向上的力量。

《新时代追梦火箭人》一书以50个来自中国航天科技集团有限公司第一研究院（以下简称航天一院）的火箭人及团队为代表，把他们对航天事业的忠诚与热爱倾注于笔端，鲜活记录了火箭人工作、生活中的点滴，深刻体现了火箭人的意志、情感。

翻看这本书，里面一个又一个的“航天故事”让我既感动又惊喜、既温暖又震撼。其中既有追求极致终成大国工匠的航天特种熔融焊接工，喜欢手敲键盘敲出一行行计算机代码助力火箭腾飞的航天博士，也有在刀尖上跳“芭蕾”、向着弥漫的毒气逆行的抢险团队，在生命的最后关头发出的短信仍然牵挂工作的航天老兵，还有长年与寂寞为伴、与艰苦共舞的火工品库保管员……无论是一线还是后勤，无论重要还是普通，无论年轻还是资深，他们如同组成火箭的几万个甚至是几十万个零部件一样，成为航天事业不可或缺的一分子。同时，我们能够深深地感受到，在这些人物、这些故事里，有命运与时代的激烈碰撞，有化不可能为可能、虽九死其犹未悔的价值追求，有苦度长夜的辛劳与坚韧，有以明丽的光芒照亮的人性角落……这些平凡英雄们对追逐中国梦、强军梦、航天梦的接力，对航天事业的执着与坚守，无一不回应着新时代的呼吸与脉动。

这些生动的、可触摸的故事直击人心，他们为航天“三大精神”增添了生动具体的注解，以平凡书写不凡，以普通铸就伟大。一代又一代火箭人，越来越多的火箭人为国强、为民安，用激情和热血书写着“我和航天”的故事，“我和祖国”的情缘。

实现中华民族伟大复兴中国梦的关键时期，前进道路上挑战和风险仍有许多，难以想象的惊涛骇浪也有可能出现，没有一次发射的成功可以唾手可得，没有一个型号的研制无须风雨洗礼，除了奋发图强、勇敢斗争，我们别无选择。无论我们走了多远，无论我们怎样改变，有效支撑世界一流军队建设、推动我国全面建成世界航天强国的精神力始终如一。

2019 年，几项数据刷新了中国航天史的纪录：长征三号甲系列运载火箭发射次数突破 100 次、长征系列运载火箭发射次数超过 300 次，长征系列运载火箭发射连续成功次数达到 26 次，助力中国独居世界航天发射次数年度第一。特别是 12 月 27 日，长征五号遥三运载火箭发射成功，意味着我国具备发射更重航天器以及将航天器送向更远深空的能力，为后续开展载人空间站建设、探月工程“嫦娥五号”任务及首次火星探测任务等打下了坚实基础。然而我们也只是走完了万里长征的前几步，正如习近平总书记所指出的那样：“中国人探索太空的脚步会迈得更大、更远。”

漫长岁月里，中华民族的飞天梦永不停歇，仰望星空是我们每一个人的梦想。只要目标在前，万水千山只等闲。我由衷地期望中国航天人在新时代、新长征中不断大力弘扬航天“三大精神”，不断助推中国航天事业蓬勃发展，支撑实现中华民族的伟大复兴！

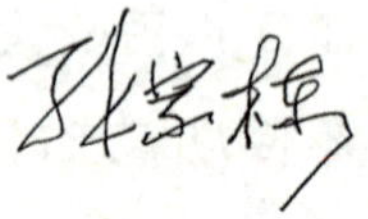

目　录

三 自力更生的立业之本

四 无私奉献的崇高境界

五 协同攻坚的大局意识

六 勇攀高峰的科学追求

前言　我们是新时代追梦火箭人

德国哲学家康德曾说，世界上唯有两样东西能深深地震撼我们的心灵，一个是内心崇高的道德法则，另一个就是头顶的灿烂星空。

古往今来，从嫦娥奔月到万户飞天，中国人的飞天梦与中华民族的历史一样悠远。

尤其是新中国成立以来，航天探索作为人类伟大而艰难的实践活动之一，召唤着一代又一代中国航天人前仆后继，忘我奋斗，本着“航天报国、航天强国”的崇高价值追求，一次次向太空挺进，完成一个个航天壮举，于九天之上镌刻下中国印记。

伟大的事业孕育伟大的精神。伴随着中国航天事业的发展，航天科技工业培育形成了航天“三大精神”。而进入新的时代，航天精神不仅不会过时，反而有了新的体现、新的发展和新的要义。

热爱祖国始终是航天精神的根本内核。中国火箭人深知，只有中国的火箭打得高，中国人的头才能抬得高。

新中国建立之初，我国航天事业奠基人钱学森毅然放弃在国外正处于巅峰的科研事业和优厚待遇，历经五年多磨难冲破美国阻挠回到祖国。他说：“我的事业在中国，成就在中国，归宿在中国。”在他带领下，老一辈航天人战胜了难以想象的艰难险阻，攻克了一大批关键技术，打破了西方强国对航天尖端技术的垄断，支撑他们前行的正是心中浓浓的家国情怀。

身处日新月异的时代，面对社会转型、体制转轨、物质生活丰富和价值取向多元，新一代的中国火箭人经受着更多的诱惑，要迎接更大的挑战。

若没有爱国情怀，是干不了航天，更干不好航天的。

2019年年初，一家航天民营企业以上百万年薪和总工程师的职位，向新一代大型运载火箭长征五号副总师李学峰抛出橄榄枝。李学峰不假思索地婉拒了："国家繁荣富强得靠自己，奔钱去多少才算够，但是为祖国作贡献的机会错过了，一辈子就没有了。"

如今，我国整个长征系列运载火箭发射已超过300次，成功率超过96%。"这就是和平年代，我们年轻人报效祖国最直接的方式！"十几年如一日，经历过六十多枚火箭发射的总体设计部主任设计师胡炜如是说。

中国航天从创立那天起，就经受着西方航天强国的封堵。火箭人暗下决心、积蓄实力——既然被"拉黑"，我们就拼命地自力更生。

刚回国的钱学森曾被问，"中国人能不能搞导弹？""外国人能干的，中国人为什么不能干！我们中国人难道比外国人矮一截吗？"钱学森掷地有声的回答似一声惊雷，划破隆冬季节的冰封。

1960年，我国国民经济面临严重困难，苏联撤走专家。在其后的3个月时间里，中国火箭人就拿出了"争气弹"——由我国自主制造的第一枚近程导弹成功发射。

经过六十多年的接续奋斗，从仿制到自行设计，从"两弹一星"到载人航天、探月工程、北斗工程，我国迅速跻身世界航天大国之列，最根本的一点，就是中国航天事业始终坚持自力更生和自主创业。正如习近平总书记所强调的那样："大国重器必须掌握在自己手里。"

作为我国航天特种复合材料的先行人，冯志海接到给飞行器做一件国产"防热衣"的任务。"不就是从零开始嘛，不怕，拧成一股劲！外国人能干出的材料，我们中国人也一定能干出来，而且要干得更好！"他带领团队研制出打破国际垄断的新型复合材料，让国之重器不再被"卡脖子"。

人类在浩瀚的宇宙面前是渺小的，但人类的探索精神是伟大的，人类从未停止勇攀高峰和改革创新的步伐，这种探索精神为中国火箭人提供了不断取得里程碑式辉煌成就的不竭动力。

1964年夏，东风二号导弹在准备升空的关键时刻出现故障。当时年轻的王永志另辟蹊径，提出泄出部分推进剂的思路。不久，大漠一声巨响，导弹发射成功。多年后，王永志成长为中国载人航天工程的首任总设计师。

载人航天是世界高新科技中最具挑战性的领域之一，是科技领域“高峰中的高峰”。我国跨过美俄从单舱到多舱的40年发展历程，直接瞄准国际第三代载人飞船水平，创造性地制定了具有中国特色的三舱方案。这样的发展模式被国外评价为：“这是非常典型的中国式太空计划。每次迈进一大步，很少重复。”

越是难走的路，越要去闯一闯，一直是中国航天人的特质，无论是老一辈火箭人，还是年轻的航天新秀们。

2016年6月25日，伴随着耀眼的火焰，我国新一代中型运载火箭长征七号载着远征一号甲上面级划破夜幕，奔向太空，拉开我国载人航天工程空间实验室任务的大幕。此次“升级版太空摆渡车”的任务是要在数天时间里通过9次变轨，分批将6个载荷送到多个不同轨道上。

作为上面级旅程的规划者，总体设计部轨道设计师郑莉莉面前摆着两种选择：一是简单的方案，即让上面级随返回舱回到落区，任务成功率很高；二是复杂的方案，即延长上面级运行轨道，进一步验证诸多新技术，但风险很大。这位“80后”年轻女设计师不仅主动选择了后者，而且最终成功地在天空里“描绘出完美弧线”。

首飞成功的长征七号火箭是我国第一型“数字火箭”，采用全数字化的手段研制。而这一成果与2010年开始的一项技术创新有关。当时，三维设计方法虽然已为人们展现了一个全新的未来，但该方法在运载火箭管路设计领域仍是一片空白。但庆幸的是，航天一院火箭人凭借敏锐的创新基因，他们决定叩开火箭管路三维设计的大门。

“我们这一代航天人不应该以复刻上一代航天人的图纸为荣，而应该以他们面向未来、敢于超越的进取精神为激励，向生而生。”火箭增压输送系统副主任设计师周宏说。

曾有国际人士对中国航天取得的一系列成就表示不解。一个不够发达的发展中国家，能在如此尖端的科技领域用短短几十年实现跨越式发展，究竟依靠什么创造了奇迹？

答案有很多，其中很重要的一点就是集中力量办大事。航天工程规模宏大、系统复杂，若不是依靠社会主义的举国体制，是无论如何不可能从一穷二白的境地，在短短十几年里造出“两弹一星”的。

而我国实施的重大航天工程，从设计到生产、从研制到试验、从发射实施到飞行控制，技术的每一次突破、工程的每一步跨越，都是全国大力协同、攻坚克难的结果。

据统计，在“两弹一星”工程中，先后有29个部委，20多个省区市，1000多个研究院所、大专院校和工厂矿山的精兵强将，实施全国大规模协同会战。在载人航天工程和探月工程中，直接参与研制的单位有100多个，联合协作的单位有3000多家，涉及数十万名科技人员和工人。

2019年2月，习近平总书记在会见探月工程嫦娥四号任务参研参试人员代表时强调，任务的圆满成功“是探索建立新型举国体制的又一生动实践”。与传统举国体制相比，新型举国体制需要我们更加注重发挥市场在资源配置中的作用，激发创新主体活力，共同推动航天事业不断向前发展。

几年前，一份只有几十个字的项目指南，摆到了从事预研工作的研究发展部吴新峰的面前。“寥寥数语，说的是非常宏大的事情。”他回忆道。

系统级预研所涉及的领域，大多没有人涉足，只靠个人力量断不可能成功。项目涉及组网、信息采集、处理、传输等各领域，涵盖吴新峰所在处室所有专业。于是，各专业的同事都汇聚到他的团队中来，通过协同攻坚，项目最终立项成功。

“我们之所以能成功，靠的是大家的协同精神，每个人都在自己的专业里面做到了极致。”吴新峰说。

还有一群火箭人在航天技术应用产业的改革逐梦路上，以另一种方式践行着航天“三大精神”。2015年1月底，航天一院所属航天长征化学工程股份有限公司在上海证券交易所成功上市。在此之前，这条迈向资本市场的路，公司上市工作团队整整走了1714天。

在这漫长的几年时间里，团队经历了种种艰难抉择与曲折。为推动公司尽快上市，他们放弃了个人利益，从来不曾摒弃的是航天人协同攻坚的大局意识。

“航天人的奉献精神和大局观，百闻不如一见。”中介机构合作伙伴大华会计师事务所合伙人王宏利震惊之余更加感动。

然而，航天人让人感动的事，却是说不完道不尽的。正如，大音希声，大象无形，甘于奉献的最崇高境界大概正是“干惊天动地事、做隐姓埋名人”。

在新中国成立 70 周年之际，我国人造卫星技术和深空探测技术的开创者之一孙家栋荣获共和国勋章。如今，即便已逾 90 高龄，在航天领域各重要场合，仍能看到孙家栋的身影。他说，“干航天，一辈子也不会累”。

这种精神已成为中国航天事业成功的密码，在老一辈航天人“献了终身献子孙”的义无反顾中，在新一代航天人加班加点的忘我投入中，已内化为航天人的一种基因和气质。

为了给中国航天事业培养更多的复合型人才，航天一院总体设计部弹道设计专家陈阳即使罹患恶性肿瘤，依然挑起“传帮带”的重任，把自己积累了十几年的工作数据向徒弟和同事们倾囊相授，带头在总体设计部“黄埔学堂”讲课，用业余时间自创培训教材，帮助年轻人更好地理解航天系统工程。

陈阳不仅在型号上建功立业，更在“传帮带”方面甘做“铺路石”。“我希望能让更多的年轻人站在更高的起点上，去完成未来中国航天事业更艰巨的任务。”他说。

2015 年 9 月 3 日，在纪念抗日战争胜利暨反法西斯战争胜利 70 周年的阅兵式上，童轶男主管的型号接受了检阅。

然而，阅兵直播时，童轶男的女儿在微信朋友圈写道：“专门等着看这个镜头，满满都是我失去的亲情，有点激动，心疼自己。”看到这段文字，童轶男的眼泪夺眶而出。母亲节的时候，她收到女儿的一束鲜花，鲜花中插着一张卡片，上面写着：“你是我的骄傲。”

习近平总书记在首个“中国航天日”指出，探索浩瀚宇宙，发展航天事业，建设航天强国，是我们不懈追求的航天梦。航天界有句行话，“运载火箭的能力有多大，航天的舞台就有多大”。中国要实现航天梦，火箭必须先行，火箭人责任重大、使命光荣。

在本书的人物故事中，一个个新时代追梦火箭人已经接过老一代航天人的接力棒，以一往无前的奋斗姿态和永不懈怠的精神状态，踏上了航天强国建设的新征程，支撑起中国火箭人的光荣与梦想。

他们也平凡，如你如我。他们是身边的同事、朋友，是父母的儿女，是儿女的父母，是讷言的丈夫，是朴实的妻子。

他们却伟大，忠诚执着。自从选择投身祖国的航天事业，他们便埋头苦干，无怨无悔。无论承受多大压力，咽下多少委屈，在航天追梦路上，他们始终忠诚于自己的信仰，并为之奋斗终身毫不动摇。

若你想知道他们为何如此，他们的回答就像这首诗中写的那样——

“如果让我再一次选择我的人生，
我还会义无反顾地走已经走过的道路，
奉献到倾尽所有，
奋斗到至死方休，
用尽一辈子做一件对国家有意义的事情，
我从不觉得这是牺牲。”

本书编写组

2020 年 2 月

一

xin shi dai zhui meng huo jian ren

热爱祖国的根本内核

篇首语

▶▶ 爱国，是人世间最深层、最持久的情感，是一个人立德之源、立功之本。

——习近平

爱国，是中华民族根植最深、影响最久的精神品质。爱国主义是我们民族精神的核心。一个人没有精神不行，同样，一个民族、一个国家，如果没有自己的精神支柱，就等于没有灵魂，就会失去凝聚力和生命力。中华民族在自己的发展历程中，曾经历过许多大风大浪，遇到过无数艰难险阻。正是凭着对国家和民族的深厚感情，凭着在爱国主义旗帜下熔铸成的凝聚力和向心力，中国人民和中华民族才得以经受住了各种难以想象的困难和风险的考验，一直保持坚强的团结和旺盛的生机。

邓小平指出："中国人民有自己的民族自尊心和自豪感，以热爱祖国、贡献全部力量建设社会主义祖国为最大光荣，以损害社会主义祖国利益、尊严和荣誉为最大耻辱。"对每一个中国人来说，爱国是本分，也是职责；对火箭人来说，祖国更是心之所系、情之所归。祖国的需要高于一切，祖国的荣誉高于一切，报效祖国是所有航天人毕生的理想和信念。我国航天事业六十多年的发展史，就是一部在党的坚强领导下，大力弘扬爱国主义精神的历史。

肩负起建设航天强国的历史重任，必须弘扬爱国主义精神。党的十九大明确提出了建设航天强国的宏伟目标，为我国航天事业发展指明了前进方向。当前，我们正处在世界科技革命迅猛发展和强军兴军事业深入推进的历史时期，世界航天强国纷纷制定新一轮发展战略。面对严峻挑战，火箭人要深入学习贯彻习近平新时代中国特色社会主义思想和党的十九大精神，高扬爱国主义的旗帜，切实增强使命感、责任感和紧迫感，高质量保证成功、高效率完成任务、高效益推进航天强国和国防建设，积极抢占航天科技发展的战略制高点，形成一大批原创性、标志性成果，力争到 2030 年使我国跻身世界航天强国前列，到 2045 年推动我国全面建成航天强国。

坚持走中国特色航天科技创新发展之路，必须弘扬爱国主义精神。航天技术是国之重器，是衡量一个国家技术水平和综合国力的重要标志，在核心关键领域必须始终坚持自主可控。我国的航天事业，是在综合国力一穷二白、技术基础和试验条件非常有限的基础上发展起来的，走科技创新之路，面临的困难和障碍，超乎人们的想象。在这种条件下发展航天事业，靠的是全体航天人心系祖国，靠的是爱国主义精神驱动下激发的恒心和韧劲。“兵者，国之大事。”强大的国防是中华民族伟大复兴的重要战略支撑。航天一院在建立之初，就承担了党和国家赋予的神圣使命。当前，我国已经进入由航天大国向航天强国迈进的历史时期，要继续走自主创新之路，面临的困难更艰巨，需要克服的难题更多，火箭人更应该“坚定航天报国志向，坚定航天强国信念”，在占领世界航天领域科技高峰的拼搏中迸发出排山倒海的历史伟力。

培育新一代航天铁军，必须弘扬爱国主义精神。新一代航天人已经接过历史的接力棒，在强军富国的道路上奋力奔跑。新一代中国火箭人要守正出新，茁壮成长，需要始终坚持国家利益高于一切，牢记投身航天事业的初心，以钱学森老院长为标杆，挡得住诱惑、经得起考验，“干惊天动地事、做隐姓埋名人”，牢固树立创新科技、服务国家、造福人民的思想，把科技成果应用在实现国家现代化的伟大事业中，把人生理想融入为实现中华民族伟大复兴的中国梦的奋斗中，用实际行动兑现“用成功报效祖国、用卓越铸就辉煌”的庄严承诺。

传承和弘扬航天“三大精神”，必须弘扬爱国主义精神。航天“三大精神”，是社会主义核心价值观在航天领域的生动实践，是我国航天事业实现跨越式发展的动力源泉。传承和践行航天“三大精神”，就要坚持思想引领，大力培育和践行社会主义核心价值观，弘扬家国情怀，将航天“三大精神”

和航天工程实践紧密结合，坚持技术传承与精神传承并重，激励广大火箭人爱国奉献、岗位建功。要以航天“三大精神”为灵魂，不断培育具有鲜明时代特征和航天特色的优秀文化，为建设航天强国提供坚实的思想保证和精神支撑。

2019 年 1 月，习近平总书记在天津考察调研时，来到南开大学，特别提到张伯苓老校长有“三问”：

你是中国人吗？

你爱中国吗？

你愿意中国好吗？

习近平总书记指出：“这既是历史之问，也是时代之问、未来之问。”

请读一读下面几则火箭人的故事，看看他们是如何回答这个“爱国三问”的，您就有直观感受了。

——**郭德宏**

（中国现代文化研究中心原主任、中国现代史学会会长）

1 大洋深处腾巨波

▸▸ 日月之行，若出其中。星汉灿烂，若出其里。

——（汉）曹操《观沧海》

人物简介

张鹏，男，出生于 1980 年 10 月，2005 年毕业于航天一院总体设计部，硕士研究生，先后从事电子设备研发、电气总体设计等工作。其间获国防科技进步二等奖 1 项、授权专利 8 项，多次获得总体设计部突出贡献个人等称号。

大洋为证，誓言无声——

这是执行特殊任务、做了却不能说的一群人，他们深入大洋深处，在狭小密闭空间中不舍昼夜，只为巨浪滔天、惊天动地的那一震撼时刻。

这是和共和国一起呼吸、血液里奔腾着信仰的一群人，当雄壮威武的装备行进在天安门前时，他们的喜悦无法用语言表达，只是在心里默默地说，“有我们的型号在上面”。

张鹏，航天一院总体设计部高级工程师，是这群人当中的一员。

吃饭发剪刀，洗澡3分钟

执行任务，需要和试验平台相伴相随。

“第一次登上试验平台觉得挺新鲜，既兴奋又激动，对平台上的一切设备、环境都充满了好奇。”

和试验平台的首次接触，张鹏历历在目。2013年，他第一次登上了之前只是口耳相传、颇带神秘色彩的试验平台。然而，激动的心情仅持续了半个小时，很快就被狭小空间里的压抑感取代了。

没有一般人想象中惬意的海上生活，或是能够欣赏海豚、鲸鱼逐浪的风景，取而代之的，是张鹏忙起来只往返于工作间、卧室、餐厅的“三点一线”生活，甚至连到甲板上透口气的时间都没有。加上平台上所有空间都是封闭的，连一扇小窗户也没有，全靠日光灯照明。不仅见不到阳光，就连分辨白天黑夜都是难题。在这样“不见天日”的环境中工作，心情自然是既压抑又紧张。

张鹏所在的工作间，狭小得就像一个大铁盒子。各种设备靠在“铁盒子”里两侧，直顶到2米多高的天花板。在“铁盒子”一角辟出极小的空间，作为8个人的上下铺“卧室”。

前几次在平台上工作时，由于时间相对较短，张鹏连床位也没有，白天在工作间忙活，晚上就在地上铺上一块板子入睡。有时候睡在设备旁，有时候睡在出风口，即使噪声再大，劳累了一天的张鹏都能迅速进入梦乡。

在平台上吃的第一顿饭是午饭，取好饭菜，后勤人员额外发给了张鹏一把剪刀。

他十分好奇，吃饭为什么发剪刀？原来，平台上最珍贵的就是空间。为了尽可能地节约空间，食物的包装盒、饮料瓶等废弃物，都要用剪刀剪成小块，牛奶纸盒要揉成小团，食物残渣也要干湿分离，以便后续压缩。

长时间没有补给，平台上淡水极其有限，特别是洗澡等生活用水十分紧缺。平台上有专门的洗澡间，共 4 个喷头，每 5 天才开放一次，平台上的人们都得赶在开放时间段内去洗澡。因此，每到开放日，就像过年一样热闹，洗澡间门口早早就排起长队。

时间有限，淡水有限，为了让每个人都能洗上澡，大家配合得严丝合缝。常常是一个喷头多人一起使用，前一个人迅速把身体淋湿，就闪到一旁去打肥皂，让出喷头，后一个人立刻接替上，再争分夺秒把自己淋湿，然后再闪到一边，换前一个人回来冲洗，紧接着又是下一组就位，开始洗澡……张鹏估算过，平均每个人的洗澡时间大概也就只有 3 分钟。

几次任务下来，张鹏充分理解了在平台生活的不易。但就在这样的环境中，科技人员没受丝毫影响，争分夺秒，只争朝夕。

爱好变成了“饭碗”，创下单次任务出差时间最长纪录

从事航天，对张鹏来说可能真的算缘分。

他从小就是个军事迷。读高中时，经常从牙缝里省下钱，购买军事、兵器知识方面的杂志，这样的习惯一直持续到大学阶段。

2001 年，在南京理工大学念大三的张鹏，无意中在宿舍楼门口看到一张研究生招生海报，招生单位正是中国航天发祥地——航天一院。大四时获得校外保研资格时，他突然想起曾经的招生海报，于是和航天一院建立了联系，最终如愿进入航天一院总体设计部攻读研究生。2005 年研究生毕业时，他又顺利留院工作。对他来说，也“从来没有想过离开院里去其他地方”。

“原本军事只是爱好，没想到成了‘饭碗’。”张鹏笑言。

2012 年，张鹏从其他岗位调入现在岗位，在这个型号的总体室做电气系统总体设计。从 2000 年开始，总体设计部就已经开始和这个试验平台打交道，主要负责抓总、制图，提出设备设计指标。

为了开展在岸上无法进行的加电测试等任务，考察在真实环境中试验平台的性能状况，出差就成为了张鹏所在的总体室的一项“硬任务”。

试验平台工作异常艰辛，且具有一定的辐射性，极易对人的生理和心理造成影响。作为与试验平台关系密切的总体室，虽然有多人次参加过各种任务，但是，每次一有新的出差任务，总体室负责人都会为派谁参加而发愁。本来室里也没多少人，试验平台场地狭小，考虑到生活不便的因素，女同志首先被“排除”，没结婚的年轻男同志也暂不被安排。于是，已经结婚生子、相对又年轻的张鹏承担了室里大部分出差任务。

从 2013 年开始，张鹏连续出差 5 次，看起来每次只有四五天，但那种幽闭环境对人考验极大。2015 年的那次试验任务，根据专业需求和人员状态，张鹏再次被“点名”出征大洋。他二话不说，爽快地答应下来。

与以往不同，这次他在试验平台值守了整整 10 个昼夜，创下了个人及单位的单次任务出差时间最长纪录。

艰苦生活只是背景乐，忙碌的测试才是主题曲

大洋深处的艰苦生活只是背景乐，试验平台上忙碌的测试工作才是主题曲。

壮阔海天之间，试验平台驶向大洋。平台内的狭窄工作间里，测控计算机高速运行，张鹏紧盯屏幕，密切关注着各种数据的变化。四周寂静无声，但一切又是如此意义重大。

这次 10 个昼夜的任务，让张鹏着实印象深刻。让研发成果切合实际使用环境，是他此次出差感受到的最大变化。

“作为设计者，以前我们更多地是考虑性能，提出的指标，类似飞机飞行必须有晴空万里的天气条件。但真实情况是，坐飞机也并不总是晴空万里。比如，这次任务，就希望设计过程中考虑打雷下雨时的情况，而且要求无论海况是否恶劣，都可以正常开展工作。”张鹏说，为此，根据安排，大家要共同开展许多遍试验。

在海上工作，手机没有信号，这等于切断了与外界的联系。张鹏必须独当一面，不少决策需要他在现场当即做出。

为了提高临场应变能力，张鹏就结合以往经验，将设备发生障碍的预案一点点“抠”完善：设备如何构成，出现问题怎么改，都必须考虑得细致入微。这些，都被他写进了指导手册。

张 鹏

试验前，需求方提出了多种试验工作状况，有些几乎是完全不会遇到的情况，有些甚至超出了设计工况。即使有着丰富的出海经验，细心的张鹏也不敢掉以轻心。他仔细检查数据，特别是对一些“娇气”的设备，他对照手册，仔细观察平台相关参数，摸清、拓展平台的适应空间，确保万无一失。

10天的艰苦工作，积累了多组参数，进一步提高了极端恶劣环境下的适应能力。对张鹏来说，出差经历的日积月累，也让他的自身能力日渐增长。

“以前我们不了解用户需求，我们关心的是一方面，用户关心的是另一方面。”张鹏说，通过出差，自己更了解了用户关心的重点，以后会更加替用户考虑。

……

大鹏一日同风起，扶摇直上九万里。在大洋深处腾起的巨波，腾起的不仅仅是当之无愧的大国重器，更是火箭人的光荣与梦想，是“为中华民族之复兴护航”的生动注解。

大洋为证，誓言无声：“自己的人生能和国家的发展如此紧密交织，吃什么苦都感觉值得。”

采写感悟

此次任务历时 10 个昼夜，已打破设计人员参试时间纪录，工作环境对设计人员生理和心理都是一大挑战。张鹏二话不说接受了任务，并最终圆满完成。在工作中，他不畏难，不计较个人利益和得失，他就是为航天事业默默奉献的隐姓埋名人中的一员。就像一首歌中所唱的，不需要你歌颂我，不渴望你报答我，山知道我，江河知道我，祖国不会忘记我。

2 大国阅兵方阵的“幕后英雄”

岂不畏艰险，所凭在忠诚。

——（唐）吴筠《舟中夜行》

团队简介

航天一院泰安航天特种车有限公司阅兵技术保障团队由 30 名技术技能骨干人员组成，政治性强，经验丰富，15 人曾多次参加重大阅兵保障服务。在国庆 70 周年阅兵中，负责受阅车辆技术状态保持和装备性能维护等工作，获上级授予的集体荣誉 11 项、个人荣誉 40 余项。

2019 年 10 月 1 日上午，在车辆反复确认运行无误后，航天一院的阅兵技术保障团队目送 6 个装备方阵缓缓向天安门驶去，而后迅速撤离。

2019 年阅兵是航天一院泰安航天特种车有限公司历次阅兵保障任务中参与型号最多、数量最多、新装备最多、保障人员最多、任务最重的一次，这个保障团队承担了 6 个装备方阵的技术保障工作，堪称阅兵的“幕后英雄”。

远赴西部大漠集结

为了国庆日这天的荣光，这支队伍提前 6 个月远赴西部大漠集结。那里，黄沙遮天蔽日，一日之间，阅尽酷暑极寒。

张焕鲁是泰航公司国庆 70 周年阅兵保障任务的现场负责人，就是他带领团队在大漠中保障了数月。他曾多次参加阅兵保障任务，在他看来，这一次在外集结，吃饭在帐篷里，睡觉在集装箱里，洗澡在车里，无论是生活条件还是自然环境，都堪称历次保障任务中最艰苦的。

“我们的生活全部是按照野战条件进行的。”张焕鲁说，一个个大约 10 平方米的集装箱，就是他们临时的家；每个集装箱里，摆放着的 3 张上下铺，就是他们休息的床；至于洗漱和卫生条件则更为受限：每周洗澡车开放 3 次，每次开放时间只有 2 个小时。

带来考验的，还有恶劣的自然环境。

风沙，在大漠里极为常见。张焕鲁说，在这里所有人工作时必须“全副武装”，尽管戴着口罩，但只要张嘴说话，还是会吃进一口沙子。每晚收工回到“宿舍”，床上都已积了一层厚厚的土。

24 小时待命

当阅兵装备从西部大漠开进阅兵村后，这支队伍更是 24 小时待命。随着装备车辆训练的日益频繁，维护保养和日常检查工作也愈加繁重。为了不耽误方阵训练，这支队伍要比部队的战士更早地开始一天的工作，训练还没开始，保障队就要抵达训练现场，开始检查和保养车辆、产品。

中午，战士和装备迎来了短暂的休息，保障团队又要登场了，他们抓紧时间吃完盒饭后，开始新一轮的检修。

傍晚，战士训练结束，保障团队的重头戏才刚刚开始。队员们要对训练了一天的装备、车辆进行保养。正常情况下，直到晚上 10 点，队员们才能收工。工作量大时，什么时候干完就什么时候休息。

如此紧张的节奏，目的只有一个——保证车辆、产品在训练时达到最好的工作状态。

训练初期，各型号处于磨合期，常常需要更换配件，但很多配件的送达时间又是不固定的——可能是白天，也可能是深夜甚至凌晨。

配件什么时候来，队员们就什么时候干活，绝不因为保障工作延缓进度，影响部队训练。

有一次，一个配件从泰安紧急调配，抵达阅兵村时，已经是凌晨 1 点。当时，队员们刚刚躺下，但为了不耽误第二天一早的训练，他们二话不说，马上从床上爬起来更换配件。

直到第二天早上，新配件才更换、调试完毕。这些队员，又是一宿未眠。

烈日暴雨里摸爬滚打

在国庆 70 周年阅兵保障中，队员李强负责一个新型号的保障工作，在检修转向系统时，他和同事常常要钻到车身底下，每次检修完再爬出来，都是一身汗水满脸油污。有时候，液压件一拆开，液压油就会马上喷出，队员们身上全是油污。

在沾满油污的地面操作，队员要用嘴含着照明设备，空出双手来继续检修。照明设备沾上液压油后，含在嘴里，难吃又难闻，但大家都顾不上了。

保障任务期间，正值三伏天，烈日当头，太阳暴晒的地表温度直接飙升至近 50 度，汗水在滴落地面的瞬间被炙热烤干，队员们的衣服早已湿透，但没有人喊过一声“累”，说过一声“苦”。

这是酷暑中任务现场最常见的场景之一。

有一次，产品车需要大量更换轮胎，所有队员在户外高温环境下一工作就是十几个小时。

伴随着车辆发动机缸体运作带来的热浪，别说要钻车底、爬车架，哪怕稍微靠近车辆，也会立马汗流浃背。一天下来，队员们衣服上总是留下一条条白色盐碱汗渍。

偶尔，还会赶上暴雨。

“紧急！某型号车辆调整训练计划……”

58 岁的孙开成在凌晨接到通知时，外面正下着雨。他披了件雨衣，就跑向现场，此时雨越下越密，鞋已经浸泡在水中，他却雷打不动站在雨中，连续检查了 5 个多小时。

一切结束后，他拖着被淋湿的身体返回宿舍，“当时就想着要尽一切方法保障车辆正常参训！”

装备保障“把脉”六字诀

在这支队伍中，亲历多次阅兵技术保障任务的张民，称得上一名“老兵”。在他的阅兵笔记本里，藏着一份为装备保障“把脉”的“六字诀”——“问、闻、听、看、动、摸”。

具体来说，“问”是询问操作人员车辆有无异常；“闻”是闻空气中有没有焦煳、异常气味；“听”是听变速箱、分动箱、传动轴有无异响；“看”是看指示灯、指示表有无移位，油液有无渗漏及插头是否松脱；“动”是动手试试螺栓是否松动、各连接件的间隙是否合适；“摸”是摸发动机、变速箱、分动箱及车桥温度是否正常。

每次检修，张民都按照这六个步骤，排查一个又一个隐患。

在 8 月初的一次合练中，张民按照流程检查车辆后，突然闻到一股焦煳味。凭经验，他立即判断出过往的车辆中有车轮出现“抱死”，于是他提

阅兵保障团队（第一排左三张民、第一排左四张焕鲁、第二排左七孙开成、第三排左二陈飞、第三排左四李强、第四排左二王兆鸿）

出要检修车辆。

在后续的检查中，张民的判断得到了证实：的确有一辆车出现车轮“抱死”的问题——尽管并非他所在公司的车辆。这再次证明了张民“六字诀”的有效，为了避免自己的产品也出现类似情况，张民立即组织队员对所有制动气室做了认真细致的检查。

“任务来了，什么都得放下”

保障工作一旦开始，队员们家里大大小小的事就很难再顾得上了。

2019 年的保障任务开始前，保障队员王兆鸿的妻子刚生产十几天，正是需要他的时候，但他的工作专业性极强，别人难以顶替。最终，他还是选择了远赴大漠。

由于工作的保密性质，每次参加阅兵保障，他们都不敢告诉家人“去了哪里”“什么时候回来”，“每次跟家里通话，说得最多的就是‘快了，过几天就回去’，这是我们每个人都跟家里说过的善意谎言……”张焕鲁说。

“咱妈的身体现在怎么样了？药按时吃着的吧？儿子几斤了？你也要照顾好自己，这段时间家里全靠你了……”队员陈飞一边询问电话那头的妻子，一边嘱咐着。此时的他已离家数月，儿子也是在这期间出生的。

那段时间陈飞的母亲身体不适，儿子出生，但他没向任何人提起家里的困难，更没想过要请假。每次休息时间，他就赶紧给家里打电话，在简短的电话之后，又迅速赶往保障现场。

进入阅兵村就得随时待命。在长达数月的阅兵保障期间，这个团队没有一人因任何原因请过一天假。“只要任务来了，什么都得放下。”陈飞说，“在如此关键的时期，把更多的时间留在任务现场，也很感谢妻子对我的理解与支持。”

“东风浩荡剑在手，保家卫国心不忧。”这支队伍用爱国的热情和奋斗的豪情克服了一个又一个困难，使国之重器能够以最光鲜亮丽的妆容接受祖国和人民的检阅。虽然这支队伍中的大部分人，都难以在天安门亲眼见证这场大阅兵，但当自己亲手维护的装备驶过天安门，他们也同样迎来了荣誉的巅峰时刻。

采写感悟

这支阅兵保障队伍很平凡，但作为航天的一分子，他们的工作很不平凡。在阅兵保障工作期间，他们时常遇到紧急状况，需要不眠不休处理完成；经常遇到“桑拿”天和狂风骤雨的不利天气，需要与恶劣环境斗争；常常碰到家中急事，需要发扬把任务摆在首位的牺牲精神。这支阅兵的“幕后英雄”队伍没有退缩、只有拼搏，只因他们把“报国强军”的使命深深地熔铸在了血液里。

3 一封来自航天“80后”的信

新时代中国青年要勇于砥砺奋斗，奋斗是青春最亮丽的底色！

——2019年4月30日习近平总书记在纪念五四运动100周年大会上的讲话

团队简介

航天一院十二所总成总测中心团队，主要从事控制系统电子产品的测试、试验等工作，现有员工25人，是一支朝气蓬勃、不怕困难、勇于拼搏的团队，始终用实际行动践行和传承着航天精神。近年来，分别通过了全国质协三星级现场认证和中国航天科技集团有限公司四星级现场认证，并获得院2019年青年安全示范岗荣誉。

有段时间，有关“996”的话题引发热议。所谓“996”，就是早上9点上班，晚上9点下班，一周工作6天。如果你在当时走进航天一院，你会发现这里的青年也在谈论“996”，但高频词却是“航天强国”“事业”“情怀”等。

航天一院十二所王大林是一名“80后”，说起“996”，他抛出的第一个关键词便是“航天强国”，他说，中国当前还是航天大国，要实现航天强国这一梦想，中国航天人必须付出更多努力，花费更多时间，“不进则退，原地踏步就等于退步，因为在你努力的同时，别人也在努力”。

2017年国庆前夕，王大林所在的研究所生产测试任务异常繁重，多位

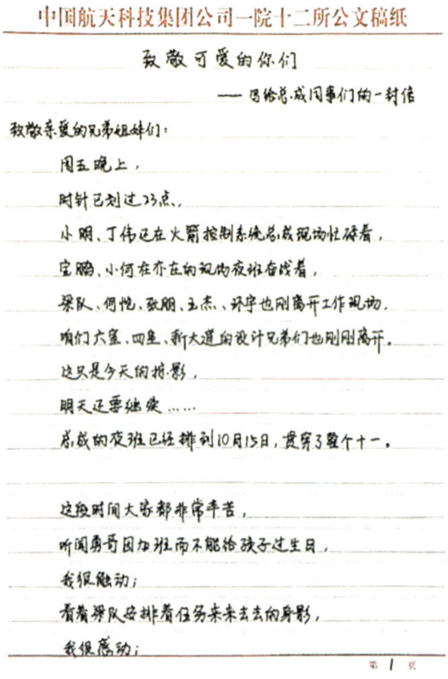

中国航天科技集团公司一院十二所公文稿纸

致敬可爱的你们

——写给总成同事们的一封信

致敬亲爱的兄弟姐妹们：

周五晚上，

时针已划过23点，

小明、丁伟还在火箭控制系统总成现场忙碌着，

宝鹏、小何在亦庄的现场夜班奋战着，

梁队、何艳、致明、玉杰、环宇也刚离开工作现场，

咱们六室、四室、新大道的设计兄弟们也刚刚离开。

这只是今天的掠影，

明天还要继续……

总成的夜班已经排到10月15日，贯穿了整个十一。

这段时间大家都非常辛苦，

听闻勇哥因加班而不能给孩子过生日，

我很触动；

看着梁队安排着任务来来去去的身影，

我很感动；

第 1 页

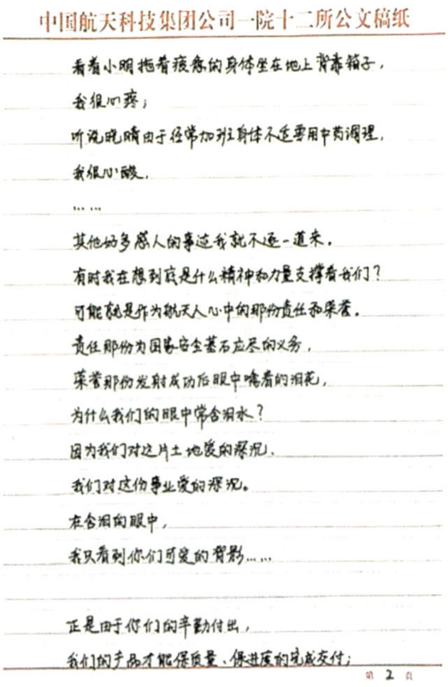

中国航天科技集团公司一院十二所公文稿纸

看着小明拖着疲惫的身体坐在地上背靠箱子，

我很心疼；

听说晓晴由于经常加班身体不适要用中药调理，

我很心酸。

……

其他好多感人的事迹我就不逐一道来。

有时我在想到底是什么精神和力量支撑着我们？

可能就是作为航天人心中的那份责任和荣誉。

责任那份为国家安全基石应尽的义务，

荣誉那份发射成功后眼中噙着的泪花，

为什么我们的眼中常含泪水？

因为我们对这片土地爱的深沉，

我们对这份事业爱的深沉。

在含泪的眼中，

我只看到你们可爱的背影……

正是由于你们的辛勤付出，

我们的产品才能保质量、保进度的完成交付；

第 2 页

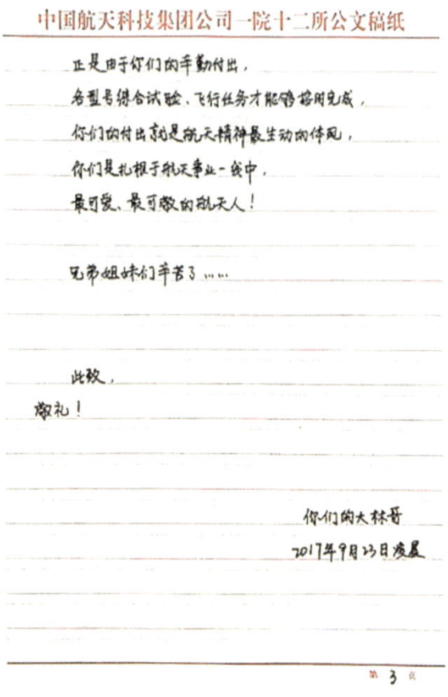

中国航天科技集团公司一院十二所公文稿纸

正是由于你们的辛勤付出，

各型号综合试验、飞行任务才能够按时完成，

你们的付出就是航天精神最生动的体现，

你们是扎根于航天事业一线中，

最可爱、最可敬的航天人！

兄弟姐妹们辛苦了……

此致，

敬礼！

你们的大林哥

2017年9月23日凌晨

第 3 页

王大林写给团队全员的一封信

同事已连续多天“连轴转”。某个周五晚上，他在办公室写完报告，时针已划过23点。来到生产测试现场，眼前的场景让他“很是震撼”，他转身回到办公室给团队全员写了一封信。在这封信里，他是这样写的——“这段时间大家都非常辛苦，听闻勇哥因加班而不能给孩子过生日，我很触动；看着梁队安排着任务来来去去的身影，我很感动；看着小明拖着疲惫的身体坐在地上背靠箱子，我很心疼；听说晓晴由于经常加班身体不适要用中药调理，我很心酸……其他好多感人的事迹我就不逐一道来。”

“干事业还是要有情怀的，尤其是像我们干这样伟大的事业。”王大林说。他说，航天工作是“千人一枚箭，万人一杆枪”，新中国成立70年来，中国长征运载火箭已成功发射300余次，航天事业的蓬勃发展离不开一代代航天人的传承。

在学生时代，每当电视里出现两种场景，王大林就会激情澎湃、热血沸腾，甚至眼眶中会噙着泪花。一种是在奥运会体育比赛现场，国歌响起、五星红旗升起的那一刻；另一种就是中国的运载火箭腾空飞起、发射成功的那一刻。

2013年6月博士毕业后，王大林义无反顾地选择了中国航天，“因为这片热土会让我热血沸腾，这项事业会让我激情澎湃”。如今，他负责运载火箭控制系统电子设备的生产、测试及试验工作。

王大林说，雷锋曾在日记中写道：“如果你是一滴水，你是否滋润了一寸土地，如果你是一线阳光，你是否照亮了一分黑暗……如果你是一颗最小的螺丝钉，你是否永远坚守在你生活的岗位上？”

“我想，我所在的航天团队做到了。”王大林说。

采写感悟

航天一院十二所总成总测中心的王大林带领一支朝气蓬勃、不怕困难、勇于拼搏的团队。在平凡的岗位上，他们兢兢业业坚守着自己的神圣职责，默默无闻践行着航天“三大精神”，他们像一颗颗小小的螺丝钉，永远坚守在自己的岗位上。他们始终不忘初心和使命，燃烧着激情的青春，挥洒着热情的汗水，谱写着热爱航天事业、热爱伟大祖国的篇章，他们是扎根于航天事业一线最可爱的人！

4 航天女总师的选择

心中有阳光，脚下有力量，为了理想能坚持、不懈怠，才能创造无愧于时代的人生。

——2016 年 4 月 26 日习近平总书记在知识分子、劳动模范、青年代表座谈会上的讲话

人物简介

童轶男，出生于 1963 年 9 月，博士研究生。1991 年入职航天一院十四所，从事载荷强度与环境设计工作，历任工程组组长、主任设计师、副主任、副总师助理、副总设计师。获省部级科技奖十余项，其中特等奖 1 项，一等奖 3 项。获航天一院长征奖奖章、奖状和航天贡献奖，是中国航天科技集团有限公司学术带头人。

2015 年 9 月 3 日，纪念中国人民抗日战争暨世界反法西斯战争胜利 70 周年阅兵式在天安门广场隆重举行。

阅兵直播时，童轶男在大学求学的女儿难掩“醋意”地在朋友圈状态中写道：“专门等着这个镜头，满满都是我失去的亲情，有点激动，心疼自己。”

看到这条朋友圈，童轶男百感交集，关掉手机，落下泪来。

作为母亲，她将大部分时间都奉献给型号研制的同时，其实无时无刻不在挂念着女儿。“但是，有国才有家啊！”童轶男想对女儿说。

正是秉持着这个热爱祖国的根本内核，航天女总师童铁男从求学到从业，一次次做出让旁人不解的选择。

童铁男女儿的微信朋友圈

埋下梦想的种子

童铁男是从小优秀到大的。

1981 年，在国家恢复高考后的第四个年头，18 岁的童铁男迎来了人生中第一次重要的选择。

由于在校表现优异，童铁男不仅是芜湖一中的学生会主席，还是安徽省新长征突击手。高考前，校领导找到她父母，想推荐她去上中央团校，毕业后回市里做专职团干部。

学习和工作的事情一并解决，而且将来工作离家也近，对于一般人来说，这实在是个难得的机会。但让人意想不到的是，童铁男想都没想就谢绝了这个机会，因为她早就种下了一个梦想：考大学，学理工科，将来成为一名科技工作者。

这个梦想源自 1979 年的暑假。当时，作为中小学“三好生”的优秀代表，童铁男参加了由共青团中央、教育部和国家体委联合举办的“全国中小学生体育夏令营”。

来到美丽的海滨城市青岛，童铁男第一次近距离聆听了北海舰队首长、英雄模范和当时中国海洋大学科学家们的报告。她被精彩的报告内容迷住了，立志要考进海洋大学做一名海洋科学家。

遗憾的是，童铁男高考那年，海洋大学并没有在安徽省招生，于是她与海大失之交臂，也错失了当海洋科学家的机会。

带着对军工领域的好奇和献身祖国国防事业的梦想，童铁男报考了当时的北京工业学院（现在的北京理工大学），并且将力学工程系的爆炸力学专业作为自己第一志愿的第一专业。

换了种方式，童铁男还是在一步步地向着自己的梦想迈进。

做适合自己的事

1987 年童铁男硕士研究生毕业，工作几年后，1991 年，她来到航天一院十四所，成为了一名航天科技工作者，开始承担某型号火箭的载荷强度设计工作。

刚到所里时，童铁男甚至连地面试验的稳定装置都不知道如何设计，只能在边摸索、边试验、边改进中不断了解航天工作。大家都默默关注着这个有一股子干劲的姑娘，也有人暗地里为她捏了一把汗。

然而一年后，她却如新凤一声鸣，凭借出众的工作表现，被任命为强度环境组的组长。

那一年，十四所正在开展某产品的研制工作，相关强度设计和试验都没有可借鉴的成熟技术和经验。十四所在该产品的研制中经历了多次失败、"归零"、改进、再失败、再"归零"。

为了加速产品研制，童铁男和同事们一起挑灯夜战，攻克难题，直至找到问题的根源，并完善设计。在查阅了大量的资料后，她们与高校合作开发了一套设计数值计算软件，为产品研制奠定了基础。

那一年童铁男刚当母亲。大多数时间，她都要狠心放下襁褓中的女儿，与课题组的同事们奔走在实验室和千里之外的试验场之间。

为了完成国家的重大任务，童铁男牺牲了很多与家人相处的时间。孩子刚满周岁时，任务终于成功完成。望着孩子可爱的小脸，她流下了愧疚又幸福的泪水。

时任型号副总设计师彭建国，平时最爱哼唱郑智化的《水手》来鼓励研制队伍："他说风雨中这点痛算什么，擦干泪不要怕，至少我们还有梦……"将近 30 年过去了，童铁男依然清晰地记得老彭总唱这几句歌词时的神情。

靠着一股韧劲儿，童铁男迅速成长为所里的青年技术骨干，享受青年骨干津贴。

因工作表现突出，室里的老同志推荐童轶男去总体组工作。这又是一个很好的机会。周围人都觉得，到总体组能拥有更好的工作平台和更多的发展机遇。然而，童轶男却认为，还是从事强度环境专业比较适合自己。

尤其是考虑到在强度组可以接触到所里最重要、最核心的几个专业，童轶男最终选择留在原来的组里工作。

“人在青年时期会面对很多诱惑，但所有的选择都应遵从自己的内心。”如今回忆起那段时光，童轶男感慨道，“选择当下最适合自己的工作，做最有意义的事情，才会实现自身的价值。”

一个人影响一群人

“归零”，对每一个航天科技工作者都是一次洗礼。

因为“归零”，童轶男曾经一个月瘦了10斤。她清楚地记得在某型号一次试验失利后，副总设计师彭昆雅蹲坐在一堆残骸前抽烟的情景，当时压抑的气氛让在场的每一个人都喘不过气来。

2000年至2002年，是某型号飞行试验频繁出故障的时期。尤其是在2002年某个凌晨的一次飞行试验中，试验队经历了惨痛失利。时任院领导来所里听“归零”分析汇报时，非常严厉地说：“一发飞行试验凝聚了我们所有人的心血，众星捧月的飞行器最后‘掉链子’，大家的心血都白费了！”

彼时，童轶男正在落区和同事们从早到晚拉网式地搜寻试验残骸。茫茫戈壁，漫漫黄沙，顶着烈日，队员们又渴又累。最后实在累到不行，童轶男竟然瘫坐在地上站不起来。

艰苦的搜寻后，残骸被找到。经过多次分析和试验，童轶男和团队最终彻底完成了“归零”。

随着时间的推移和经验的积累，童轶男成为某型号的主管室领导。一次，所领导找童轶男谈话，征求她的意见，希望她去做机关部门的处长。

童轶男在试验基地

诸如此类的选择题做得多了，童轶男的决定下得虽更慎重却没有半点纠结。童轶男很清楚，只有科研工作是其心之所向。“感觉与技术打交道，才能更好地发挥自己的所长。”她说。

也是出于对科研工作的痴迷，原本工作已经很忙碌的童轶男又动了继续攻读博士学位的念头。但这便意味着，她陪伴女儿的时间将更少。

比起对孩子日常生活无微不至的照料，童轶男觉得，在学业和工作上成为孩子的榜样，对其成长更有深远影响。她希望女儿也能像她一样，不断克服困难，树立远大追求。

于是，童轶男下定决心，开始准备博士研究生的复习备考。终于，在38岁那年，她考取了北京理工大学的博士研究生。

读博之后，为了兼顾型号科研工作，童轶男牺牲了自己更多的业余时间。有人回忆说，那段时间，每天下班后以及周末，童轶男都会在办公室里忙碌。夜晚巡逻时，他经常发现整栋楼到最后只剩下童轶男一个人了。

这样的日子，童轶男咬牙撑了三年，最终顺利拿到博士学位。前两年，已经长大的女儿突然问她："妈妈，报考博士需要做哪些准备？"惊讶之余，童轶男深感欣慰。

除了潜移默化地影响到女儿，童轶男的正能量也一直"辐射"着身边人。像看到女儿朋友圈潸然泪下这样的动情时刻，对于童轶男的同事们来说，是很少见到的。

在他们眼中，童轶男是果敢且有魄力的航天女总师。"没见她沮丧过，遇到任何困难，她都能积极面对。"同事邸运兰说。

其实，童轶男有着属于自己的解压方式。

工作之余稍有闲暇，她便把自己对生活和工作的感悟记录下来，分享给同事朋友。从她的文章中，大家总能收获温情和思考。

在试验场出差时，童轶男通过快走锻炼身体。没想到，走着走着就变成了跑步，后来越跑越远，童轶男竟练出了能参加马拉松的体能。如今，跑马已经成为她的业余爱好之一。

"无论工作还是生活，不管做什么，她都要做好，成为大家的榜样。"同事们说。

女儿也渐渐理解了母亲的良苦用心。有一年母亲节，童轶男收到了女儿的一束鲜花。卡片上写着："你是我的骄傲！"

采写感悟

最初了解到童轶男副总师的事迹，是在十四所团委组织的"最美追梦人，鸣镝人的青春奋斗故事"活动中。当时，童总受邀以自己曾经的30岁为例，向年轻人们讲述一名航天人在"三十而立"的阶段应如何思考，如何通过自身努力体现岗位价值。在童总身上，我们能看到她科技报国的热忱，对自身要求的严格，对家人至亲的亏欠，更能看到她在面对抉择时如何遵从内心，做出适合自己的选择。我想，这对于年轻一代航天人具有很强的指导意义。童总让我们懂得，正如电影《无问西东》里的一句话："不要放弃对生命的思索，对自己的真实。"

5 逐梦振兴中国制造业

丈夫志四海，万里犹比邻。

——（魏晋）曹植《赠白马王彪·并序》

人物简介

刘争，出生于1983年9月，本科学历，2005年毕业于清华大学。入职后从事数控加工技术工作，现任主任工艺师、中国航天科技集团有限公司数控加工专业工艺技术带头人。曾荣获北京市优秀青年工程师、航天基金奖、纽伦堡国际发明展金奖、中国航天科技集团有限公司劳动模范等荣誉。

在航天一院二一一厂，"80后"航天人刘争名气不小。他的成长轨迹，几乎是一年一个台阶地向上登攀：

从组队参加全国数控技能大赛斩获佳绩，到收获中国航天基金会"航天基金奖"、中国国防企业协会管理创新成果一等奖、德国纽伦堡发明展金奖等奖项，从获得北京市优秀青年工程师到中国航天科技集团有限公司工艺技术带头人、"劳动模范"等荣誉，再到成为最年轻的副主任工艺师、最年轻的主任工艺师……对于自己获得的这么多荣誉和认可，刘争鲜少提及。可只要一聊到数控加工工艺，他顿时就会滔滔不绝。

工作 10 余年，振兴中国制造业，始终是刘争怀揣的最初也是最大的梦想。

把“振兴中国制造业”定为自己一生的奋斗目标

2001 年，18 岁的北京市大兴区高考状元刘争，考入清华大学机械工程及自动化专业。4 年后，毕业季到来时，他也像其他学子一样面临着重大抉择。

清华大学机械专业全国闻名。和同学一样，刘争可以选择出国、读研或是入职高薪企业。但刘争铁了心要到国企工作。之所以要入职国企，这和他的偶像柳百成院士有关。

一次，柳百成院士给清华学生作讲座。最后环节，白发苍苍的柳百成院士站起来，对台下的学生说：“作为清华学子，要以振兴中国制造业为己任。”

刘争在工作现场

从这一刻起，坐在台下聆听的刘争就暗暗下定决心，把“振兴中国制造业”定为自己一生的奋斗目标。为什么一定要去国企？刘争觉得，“国家利益至上，只有去国企我才更能为‘振兴中国制造业’作出贡献。”

或许真的是缘分，就在刘争毕业前夕，二一一厂当时的总工程师回母校清华大学进行交流。这是刘争第一次接触和认识航天。他从学长的口中了解到二一一厂强大的机械加工能力。随后，他和同学一起去二一一厂参观。当刘争走入一车间，一眼看到如此先进、如此巨大的数控机床时，心头既是震撼又是狂喜，瞬间就在心里认定这就是他将来要实现抱负的地方。

回到学校，刘争怀着激动的心情，第一时间向二一一厂递交了简历，并如愿进入了二一一厂一车间工艺组。

梦想不是空想，必须要在实践中一步一个脚印完成

刚到车间，刘争初次接触到各种大型数控加工设备的时候，许多工艺不了解、许多软件不会用、许多系统很陌生……不过，陌生感并没有打消他的意志，反而激发了他的学习兴趣。

“那时觉得学校里学的东西不够用了，得赶紧‘充电’。”刘争觉得，“‘振兴中国制造业’不是空想，必须要在实践中一步一个脚印地完成。”

他珍惜每一次实践锻炼的机会，在生产现场跟产，虚心地向经验丰富的工艺员和操作工人请教，如饥似渴地学习编程的有关理论和软件，并在实践中验证学习成果。

当时，刘争正好接到一个为某型号画图、编程的任务，他就利用这个契机检验自己的学习成果。一个多月时间里，他完成了 100 多项零件的数字建模和程序的编制任务。那段时间，他每天都工作到深夜，经常是最后一个下班的人。功夫不负有心人，当整个任务完成后，刘争不但能熟练地应用软件，编程技术也迅速提高。同时他还提出了自己独特的建模思路，方便设计更改后数控程序的修改。自此，刘争在数控加工领域初窥

门径。

2007年，才24岁的刘争成为了“千台数控机床增效工程”课题的实际负责人。在认真消化吸收增效工程选用的硬软件基础上，他组织课题组成员，进行大量前瞻性试验，用试验数据证明了传统切削参数还有很大的提升空间。同时，他结合型号研制任务，将先进的切削理念引入实际工艺设计之中，优化传统工艺流程。两年后，“千台数控机床增效工程”一期任务结束，多台数控机床增效20%到50%。二期任务启动时，刘争当仁不让地再次成为主要负责人。

开发国内领先的角铣头五轴联动加工技术，实现了某型号异型整体铸件内腔100%机加工；解决进口五轴机床抖动问题，攻克了重点设备使用难题；开发某五轴机床RTCP加工方式，解决了五轴加工时数控程序必须随时调整的难题，提高了复杂零件加工质量稳定性……有人夸刘争是天才，能够干出这么多的成果，但这一切的背后，是刘争一心一意、专心致志的付出。

“你知道刘争有多拼！”一位同事说起，有一次刘争不慎扭伤了脚，脚踝肿得鞋都穿不进去。车间领导让他在家休息，可他却担心工作进度受影响，硬是拄着双拐上班，没有耽误一天工作。

2012年，29岁的刘争成为了当时二一一厂最年轻的副主任工艺师，大家由衷地称赞他为“数控骄子”。

身处新时代，正是奋发图强、建功立业的大好时机

“我们这代航天人身处这个新时代，这正是我们奋发图强、建功立业的大好时机。”刘争始终保持着乐于挑战技术难题的不服输心态。

在航天领域，有大批的零件只有角铣头才能加工。在传统工艺方法中，五轴机床附加角铣头后，无法使用五轴联动功能，只能当作四轴半使用。

刘争知道后，决定攻克这一难题。他经过大量的仿真试验和论证后，

自主开发了五轴机床附加直角铣头后的五轴联动功能，拓宽了该设备的加工范围，简化了操作流程，提高了加工精度。原来加工 12 小时的产品，现在 3 个小时内就可以保质保量地完成。这一技术达到了国内先进水平。

随着世界制造业迎来变革，航天制造也无法“置身事外”。信息物理融合系统、工业大数据、射频识别等新兴技术逐渐走进了航天制造。

在一车间工艺组，工艺员只要轻点鼠标，选择合适的工艺模块进行组合，不一会儿就能完成一项零件的工艺规程编写及仿真工作。但在几年前，由于没有可以通用的工艺模块，每个零件都需要工艺员从零建模、编写工艺规程，效率低、时间冗长。细心的刘争发现，每次设计人员改图时，负责编辑工艺规程的工艺员都要承受巨大的节点压力，往往只能加班加点地工作。这样一来，进度和质量难以兼顾，容易增大犯错的概率。

一开始，为了优化工艺，刘争尝试把原本只有几个程序的工艺方案，细化到十几个程序甚至更多程序的方案。不过，这样虽然减少了工人的人为操作，但增加了工艺员编程的工作量，不利于优化方案在生产中推广。刘争琢磨着，还得再进一步改进。

在一次参观考察外企时，刘争发现软件二次开发对工艺编程自动化的重要性，尤其对生产任务多品种、小批量的研制型企业特别适用，恰好航天领域正符合这些特点。

刘争豁然开朗，回来后立即向车间建议进行软件二次开发。在车间的支持下，刘争和车间的工艺骨干统一标准，制作快速编程模块，使工艺编程工作得到优化，降低了工艺员编程的强度和难度，从而提升了效率、确保了质量。

“车间依靠刀具管理系统、MES 系统等大数据和快速编程模块，极大地提升工艺编程、仿真的效率和质量。这一改变，刘争功不可没。”二一一厂一车间主任贾师强竖大拇指称赞。

氢氧发动机沟槽内壁加工，是多年来一直困扰大家的老大难问题。2019 年，刘争将这一难题列为课题项目进行优化。有老成持重的同事劝刘争：“十几年无人能优化的问题，你有几成把握？别最后无法结题，白忙一场。”

刘争喜欢挑战难题的劲头又上来了，他相信自己一定能解决。在一次试验中，试剂飞溅到刘争眼里。同事赶紧拉着刘争用纯净水洗眼睛。“要是晚一点，试剂非把眼睛烧瞎不可。”可第二天，刘争继续进行这项试验。

“‘振兴中国制造业’仅靠一个人不够，但他不拼、你不拼，那就永远办不到了。”执着攻关，刘争和同事最终成功攻克了氢氧发动机沟槽内壁加工这一难题，赢得了大家的赞叹。

旁人看到的，是刘争每一天都在拼命工作，获奖无数。但他自己说，人最幸福的事，就是将兴趣和工作结合到一起。

这就是刘争，一个不忘初心的航天赤子。

采写感悟

在刘争的人生中，“爱国”是他成长成才的动力源泉，也是他岗位建功的品格底色。刘争说，他是用国家奖学金读完大学的，工作后必须回报国家。能在国企做技术工作，为“中国制造”尽一份力是他对国家最好的回馈。生活中的刘争寡言少语，但只要谈到技术、谈到数控加工工艺，他便会滔滔不绝。他坚信“振兴中国制造业”的梦想有一天一定会变成现实。

6 把工作干好干实就是爱国

千淘万漉虽辛苦，吹尽狂沙始到金！

——（唐）刘禹锡《浪淘沙》

人物简介

刘宝龙，出生于1982年8月，2013年毕业于北京航空航天大学，博士研究生。入职后先后从事设计工作，现任副组长、副主任设计师。获得院级技术奖2项，授权专利3项，获评2019年度院级劳动模范。

航天一院十五所二室的刘宝龙，骨子里是有几分傲气的，性格里有种不服输的劲头。刘宝龙傲气的，是冲自己的严要求，不服输的，是对工作的高标准。

一提起刘宝龙，同事们都竖起大拇指夸他“靠谱”，他所在部门的负责人对他说：“如果能让你满意，那我睡觉就更踏实了。”

为了祖国的强大，为了航天的兴盛，刘宝龙不敢满意、不敢懈怠，他时刻提醒自己，干什么都要干到最好。

练就一双“火眼金睛”

在鉴定试验和飞行试验等大型试验中，刘宝龙先后担任过多个型号冷发射装置等产品的主管设计。他总是深入一线、掌握细节，确保产品质量和进度要求，出色完成任务，由此练就了一双“火眼金睛”，只要他在场，往往能发现别人发现不了的问题。

在一次出厂验收过程中，型号产品正在进行自检，别人都没有发现异常。刘宝龙却一眼发现，发射筒盖唇形密封圈被装反了。密封圈唇口反向，就无法起到密封作用。如果不能在自检阶段查出，问题就会被带到发射场，埋下风险隐患。

事后，说起这件事，刘宝龙谦虚地说：“正确安装和装反的外观看起来确实区别不大，这种情况的确不容易发现。我想这可能就是别人说我有‘火

夜深人静，刘宝龙仍在工作

眼金睛’的原因。其实不是我眼睛厉害，是我把型号产品的技术状态都熟记于心，对每个要点都很清楚，知道关注点在哪里，所以才在看到产品的一瞬间，发现一些细节上的问题。”

一次、两次、三次……刘宝龙通过细致周密的检查，深入识别风险因素，积极改进产品设计，解决影响发射流程的关键可靠性难题，确保了他主管的产品在历次飞行试验、大型鉴定试验中保持“零问题”的纪录。

“火眼金睛”的背后，可能和刘宝龙的一个习惯有关——一天不看书就睡不踏实。博士毕业的刘宝龙，专业基础好，又爱学习、肯钻研，专业书籍是他在工作之余的“好伙伴”。人们常常看到，刘宝龙每天骑自行车上下班时，车筐里总是放着几本专业书。在单位加班加得再晚，忙完手头的活以后，他都还要在办公室看会儿专业书才回家。用他自己的话说，“不然真的是一晚都睡不踏实”。多年来，刘宝龙就是这么坚持不懈地学习各种专业知识的。

“我学的是力学相关专业，但是一个型号产品涉及的专业是多方面的，特别是我从事总体设计工作以来，经常要接触到所学专业以外的知识。各个系统的原理都必须要懂，否则难以做好总体工作。”刘宝龙进一步强调说，“现在很多型号都是竞争性研制，这让我更加有了紧迫感。”

白天，刘宝龙利用工作间隙的碎片化时间学习，下班后，他挤出整块时间再集中加强学习。受益于扎实的基础和不断的学习，刘宝龙在技术方面充分发挥专业特长，积极拓宽专业领域，完成了技术优化设计，还主动承担了减震防护关键技术的攻关，保障了该专业领域有关型号研制工作顺利推进，将关键技术不断向前推进。

就是要“一竿子插到底”

在刘宝龙的手机通讯录里，保存着许多生产工人、车间工艺员、检验员甚至外协单位生产一线人员的电话号码，这是为了便于随时和他们直接联系。对刘宝龙来说，只要是自己负责的产品，必定会定期和一线生产人员沟通，如果发现问题，会直接到生产一线去寻找解决方法。这种接地气的做法，让他获取信息又快又准，直接、清晰地了解到型号产品的生产进展，十分有利于在遇到问题时尽快解决。这个工作方法被大家形容为“一竿子插到底”。

一次，采购的电磁铁在低温试验中出现问题，刘宝龙立即联系外协单位。对方反馈说其他客户也遇到了同样的问题，但因为一时找不到问题产生的原因，短期内无法解决问题。

没有可靠的电磁铁，就会耽误试验进度，刘宝龙比谁都着急。他立即赶到了外协单位，帮着梳理资料，寻找问题根源，最终发现问题出在电磁铁选用的材料上。在根据他的建议更换材料后，低温试验中出现的问题立马就解决了。正是刘宝龙这种“一竿子插到底”的工作作风，不仅从源头上解决了问题，让型号试验用上了可靠的电磁铁，还顺带给外协单位解决了一个技术上的“心腹大患”。

2018 年，因技术过硬、工作表现突出，刘宝龙被室里选派担任某个竞争研制型号总体工作。这个型号进度异常紧张，要求一年时间完成从竞标到实物配套的工作。任务初期，用户方需求不明确，刘宝龙就和用户方反复协调讨论，明确需求。遇到双方都没有技术积累的课题，他就发挥出自学的“专长”，生生“啃”下硬骨头，最后研究结果得到了用户的高度认可。

这个型号的系统概貌当时也并不清晰，各种天马行空的想法不断出现，常常是今天定下的结论，第二天就被推翻，如此反反复复，整个分系统的方案被推翻了五六次才定下来。不过，再苦再难，刘宝龙都是咬紧牙关、埋头苦干，白天和用户协调，晚上就在所里做计算。没有周末，没有节假日，每天夜里十一二点回家算是早的，凌晨一二点也是常事。

那段时间，身边的同事都说刘宝龙一天比一天瘦，他自己却没觉得。就这样，刘宝龙和团队成员完成了总体技术方案的论证和多轮迭代，突破了新型冷发射方式总体设计和减震防护关键技术，出色完成了总体和下属三个单机共四项方案竞标工作，拼出了四项竞标第一的优异成绩。

不过，最后一上秤，刘宝龙这一年真是瘦了二十多斤，他自己也大吃一惊。

为了航天事业“甘为马前卒”

2019 年春节刚过，刘宝龙所在的型号分系统进入样机试验阶段。在这个阶段，大多数试验只能在露天完成，而且不同的试验要在不同的地方开展，这些地方往往条件异常艰苦。

黄河边的朔风中，大漠戈壁滩上，刘宝龙和同事们的身影行进其中。

在黄河边上做试验的日子，让刘宝龙记忆分外深刻。“黄土地上，瞅不见一点植被和树荫。天晴的时候，车从前面经过，扬起的黄土扑面而来，我们的眼角、嘴角全都粘上尘土；下雨的时候，黄土全都成了泥泞，连走路都打滑……”风来了吹风，雨来了淋雨，刘宝龙说，他常常洗衣服就能洗出一盆泥浆。

在风沙中做试验，蹲在地上吃饭，在铁皮房里午休，甚至有时候在室外一站就是一整天。刚去的几天里，实在太冷，刘宝龙也险些扛不住。但任务进度逼人，不可能等到天气转暖再试验。他就请同事帮忙从北京捎来几件厚衣服，全部裹在身上，就这么每天在现场咬牙坚持，硬是扛了下来。

除了条件艰苦，刘宝龙和团队成员们的工作时间也很长，每天工作到深夜后，回到宿舍还要继续开会协调。完成试验回到北京后，同事们都惊奇地盯着他，这还是大家熟悉的刘宝龙吗？实在是晒得太黑了！日晒雨淋让他脸庞变得黝黑，脸上的皮肤十分干燥，看起来根本就不像30岁刚出头的人。知道他所经历的艰辛后，同事们都不禁对他心生敬意。

问刘宝龙为什么这么拼，这么忘我？他笑呵呵地说，时间是抢出来的，成绩是奋斗出来的。再苦、再累，只要工作有了进展，那一切都值得。

“祖国和人民培养了我，我爱我的祖国。为了建设航天强国，作为一名航天人，我甘为马前卒，服务人民、贡献国家，确保产品质量和进度要求，将所有学识毫无保留地奉献给岗位……这些就是我自己的爱国方式。”这一番话，出自刘宝龙之口，人们由衷信服。

采写感悟

傲气不服输，一语重千金，刘宝龙很“靠谱”，干什么都要干到最好；刘宝龙很“执拗”，凡事都要插竿见底；刘宝龙很“能扛”，风吹雨打岿然不动。新时代航天人的“画像”，一如他们的前辈，洗尽铅华愈发高大；新时代航天人的爱国，一如他们的前辈，质朴无华愈发铿锵。

7 在深山守望火箭

锲而舍之，朽木不折；锲而不舍，金石可镂。

——（先秦）荀子《劝学》

人物简介

胡炜，男，出生于1973年1月，1995年毕业于北京航空航天大学，就职于航天一院总体设计部十一室，主要负责长征三号甲系列运载火箭总体设计。参与了以嫦娥工程、北斗工程为代表的多项国家重点任务。多次获得上级科技进步奖，中国航天科技集团有限公司科技进步奖，院技术改进奖、长征创新奖和院质量奖励。

在距离北京2000多公里的四川西南大凉山，每隔一段时日就会有一声轰鸣响彻长空，打破这里的静谧。这时，周边的彝族老乡逢人便道："瞧，又有火箭上天了！"

过去几年，我国航天发射次数之多、发射密度之大备受瞩目。最新一次统计显示，2007年，长征系列运载火箭完成第100次发射，这第一个100次历时37年；2014年，是第二个100次发射，用了7年；2019年，完成了第三个100次发射，仅用了4年多。

在发射次数不断飙升、火箭卫星不断飞向太空、中国在宇航领域话语权不断增大的背后，总能见到一群科研工作者和试验队员在北京和西南大山之间来回穿梭。他们被称为深山里的火箭守望者，航天一院总体设计部主任设计师胡炜就是其中一位。

扎根深山　放飞火箭

大凉山深处的西昌卫星发射中心迄今已发射长征系列火箭130余枚，胡炜经手的就有60余枚。他也因此成为赶赴祖国宇航发射前线次数最多的人之一。

仅2018年，这位上有老下有小的中年汉子，就在这里度过了182天。

其间，胡炜所在的团队完成了一个举世瞩目的任务——"嫦娥四号"

在人类历史上首次实现航天器月球背面软着陆和巡视探测，以及地球与月球背面的测控通信。在 2019 年举行的全国“两会”上，这一成果还被写进政府工作报告。

坚持初心便可兼得“鱼与熊掌”

已经 46 岁的胡炜已是一位航天老兵，但依然记得一位前辈的教诲：当每天所做的工作，你感觉陌生、费解、不懂，要去问别人、请教别人，这并不可怕，这说明你在进步；但当你每天干的工作都很熟悉，闭着眼睛都知道怎么干，这时候就要警惕一下——因为，你很可能是在原地踏步。

“要永远保持年轻的心态、创新的勇气和冲动！”胡炜说。

作为高密度发射的型号，他负责总体设计的长征三号甲运载火箭既要稳定技术状态、控制更改的影响范围，又要不断创新改进，提高型号的适应力和可靠性——这一度被认为是“鱼与熊掌不可兼得”的挑战。

胡炜偏不信这个邪，他硬着头皮带领平均年龄不足 30 岁的总体设计团队，仅用短短几年的时间，就完成了以多窗口发射技术和复合制导技术为代表的多项技术攻关，攻克了低温火箭运载能

胡炜在现场对产品状态进行确认

力提升、低温加注后长时间停放等研制难题。

至今，胡炜的事迹还在火箭研制队伍里流传。

十几年前，当胡炜第一次来到总体设计部时，他列出一份愿望清单，鼓励自己对火箭的性能做出一些改进。如今，回过头来审视这份清单时，他发现大部分都已经实现。

紧急时刻“绝地反击”

有一次执行北斗导航卫星发射，进入倒计时“4 分钟”时，动力系统下达的三级贮箱增压命令却无法执行，发射面临中止的风险。

那时，胡炜还是动力系统的指挥。所有人将目光扫向他，他却淡定从容、面色沉静，嘴上连续下命令，指示工作人员监控数据变化，眼睛紧盯着监视屏幕，快速“扫描”“抓取”测控数据。定位问题后，他果断发出口令——为火箭补压！

4 分钟后，火箭准时升空。

同事给出这样的评价：每次遇到问题，胡炜的沉着冷静，总能帮助他“绝地反击”。

和平年代报效祖国最好的方式

如今，长征系列运载火箭已经顺利完成了 300 多次发射，这位与长征家族打了二十多年交道的航天人，说起眼前的这些火箭，就像“熟悉的老朋友”。而他最为熟悉的长征三号甲系列火箭，则已成为我国商业航天发射的主力。

2012 年，长征三号乙火箭一箭双星成功发射两颗中圆轨道北斗导航卫星。彼时，胡炜担任发射场 01 号指挥员。

2014 年，长征系列火箭实现第 200 次发射时，胡炜是长三甲系列运载火箭的主任设计师。

长征三号乙火箭整装待发

这位皮肤黝黑的汉子说，从总体发射次数来看，中国与美、俄、欧等尚存差距，但在年发射量方面，中国已位列前茅，有成绩也要更加努力。

这时，国际市场上，也出现了一个耐人寻味的变化。

胡炜告诉记者，如今到国外做火箭保险宣讲，基本上不必再大说特说中国火箭“多好”“多牛”等技术指标，直接亮出中国的发射次数、成功率、履约能力，以及这次任务之前，中国曾经承担过多少次同等任务即可。其结果是，来自中国的火箭总能获得“较低”的保险费率。

整个长征系列火箭已完成发射 300 余次，成功率约为 96%。这其中，长征三号甲系列火箭完成发射 100 余次，成功率近 98%。

“凡是过去，皆为序章。”中国长征火箭保持高密度发射、高成功率的背后，得益于国家长期的政策支持和集中力量办大事的制度优势，得益于中国火箭人的创新发展、努力拼搏。“建设航天强国，不断满足国民经济和国防建设的需要，就是新时代我们航天人报效祖国最直接的方式!”胡炜说。

采写感悟

胡炜常说，老一辈人把接力棒交到了我们这一辈手里，我们要做得更好，这是我们的历史使命。十几年如一日，胡炜以赤诚赴使命，用热血写忠诚，在深山里的坚守，既是对“初心”的执着坚守，也是对“爱国”的深情诠释。国之所需，我辈使命，无论何时何地，航天报国的那份情感和责任永不褪色。

8 创造世界材料奇迹

纸上得来终觉浅，绝知此事要躬行。

——（北宋）陆游《冬夜读书示子聿》

人物简介

李军平，出生于1979年7月，博士，研究员，硕士生导师。2007年7月毕业于中国科学院化学研究所，获博士学位；同年赴法国里昂第一大学从事博士后研究工作。出站后，入职航天一院七〇三所从事陶瓷基复合材料研究工作，现任第三事业部副主任。曾获欧盟“玛丽—居里”国际奖学金、航天基金个人奖、中国复合材料学会杰出青年工程师、航天科技集团有限公司青年拔尖人才等。发表论文30余篇，参编英文专著2部，授权专利20余项，获得国防科技进步一等奖1项。

李军平是一位海归博士后，面对航天材料领域的世界级技术难题，他毅然决然回国，近10年的磨砺，数不清的不眠夜，他和团队终于研制出一流的材料，让新型飞行器有了新型的“骨骼”和“外衣”，有力地推动了装备的全面换代。

2019年年初，新型飞行器飞行试验成功后，作为核心材料的负责人，李军平竟像个孩子似的，快乐地奔向现场寻找残骸。沙漠里的风沙打在他的身上有些生疼，但在他看来，连这样的疼痛都是快乐的，因为他心里的石头总算落了地，曾经摆在他和团队面前的那道世界性难题，此刻终于被攻克，成功的喜悦是他们唯一的感受，仿佛研制过程中的压力和波折没有真切存在过。

“借着资本主义经费学了点东西，得知祖国需要我，就回来了”

李军平大学毕业后，进入某研究所继续开展高分子材料专业的学习，在该所的高技术研究室，李军平接触到了大量具有国防科研背景的项目，他的研究生导师谢择民就曾经参加过我国首颗卫星“东方红一号”的研制。受到导师的影响，就是在那时，李军平萌生了日后从事航天材料研究的念头。

2009年下半年，在法国里昂第一大学从事博士后研究工作期间，李军平参与了欧盟的一个材料项目的研发，他一边积极汲取最新的技术研究成果，一边默默关注着国内航天材料的发展动态。

2010年，李军平面临出站择业，当时摆在他面前的有不少很好的工作机会，既有德国汽车行业的邀约，也有美国、意大利的航天企业递来的橄榄枝，但他迟迟没有做出决定。

那年冬天，在网上浏览国内招聘信息时，李军平看到了航天一院七〇三所的招聘信息，其中，自己所学的材料专业赫赫在列。

当时，七〇三所面向未来发展需求，决定开展一系列新型材料的研究，迫切需要相关专业的人才。看到招聘信息后，李军平激动不已，他一直在等待的，仿佛就是这一天。一想到能够用平生所学，为国家航天材料事业做点工作，他立即联系七〇三所，表达了自己的求职意愿。

就这样，李军平踏上了回国路，回忆起来，他风趣地说："借着资本主义经费学了点东西，得知祖国需要我，就回来了。"

一切从零开始

2010 年，李军平初到七〇三所时，用于某新型飞行器的高性能陶瓷基热结构复合材料的研究正待起步，有专业研究背景的他顺理成章地被委以重任。

但重要性往往与艰巨性相伴而生，李军平心里十分清楚，复合材料研究本身难度就很高，而高性能陶瓷基热结构复合材料的研究则更加复杂，发达国家在试验过程中也屡次失败，属于世界性难题。再加上用这一材料装备的新型飞行器属于国之重器，许多国家正在加大研究力度，业内有句话，"一代材料，一代装备"，材料是影响飞行器研制的关键因素之一，谁抢占了材料研制的先机，谁就掌握了飞行器研制成功的先机。

面对难题，李军平这位并不算高大魁梧的南方小伙子不仅没有后退，反而激发了他那股子不服输的韧劲。面对几乎从零开始的现状，他边攻关、边研制，先做工程技术研究，再做应用研究，誓要带领团队啃下这块"硬骨头"。

当时，院里和所里都非常重视这项研究，各方面都给予了很大的支持，不仅给他配备了一间 500 平方米的实验室，还以他为中心组建了一支年轻有力的博士团队。

虽说场地和队伍都有了，但毕竟是新材料的研制，设备还没有到位，团队也没有经过磨合。这一切都需要李军平事无巨细地统筹安排，为此，李军平只有"一身二用"，他白天带着队伍搞科研，晚上就要想着如何成功搭建好这个实验室。有时测算着、研究着、布局着，他一干就干到了凌晨。

在等待实验室所需设备到位的时间里，李军平想尽一切办法保证新型材料的研制进度。先是“捡漏”，李军平和同事将其他部门一些暂时闲置的设备用过来，调试后用于开展试验。然后就是“蹭地方”，将自己的样品和其他组工艺接近的试制品一起进试验设备。最后一个就是“插空”，其他组周一到周五使用的设备，他们周六、日用，其他组白天用设备，他们晚上用。

通过在各专业、各班组穿插使用设备，李军平不仅保证了材料研制进度，也跟各组的老专家、老师傅们学到了很多工程经验。他将这些经验与自己课题的技术研究进行融合，在后续技术攻关过程中起到了重要的作用。

失败了

就这样度过了最艰难的两年，实验室终于逐步建设到位，团队也越来越庞大。又经历了两年的艰苦攻关，材料初见雏形，不日将迎来飞行试验验证。

虽说李军平和团队像培养自己的孩子一样研制着这一材料，一点一点地攻克了多个技术难题，材料性能持续提升，但材料研究是一个巨大的系统工程，新型复合材料的研究难度更大。有人形容碳纤维是“黑金”，陶瓷材料则比“黑金”还要金贵，它又硬、又脆，碰不得摸不得，牵一发而动全身，很容易出现问题。

因此面对飞行试验验证任务，李军平心里并没有百分之百成功的把握。

2016 年初，大型地面试验正在进行中，总指挥、技术人员、管理人员等很多人都在现场，期待着这场试验验证的结果。作为材料负责人，李军平比任何人都紧张，仿佛送自己的孩子步入考场，期待成功归来。

试验时正值冬季，全场工作人员都裹紧衣服保暖，只有李军平一个人满头大汗，一个个豆大的汗珠从脸上滑下，他却一动不动，眼睛都不敢眨一下，死死地盯着试验。

李军平对试验数据进行判读

尽管倾注了大量的心血，满怀着期待，但最让人难以接受的结果还是出现了，这个用心培养的“孩子”仿佛与他开了一个玩笑：材料在热力试验后变形，验证试验失败了。李军平僵在那里，汗水如同冰块一般，冻结了他的整个身体。他不甘心地想着，还没养大的孩子，怎么这么突然就“没了”？巨大的挫败感让李军平半天才缓过神，望着总指挥黯然走出试验大厅的背影，李军平心中愧疚，但也暗暗下定了决心，不管花费多大的代价，一定要研制成功。

成功研制出世界一流新型材料

深夜，脸色铁青的李军平拖着沉重的身体回到家，坐在沙发上，脑海里闪现着无数个疑问：到底是哪里出了问题？该怎么解决？花了这么多钱、带了这么多人，付出这么多，接下来的路该怎么走？……

一夜无眠后，第二天一早，李军平把团队的人召集在了一起。“这个型号研究，其他航天大国都没有成功过，对我们中国正在发展中的航天事业来说，成功更不会那么轻易达成，但只要有一线可能，我们一定全力以赴！”

他的决心深深感染了队员，他们很快投入到了后续的工作中。

尽管试验验证失败了，但型号依然对李军平的队伍抱有很大希望，决定让团队边归零边研制，即查找问题根源和向前研制生产同步进行。时任型号领导也不断鼓励他：“继续干，成了是你们的，失败了是我的！”

有了信心和支持，李军平和他的“博士团队”没日没夜地进行着理论分析、工艺验证。李军平形容这一年，不是在归零，就是在归零的路上。

一年后，经过无数次的攻关和试验，李军平和团队终于看到了一些希望，材料的性能越来越稳定，这条路，前方越来越光明。

2017 年，有了新皮肤和骨骼的新装备部段再次进行了地面试验。“这次我们总指挥脸上终于有笑容了，他是哼着歌走出试验场的，那时的我，心里稍稍放松了一点。”回忆起这些时，李军平的脸上，也终于露出了一丝笑意。

但这不是最后的成功，更关键的是要在靶场验证。李军平清楚地记得总体的一位同事说过的一句话：“李军平，这次如果你真成功了，就是创造了世界奇迹！”这句话既有对李军平团队研制成果的期待，也有一丝不确定性，世界级难题你们真能破解吗？

可李军平不信这个“邪”，遵循科学规律，为祖国的国防事业挑战不可能的难题，是他的目标。

靶场飞行试验当天，李军平执意要在落区守候，因为不管成功与否，他都要捡回残骸来分析，成功了他要继续优化材料性能，没有成功他一定带领团队走向成功。

可喜的是，当天的飞行试验一切都十分顺利！型号成功了！

李军平和团队解决了装备换代关键部件制造技术难题！

这一天，他们等了将近 10 年。

这一天，他们真的创造了“世界奇迹”！

那天，他是落区跑得最快的一个，也是捡得最多的一个。李军平将捡到的残骸紧紧抱在怀里，如同搂着自己的孩子一样，带“他们”回家。

当天晚上，李军平依然难以控制自己激动的心情，他自掏腰包，跑到距离靶场很远的小卖部里，买了 10 瓶酒，以畅饮的方式和一起奋战的同事分享这来之不易的成功。

酒量不是很好的他喝多了，喝得满脸、全身通红。他用手机记录下了自己的这一刻，既是为了纪念这个特别的日子，更是为了提醒自己记住材料研制以来走过的每一段路。

从材料有无到能用，这条路，李军平走得坎坷，但他和团队并没有止步，现在，他们正朝着让材料“更好用”“批量化”的方向前进，而他和团队开展的这个研究方向，已经成为七〇三所不可或缺的新专业、新领域。

回首埋头攻关的日日夜夜，李军平笑谈：“能把在资本主义国家学习所得报效祖国，是我的自豪！”于细微处见真章，于细微处见大局，李军平用他的智慧和坚持不懈带动着大批有志青年为祖国航天事业的阔步前行而执着地付出着。

采写感悟

海归博士后在很多人看来是一个职业生涯的高起点，但李军平没有把自己“束之高阁”，而是俯下身子扎到一线，在那些看似细小的工作中、细节中，磨砺自己，积累知识。于细微处见真章，于细微处见大局，迅速成长为事业部副主任，用他的智慧、诚恳和坚持不懈，带动和感染了一大批有志青年在航天强国建设中锐意进取、踏实前行。

9 离火箭发射最近的人

采得百花成蜜后，为谁辛苦为谁甜。

——（唐）罗隐《蜂》

人物简介

谢奇勇，出生于1962年8月，1981年10月入伍，1990年7月毕业于北京联合大学档案专业。入职后先后从事档案底图管理和缩微摄影制作工作，现在航天一院十九所影像制作与展示应用中心从事声像后期编辑工作。曾获得省部级奖项7次，中国航天科技集团有限公司和院级奖项12次。2019年被评为院级优秀共产党员。

这是一群特殊的航天人，他们离火箭“最远”，也离火箭“最近”——他们并不亲手锻造火箭，但火箭拔地而起那一刻只有他们“贴身”紧跟。

这更是一个特殊的职业，既让人心生羡慕，又让人望而生畏——当人们看到一个个火箭发射的壮丽画面，会情不自禁地赞叹。但他们看不到的是，一组组震撼人心的镜头背后，是一次次与死神擦肩而过的考验。

这就是火箭摄像师，谢奇勇是他们中的一员。

敢不敢签“生死状”？

火箭发射的动静有多大？近距离拍摄火箭发射是什么感觉？面对我们的好奇，谢奇勇没有直接回答，而是讲了个小故事。

西昌卫星发射中心5公里外有所学校。有一天上课，不少刚来的新生突然感觉到房屋似乎在震动，玻璃窗哗啦哗啦颤响。学生们都以为发生了地震，一些人迅速跑到楼下，边跑边喊：“地震啦，地震啦……”可是跑到楼下后，发现周围的几幢高年级的教室都静悄悄的。

一会儿，有人从窗口探出头来说：“闹什么闹，没见过火箭发射啊！”新生们才知道，原来这是郊区的山沟沟里在发射火箭。等到时间长了，次数多了，对火箭发射时的这种动静，这些学生们也就慢慢习以为常。

这是5公里外感受到的火箭发射，在发射现场观看又是什么感觉？“火

谢奇勇拍摄的火箭腾飞画面

箭发射的安全距离是 2.5 公里，在二三公里远的现场观看，你会感到火箭起飞时候的轰鸣声十分刺耳，空气仿佛被撕裂，甚至会让人感觉到心脏快要跳出来，只有捂住耳朵才好受一点。”谢奇勇说。

“你离火箭发射到底有多近？”对这个问题，谢奇勇还是没有直接回答，而是笑着反问了一句：“你们想跟我一起看发射吗？”

“当然想看啊！那肯定帅呆了！”我们都很兴奋地说。

“那你们谁签生死状？”谢奇勇又问了一句。我们都愣了，不由地问：“签生死状？什么是生死状？为什么要签？”

“因为跟我一起看发射，离火箭只有几百米，说不定有生命危险。”谢奇勇笑着答，我们却一下子沉默了。很多人知道中国火箭是高成功率的“金牌火箭”，但如果真的当一份生死状摆在面前，仍难免会有对自己安全的担忧。这个时候我们才真正意识到，火箭摄像师离危险到底有多近。

2019 年 6 月 25 日 2 点 09 分，第 21 颗“北斗三号”卫星也是第 46 颗北斗卫星在西昌卫星发射中心发射。承担发射任务的是长征三号乙运载火箭，这是一型著名的火箭，它全长超过 40 米，一、二子级直径 3.35 米，三子级直径 2.25 米。乳白色的箭体，像一个庞然大物，映衬得几百米外蹲守的谢奇勇格外“矮小”。

“1 小时准备！”

“30 分钟准备！”……

随着点火时刻的临近，发射场的气氛陡然紧张起来。此时，发射塔架完全打开，在灯光照射下，乳白色的星箭组合体格外迷人。谢奇勇握着机器的手也格外用劲。

“1 分钟准备！”等待时的沉静与忙碌时的声音形成鲜明对比，01 号指挥员的倒计时口令，充满了自信与力量。

倒数计时 30 秒，原本有些喧嚣的航天发射场瞬间安静下来，大家都在等待那一刻的到来。

“10、9、8……3、2、1。”

“点火！”伴随着大地的轰鸣声，橘红色的火焰喷涌而出，火箭托举着北斗卫星拔地而起，如利剑出鞘，直刺苍穹，照亮黑暗的夜空。

说时迟那时快，谢奇勇连连按下快门，捕捉着这些壮美的瞬间。红色的火光映照着他全神贯注的面孔，这时的他浑然不顾炙烤般的高温热浪袭来，也完全忘记了“生死状”。尽管已有准备，但他的耳朵几乎仍像被震聋一般……

“美不美？”看着自己又一次收获的火箭起飞镜头，谢奇勇咧着嘴笑了起来。

找角度有绝招？

随着这几年中国北斗卫星导航系统的加快组网，北斗卫星密集发射，谢奇勇几乎成为了和北斗卫星发射打交道最频繁的摄像师。

2019 年 5 月 17 日，长征三号丙运载火箭在西昌卫星发射中心发射我国北斗卫星导航系统第 45 颗卫星。这是长三甲系列运载火箭的第 101 次

谢奇勇在火箭测试现场

发射，也恰逢航天一院抓总研制的长征系列火箭的第200次发射。为此，专门在火箭上印有一个特别设计的标识。

为了记录这次意义特别的发射任务，谢奇勇也迎来了一次特别的任务：拍摄角度斜一点儿，火箭上的国旗和特殊标识就拍不到；拍摄高度不够，火箭往上飞的运动过程就拍不全……

西昌卫星发射中心号称“北斗港”，所有的北斗卫星都从这里飞向太空。和酒泉卫星发射中心、海南文昌航天发射场不一样的是，西昌卫星发射中心地处大凉山腹地，发射架高高矗立在山谷中，四周一个山包连着一个山包。这里纬度低、海拔高、云雾少、空气透明度高，对火箭发射尤其是高轨道卫星发射来说，这里的位置再完美不过了。

但这里的地形对于要拍摄火箭腾空的人来说，却着实是一座座困难的“大山”。周围全是山头，摄录设备架在哪里？怎样才能拍到又稳又清楚的画面？这都是难题。

不过，应付这些，谢奇勇早已胸有成竹。

一进卫星发射中心发射场区域，谢奇勇早早就开始了踩点。为了给这次发射的特殊标识留下正面镜头，谢奇勇对着火箭正面，沿着视线的反方向，一个山头一个山头地找位置。山里有些地方人迹罕至，谢奇勇就高声唱歌给自己壮胆；拍摄视线正好经过山里的果园，为了在果园里找合适的拍摄点，他掏出早就准备的香烟跟老乡套近乎；不小心踩了庄稼，他自掏腰包给农户赔偿……所有的办法都为了一个目的：找到合适的点位，距离合适了，拍摄角度就能最大限度地跟上火箭的运动轨迹了。

几个山头爬下来，谢奇勇的腿酸了、钱包也瘪了，却开心得不行，“终于找到了合适的‘阵地’！”

发射在即，按照工作要求，谢奇勇要在发射前 2 小时到达拍摄点。他提前三四个小时就上了山。2 个三脚架、1 台摄像机和 1 台照相机，加上必需的防护用品，装备足足有几十斤重。汽车只能送到山下，再往上，要靠谢奇勇自己一个人把装备扛上去。

5 月 17 日 23 时 48 分，深夜，长征三号丙运载火箭成功托举北斗卫星进入太空轨道。谢奇勇拍摄的火箭腾飞的画面，让航天人无比振奋，让全国人民无比感动。

一次又一次，谢奇勇都是这样提前踩点、提前上山、提前做好充分准备。有时候赶上下雨，经常都是一身泥，衣服湿透了也得想办法不能淋到设备。即使不小心被马蜂袭击，他都第一时间保护好设备安全。在谢奇勇心里，什么也比不上机器里的好片子重要，比不上任务重要。

为什么害怕却还要坚守？

难道是因为名字叫“奇勇”，真的不害怕？谢奇勇笑了：“说完全不害怕，那肯定是假的。”

有一回，谢奇勇来到一个拍摄地点，这是一个小山坡，立有一块小石碑，隔着山坡，等待发射的火箭矗立在发射塔架上，近在眼前。如果万一真的有危险怎么办？谢奇勇预想了几个办法：拍摄时站在石碑边上，如果出问题就躲在石碑后面，或者关键时刻不管三七二十一就往拍摄平台后面的深沟里跳。他还随身带着防毒面具，防备万一发生火箭燃料泄露。耳朵里也堵好了棉花，以防声音太大。

即使做了这些准备，风险仍然存在。但每次谢奇勇拍摄的镜头看着是那么的稳当，那么的高质量，说明在拍摄的那一刻，他的手也是那么的稳定。

“到时候不会想那么多，就只专注在拍摄上了。你要知道，火箭飞得可快了，一下就起来了，不专注就拍不到。随着这种拍摄的经历越来越多，一开始我还能感受到火箭起飞的巨大轰鸣声，但一次又一次，后来我感觉都听不到轰鸣声了。只有火箭变成一个小红点，拍摄接近结束的时候，才会感到声音一下冲进耳朵。”谢奇勇说，“我的职责就是记录这一切，当时真的没想啥。”

他顿了顿说：“其实，也挺害怕的。”谢奇勇一边说着，一边摸着谢顶的大脑袋憨憨地笑了起来。不用躲到石碑后面，不用滚下深坑……他已经觉得很满足了。

为了拍到一张最美的照片，为了真切记录航天人的成就，谢奇勇仍然继续坚守在拍摄第一线，还坦然签着“生死状”。

采写感悟

谢奇勇就是这样一个离火箭发射最近的人群中的一员。越过山丘、执着等候，他用镜头精准记录下长征火箭绚烂的焰火、挺拔的身姿，也记录下建设航天强国的梦想与征程。这镜头，便是他对航天事业的深情、对祖国母亲的热爱！

10 37 年未失手的数据“捕手”

伟大事业都成于实干。新时代是奋斗者的时代。

——2019 年 2 月 20 日习近平总书记在北京人民大会堂会见探月工程“嫦娥四号”任务参研参试人员代表时的讲话

人物简介

吴强，出生于 1962 年 8 月，高中学历，特级技师。入职后从事飞行器动力学环境测量工作，先后承担 130 余次型号试验的动态环境参数测量任务，攻克 50 余项技术难题。曾获中国航天科技集团有限公司劳动模范、航天技术能手、院首届劳动模范称号，授权专利 4 项。2018 年获得北京市政府技师特殊津贴。

航天一院七〇二所的吴强是一名飞行器动环境测试工，大家都习惯叫他“吴大哥”。“大哥”这个称呼，不仅是因为他资历老，更是对他工作担当尽责、无私奉献的一种尊重。

作为一名工人，他的工作不是在车间里与机床等生产加工设备打交道，而是通过各种设备和记录仪器测量，获取飞行器在各种环境下的物理数据并编写成试验报告。这些数据对型号设计人员而言是非常重要的参考和依据，直接关系到型号的最终成败。令大家佩服的是，作为一名数据“捕手”，在测试工的岗位上，吴强取得了从业 37 年来从未失手，关键试验数据获取率 100%的骄人战绩。

吴强和团队在海南文昌发射场，右二为吴强

“一定要对每次试验任务都心存敬畏”

1982年，20岁的吴强从部队退伍，来到七〇二所当了一名飞行器动环境测试工，成为航天事业大家庭的一员。

眼前的吴强，身板笔挺，目光坦诚，言谈举止间都透着沉稳劲。“其实，刚进厂时，我是个毛躁的小伙子。为了打磨我的性格，师傅每天让我抄报告、接焊线。”手脚勤快、善于思考的吴强很快获得了师傅的认可。

做试验，最怕的就是试验结束了数据获取却出现了问题。让吴强感到特别自豪的是，从业37年来，他参与的百余次试验都获取到了真实有效的测试数据。他说，能做到这一点，是因为自己对每次试验都心存敬畏。

这是一个令他至今难忘的故事。“刚参加工作时，师傅带我参加外场

1984 年 1 月 27 日，吴强（第二排左三）工作的测量组被评为先进集体

试验。就在那一次，我目睹了兄弟单位的一位同行前辈因为数据获取有误而给整个试验带来了毁灭性的后果。晚上，那位前辈一个人躲在试验场的角落里痛不欲生，从那撕心裂肺的哭声中，我体会到的是他对自己给团队带来巨大损失的深深自责。”

从那时起，吴强就告诫自己，作为一名测试员，一定要对每次试验任务都心存敬畏，因为每一个数据的获取，都关系到整个试验的成败。“做一名合格的数据‘捕手’，就是要从一点一滴的小事做起，以严慎细实的工作作风确保试验数据的准确获取，维护国家的利益。”

“智多星”敢打硬仗

七〇二所副总工程师张建华说，吴强善思考、爱琢磨、技术精湛，特别能攻关，尤其敢打硬仗，被大家称为“智多星”。

吴强最让人称道的“攻坚之战”发生在某重点型号试验中。这次试验，一些传感器空间位置非常复杂，安装难度极大。而试验产生的强大冲击力会将粘接强度不足的传感器打飞，从而可能致使试验数据获取失败。面对如此难题，大家一筹莫展，而吴强却站出来主动请缨。思考良久，他决定借鉴车辆的轮胎纹路原理来提高传感器和试验件表面的粗糙度，以便紧密粘连。于是，在传感器和试验件的表面，吴强磨制出45度角交叉的井字格纹路以增加粘胶面积，让传感器紧紧地粘接在试验件上。最终，试验取得圆满成功，所有数据完美获取，型号研制取得重大突破。

还有一次，在某型号试验中，试验方临时要求获取航天器喷射口附近的数据。燃气流火焰温度高达1200℃，数据采集设备如果连接在这个位置，肯定会被烧化。吴强经过反复摸索和不断验证，借鉴返回舱的防烧蚀原理，独创了“多材料复合＋多层防护缠绕式组合”工艺，用低廉的工业级柔性防热材料包裹住数据采集设备。材料遇到火焰虽然会燃烧碳化，但在带走热量的同时可以阻止内层燃烧，让设备毫发无损，并且可以完美地捕捉到试验数据。目前，这项工艺已成功应用于多个型号的试验中，特别是在长征七号运载火箭助推器的回收试验中，应用该工艺让试验数据无一漏网。此外，吴强提出的“非接触＋电测”冗余方案、“微型摄像头+0.1毫米靶线网＋分布式应变”裂纹定位等测量方法，也都为解决型号试验测试难题立下了汗马功劳。

“从事这份崇高的事业，何等光荣与自豪”

凭借扎实的技术和过硬的作风，吴强带领的试验团队已成为航天领域外场试验测量行业的标杆。在一次外场试验中，由于型号故障，吴强和同事进行紧急排查。当时有人为了赶时间，说差不多就行了，吴强听到后立刻“怼”了回去：“什么叫差不多就行了？别人我不管，但我负责的工作，必须要做到百分之百，甚至百分之一万可靠！”这番话恰巧被所在发射基地的部队司令员听到了，于是立即组织现场官兵排成一排，向吴强的专业精神敬礼。

多年来，吴强承担了130余次大型重点动态环境参数测量任务，关键数据一次获取率100%；攻克了50余项技术难关，形成了高动态条件下位移非接触式测量、裂纹的定位测量、高温高速高燃气流下测量系统防护等多项关键技术，居行业领先水平。凭借严慎细实的工作作风和特别能战斗的精神，吴强先后获得了中国航天科技集团有限公司劳动模范、航天技术能手等一系列荣誉称号。2018年，他还获得了北京市政府技师特殊津贴，这也是七〇二所员工首次获得此项殊荣。

“航天是能够撑起中华民族脊梁的产业，航天试验的特殊性决定了每次测试都要以高度的责任感和使命感，用踏实、细致的工作去‘捕捉’每一个数据，确保试验万无一失。”在吴强看来，作为近14亿中国人中的幸运儿，能够从事这份崇高的事业，是“何等的光荣与自豪”。

采写感悟

和吴强大哥聊天既是一件有趣的事儿，也是一件不容易的事儿。有趣在于，他的故事太多了，件件精彩、耐人寻味，说上一天也说不完；不容易在于，他一年中总在外场做试验，在单位碰到他似乎成了件稀奇的事儿。吴强的办公室干净整洁，书总是码放得整整齐齐，各式各样错落有致的箱子、盒子里装的都是试验用的小零件，用“井井有条”形容一点也不为过。采访中凡是涉及曾经历的试验，他说得神采飞扬，让人仿佛置身其中。而每每谈到自己，他总是说一想到当年中国受欺负，心里就难过，于是就发誓要努力工作，让祖国强大起来。吴强身上体现的，正是航天人的爱国精神，他们用坚定的信念和钢铁一般的意志，把对祖国的无限热爱化作航天报国、航天强国的雄心壮志与实际行动，在各自的岗位上为党旗增辉，为国旗添彩。

CHN
中国航天
LONG MARCH

二

xin shi dai zhui meng huo jian ren

改革创新的时代要义

篇首语

唯改革者进，唯创新者强，唯改革创新者胜。

——习近平

改革创新精神，是党团结带领人民在改革开放过程中形成的一种伟大的时代精神，是实现中华民族伟大复兴的强大精神动力。

“改革是实现中华民族伟大复兴的关键一招”“没有改革开放，就没有中国的今天，离开改革开放，也没有中国的明天，所以改革必须要坚持下去”“创新是引领发展的根本动力”“抓住了创新，就抓住了牵动经济社会发展全局的牛鼻子”，实践告诉我们，哪里有改革创新，哪里就有繁荣发展的局面。

改革开放40多年来，航天事业实现了跨越式发展。航天重大工程捷报频传，极大地提升了我国的综合国力和国际影响力。长征系列运载火箭共实施300余次发射，成功率超过96%，可靠性、适应性、成功率、安全性和入轨精度达到世界领先水平。

改革创新，是中国航天事业发展的宝贵经验。中国航天从无到有、从小到大、从弱到强，越过一座座科学高峰，不断取得里程碑式的辉煌成就，靠的就是将改革作为发展的根本动力，靠的就是敢为天下先的创新精神。伟大的航天事业，不是等得来、喊得来的，而是拼出来、干出来的。航天一院以创新为荣、以创新图强，大力培育创新能力，不断完善自主创新体系，逐步攻克和掌握了一大批关键核心技术，形成了具有自主知识产权的创新成果，筑牢了航天事业可持续发展的基石。

坚持改革创新，是航天事业快速发展的制胜法宝。航天技术是战略性高科技，真正的核心技术是买不来的。发展航天事业，改革和创新同样重要。不仅要坚定改革决心、保持改革定力，抓好重点领域的改革工作，更要将改革引向深入，实现系统性、整体性、协同性推进，实现全面深化改革。同时要紧紧跟上时代步伐，着眼国防科技创新最前沿、瞄准航天科技发展最高端、聚焦自主可控关键领域的最短板，实现从跟踪研仿式创新，向以原始创新、基础创新为主的引领式创新转变，实现从跟跑、到并跑、再到领跑的跨越。我们要做到：外国人能干的，中国人也能干，外国人正在干的，中国人能干得更好；外国人还没有干的，中国人能率先干起来。

人类社会的发展是一条绵延不断的长河，人类社会的实践是一个不断创新的过程。与时俱进，必须要求不断改革，因循守旧必然停滞不前。对中国火箭人而言，太空无垠，探索无限，每一个新高度都是一个新起点，需要最大限度地激发创新活力、最大限度地发挥改革创新精神。

社会的发展日新月异，“道在日新，艺亦需日新”。如今，我们进入中国特色社会主义新时代，航天人要在建设航天强国的征途上冲锋陷阵，更加离不开改革创新。习近平总书记强调：“中国是一个大国，必须成为科技创新大国。”航天技术是国家参与世界竞争的“国之利器”，必须坚持自主创新。只有自己掌握核心技术，拥有知识产权，才能真正将祖国发展与安全的命运牢牢掌握在自己手中，才能在复杂而激烈的国际科技竞争中处于主动地位。

探索浩瀚宇宙，发展航天事业，建设航天强国，是我们不懈追求的航天梦。火箭人当前所处的环境、所面临的形势，是一个“船到中流浪更急、人到半路山更陡”的时候，是一个愈进愈难、愈进愈险而又不进则退、非进不可的时候。航天事业面临的是全球更大范围、更高水平、更深层次的竞争。我们仍需要保持“过去革命战争时期的那么一股劲，那么一股革命热情，那么一种拼命精神”，以改革创新精神砥砺奋进，做改革创新的实践者。每一位航天人、火箭人，都应该始终心系改革、魂系创新，认真汲取创新经验，厚植航天发展优势，开拓一条不畏艰险、敢为天下先的未来之路，续写航天新辉煌！

太空探索永无止境，逐梦之行永不停歇，中国航天人的改革创新之路必将越走越宽广！

——**尹援平**

（中国企业联合会（企业家协会）驻会副会长）

1 力求日新　铺平火箭数字化之路

▸▸ 星空浩瀚无比，探索永无止境，只有不断创新，中华民族才能更好走向未来。

——2016 年 12 月 20 日习近平总书记在北京人民大会堂会见天宫二号和神舟十一号载人飞行任务航天员及参研参试人员代表时的讲话

团队简介

从 2010 年以来，总体设计部二室增压输送系统研制团队，敢于创新，致力于火箭管路系统三维数字化设计工具和设计方法的攻关工作，完成了长征五号、长征七号主要大管路——输送管、增压管和排气管的三维设计，研制了基于三维软件平台的导管高效三维设计工具，实现了航天系统产品三维设计模型从无到有的重大突破。他们不断挑战，颠覆了传统生产模式，正在为打通三维设计与三维生产的“最后一公里”不懈努力。

2016 年 6 月 25 日，是一个会被中国航天史记载的日子。当晚 8 时整，我国新建的海滨发射场——海南文昌航天发射场第一次传出仿佛空气撕裂般的巨大声响。我国新一代中型运载火箭长征七号喷射着耀眼的白色烈焰，刺破夜幕，奔向太空，圆满完成首次飞行任务。

长征七号火箭的成功发射，揭开了我国载人航天工程空间实验室任务的大幕，同时也标志着我国新一代运载火箭在数字化设计能力上已跻身国际先进行列，代表了国内运载火箭研制领域数字化的最高水平。

时间回溯到 2008 年，我国新一代大型运载火箭长征五号开始使用全三维数字化设计，在当时是一条大新闻。而长征七号火箭则决定勇敢地向前再跃一步——将数字化技术贯穿火箭的设计、试验、制造、管理全流程，力图成为我国首发实现全寿命周期数字化的火箭。

这一跃，并没有想象中那么容易。起初，谁也不知道，中国的全数字化火箭究竟什么样。毕竟，航天产品的数字化研制一直是国际性难题。

而长征七号火箭后来的全数字化设计成果，与 2010 年开始的技术创新息息相关。作为最早的三维数字化设计践行者之一，增压输送系统研制团队打破按部就班的传统模式，多年来，以孜孜不倦、力求日新的进取精神，不断革新设计方法，不遗余力牵引生产工艺方法提升，甚至面向未来，为火箭生产模式产业革新进行着不懈努力。

叩开三维设计大门

如果把运载火箭比喻成人体，那么增压输送系统中的管路就是火箭的“血管”和“气管”。在火箭结构设计中，这是最为复杂的部分之一。然而在 2010 年之前，这些“血管”和“气管”的图纸是二维的，设计师们只能看到管路两端的连接结构和内径，无法直接看到它们真实的形态、管路弯折等设计要素。同时，团队也只有在箭体结构的设计和生产初具规模后，才能大规模开展管路设计，导致设计时间短、迭代次数受限。

当时，三维设计方法虽然已为人们展现了一个全新的未来，但该方法在运载火箭管路设计领域仍是一片空白。庆幸的是，增压输送系统团队保持着敏锐的创新基因，他们决定叩开管路三维设计的大门。

总体设计部二室主任王道连回忆，技术创新之初，团队面临着几个现实问题——如何高效移植三维设计软件用于系统设计？如何快速培养起三维设计团队？如何有序引领三维设计图纸完成生产？

一连串的“如何”“能不能”，就此在这群人的脑海中盘旋。

针对是否上三维设计手段，各级领导都非常关注，甚至专门召开了一次会议来讨论这件事情。在会上，增压输送系统副主任设计师周宏提出："无论能不能，我们都必须做出改变。无论是从效率还是质量上，原来的设计方法和手段都无法满足研制新一代火箭的客观要求。我们这一代人，不应该以复刻上一代人的图纸为荣，而应该以他们面向未来、敢于超越的进取精神为激励，向生而生。"她用这番话充分表达了团队的决心。

就这样，团队迅速做出"承接过去、迎接挑战、改写未来"的决定，开始对火箭管路系统三维数字化设计工具和设计方法进行攻关。

航天是系统工程，讲究团队作战。作为数字化建设的专业室，总体设计部八室提供了鼎力支持，将技术骨干皮赞和李莉等人派驻到二室蹲点，为数字化设计软件的相关开发、测试工作提供环绕式智力服务。而设计人员张立强、周佑君、程翔、林杨、周宏等人则开始钻研火箭的三维管路设计模块，快速摸透并掌握了三维设计的基本方法，完成了长征五号、长征七号主要大管路——输送管、增压管和排气管的设计。

至此，我国新一代大中型运载火箭的三维设计作战能力初步形成。

兴奋之余，设计团队也马上意识到真正的技术痛点——

在三维软件平台上设计一根管路，花费的时间是原来绘制二维图纸的20到30倍，且设计完成的大导管只占增压输送系统管路数量的10%。以现有软件平台的效率，如何全面、彻底应用大批量的增压输送系统管路及总装产品，又如何形成指导总装的三维生产模型？

又是一连串的"如何"产生。提高三维设计软件效能成为设计团队面临的新的关键技术难点，而且必须攻关成功，否则将极大地影响火箭的研制进度。

"工欲善其事，必先利其器。"增压输送系统研制团队立刻组织开展了基于三维软件平台的导管高效三维设计工具开发。

很快，为火箭量身打造的导管高效三维设计工具上线，但工具在雏形期总是脆弱的。"又丢了""全错了"……管路设计人员和软件开发人员的大喊声、拍键盘声，时常在办公室响起。

然而，经过近半年的开发测试，团队一遍遍地从错误中爬起，终于实现了“从一周设计一套管线到一天设计多套管线”，“从修改一根管线导致全套管线数据丢失到修改管线不再影响其他管线”以及“从软件升级数据丢失到软件升级后数据柔性整合”的华丽蜕变。

坚持，坚持，再坚持；加班，加班，再加班。他们在夜以继日的煎熬中，完成了第一轮增压输送系统三维图纸设计，有力支撑了航天系统产品三维设计模型实现从无到有的重大突破。

自此，一扇新一代运载火箭增压输送系统全生命周期数字化研制的大门，在科研团队的一次次叩击下，轰然打开。

颠覆传统生产模式

数字化从火箭的设计辐射到全过程，意味着什么？长征七号火箭数字化副总设计师张立洲将其形容为“对传统生产颠覆性的改造”——进入生产环节，航天系统产品的三维设计模型将冲击依据二维图纸生产的传统模式。

在火箭制造这样的大系统工程中，有句话叫作“改变无小事”，更何况增压输送系统管路生产与总装的依据要从此被颠覆。第一套三维管路图纸下厂后，图纸中存在的不完善甚至错误的地方也陆续暴露了出来，各种没有预料到的情况更是一个接一个出现。

于是，杨燕、贺启林、霍毅和周宏这些毕业于国内外一流大学的博士、硕士，组成一支团队，在三维模型到厂生产的四年时间里，一直在生产一线，和工艺人员共同完成产品生产。他们不仅是设计团队，也是生产配合团队。

助推器试车产品是三维设计中第一个经历生产和装配的产品。从主管设计到主任设计师，他们不分职务，不仅协助工艺人员将设计数据转换为工艺数据，还帮助检验人员对实物进行模型比对，校正工艺数据，保证了三维设计制造工作的顺利推进。

团队在分析数据（左一程翔、左二周炎、左三王道连）

生产一线的现场，总能看到他们夜以继日忙碌的身影：夜晚加班时，贺启林在会议室内搭个行军床，困了就简单地闭闭眼，醒来又和工人们一起讨论问题；遇到结构不协调、生产错误等问题时，设计师可以秒变操作工人，连女设计师周宏都能用她纤细的手臂拧弯一根折弯不当的产品……

紧张的三维生产环境里，设计团队里的个体差别已被消弭。无论是身怀六甲的准妈妈，还是胡子拉碴、一米八高的硬汉，都能灵活地穿舱、钻箱，只是为了获得第一手的产品数据，在感性认知的基础上做出理性判断：是设计有纰漏，还是生产有误差？对于他们来说，每一次现场直击，都是一场激烈的头脑风暴。

另外，为了更好地理解三维模型中传递的设计意图，生产部门的工艺人员也刻苦钻研，从不熟悉三维设计工具到娴熟读取三维设计信息，从不熟悉三维设计平台环境到在三维环境下任意写入工艺要求。

在各方不知多少昼夜的协同奋战后，三维设计中第一个经历完整生产和装配的产品——助推器试车产品终于诞生。随着产品试车的圆满成功，增压输送系统的三维设计工作真正实现了凤凰涅槃，保障了动力系统试车、合练箭以及长七和长五火箭首飞的圆满成功。

革新火箭研制产业

随着全数字火箭的诞生，我国火箭研制的新一轮技术革命也正式开启。

总装人员适应了火箭数字化新模式，开始感受到"动动鼠标"就可看清火箭全方位每一细节所带来的好处。在长七火箭增压导管安装现场，工作人员通过三维模型就可以形象直观地掌握管线的准确位置和走向。

过去几十年间，很多情况下，他们依靠传统的二维设计安装图纸，并不能掌握导管的准确形状。安装位置要准确，也只能根据图纸参数进行计算。"全三维下厂，提高了设计人员与制造人员之间信息传递的准确性。"总装车间调度尚晓菁感慨。

不仅如此，数字化技术的采用，使火箭研制质量和效率大大提升，也节省了成本。长七火箭的设计数据全程通过计算机传送到工厂，真正做到了"网络多跑路，人员少跑腿"。一套设计图由设计到制造，能节省一周到一个月时间，而且能将设计更改减少 30%，装配问题更是减少 70%。

然而，正如"罗马不是一日建成的"一样，增压输送系统目前已实现的三维数字化设计，并未完全打通从数字化设计到自动化制造的先进道路。

面向未来，设计团队仍在思考：如何打通三维设计与三维生产的"最后一公里"，让火箭设计数字化和生产自动化能够深度融合？

"我们希望设计头脑中流出的产品图样，能像清澈美丽的泉水一样，自然地流向弯折机，实现自动生产；再流向检验检测的激光设备，实现自动检验。三维设计数据可以全自动变为产品，当产品装配于箭体结构，又有全方位的成像监测系统来记录增压输送系统产品与箭体结构的融合，并自动化进行设计与实物的要素比对，实现自动包络分析，甚至是故障判断应对。"周宏说，这也是增压输送系统设计与总装的终极技术目标。

经过多年增压输送系统数字化工作的历练，这支设计团队也迎来了更多的新鲜血液。随着李林、税晓菊、张萌、刘艳、卫强和武园浩等人员的加入，团队正变得更有活力，也更强大。如今，他们已经不再满足于那一幅幅在屏幕上渲染的三维影像，而是向着自己勾勒出的梦想开始二次创业。

“我们期望把技术的触须伸向日新月异的中国工业大环境，获取养分，提升能力，在全三维、自动化、智能化的增压输送系统总装生产新模式构建和重大变革性升级方面，力求日新。”王道连憧憬道。

采写感悟

笔者喜欢面对这样一群活力四射的一线设计人员。运载火箭总装被称为研制的“后墙”，而他们则笑称自己是“扶墙”的人。他们是现实的，日复一日、年复一年地在工作中披星戴月，最大限度地奉献着个人的心力，不断践行设计方法的革新、牵引生产工艺方法的提升；他们又是浪漫的，怀着航天报国的理想，深谋远虑，提早谋划促进火箭生产模式产业革新的道路，面向未来，向生而生。火箭制造业的新一轮革命，正由这样一群既现实又浪漫的创新者掀起并书写。

2 天路远征　太空里描绘完美弧线

探索浩瀚宇宙，发展航天事业，建设航天强国，是我们不懈追求的航天梦。

——2016 年 4 月 24 日习近平总书记在首个“中国航天日”之际作出重要指示

人物简介

郑莉莉，女，出生于1982年6月，2011年毕业于西北工业大学飞行器设计专业，工学博士，同年入职总体设计部，从事轨道设计工作。曾获院科技进步二等奖2项，三等奖1项。院技术改进奖与阶段成果奖等总计10余项。获院质量先进个人、部突出贡献党员、部突出贡献技术人员等称号。工作期间发表科技论文10余篇。

“……5，4，3，2，1，点火！”2016年6月25日晚上8时，我国海南文昌航天发射场第一次传出震耳欲聋的轰鸣声。

伴随着耀眼的火焰，由航天一院抓总研制的我国新一代中型运载火箭长征七号划破夜幕，奔向太空，拉开了我国载人航天工程空间实验室任务的大幕。

经过603秒飞行，长征七号火箭将载荷组合体送入既定轨道。随后，载荷组合体上的远征一号甲上面级也开始了首次旅程。

“远征报告，级箭分离正常”，“远征报告，上面级第一次点火开始”……与此同时，千里之外的北京航天飞行控制中心指控大厅里，负责远征岗的航天一院总体设计部轨道设计师郑莉莉，正通过天基、地基不同的遥测数据判别上面级的飞行状态，并向大厅各岗报告调度口令。

她是掌控上面级飞行轨道全局的人，也是飞控大厅里最忙的人之一。

早在发射前，她就在飞控大厅里“扎了根”——参加上面级各次正常、故障的演练，确认每个飞行环节，把整个飞行过程按照时序分别给各专业统一分工，把调度口令练习了不知多少遍。

相比于一次将多颗卫星送入一个相同轨道的上面级，远征一号甲可谓是“升级版太空摆渡车”。它此次的任务是在数天时间里通过9次变轨，分批将6个“乘客”（载荷）送到多个不同轨道上。

如何以最快的速度让“乘客”安全、准确地到达各自的目的地？这条“天路”的规划者就是郑莉莉。

“太空里不是只有我们的飞行器，我们要通过轨道设计，保证在‘太空摆渡车’的轨道上没有其他飞行器‘占道行驶’。”她解释道。为此，郑莉莉和同事们进行了3个月的轨道分析。

这是一条我国航天史上最为复杂的飞行器运输轨道。

轨道设计的一大难点就是上面级要带着多用途飞船缩比返回舱点火离开太空，再将它送到大气层中国内指定落区上方。这相当于在浩瀚的太空中选择一个精确的点，相比于之前把卫星只是送入某条轨道来说，难度系数无疑大大增加。

而远征一号甲上面级的每一次变轨过程，更是惊心动魄的。其中最惊险的一幕，就在投放返回舱时上演。

“它会先从400公里的高度降到170公里，返回舱分离后，组合体会由于惯性再入降到130公里轨道，然后再次点火重新回到400公里轨道。”长征七号运载火箭首飞载荷组合体行政负责人唐亚刚介绍道。

上面级上述整个类似“蹦极”的飞行过程，涉及空中飞行时间、速度和地球自转的关系等众多参数，这样的轨道设计在国际上也是屈指可数的。

其实，郑莉莉和她的团队完全可以选择一条更容易走的路——让上面级随返回舱回到落区，任务便顺利完成。

可是，这个全新的上面级还有很多新技术需要进一步验证。到底是选择保守地把这部分工作留给后续任务去完成，还是在此次任务中便尝试延长运行轨迹，全力以赴挑战“蹦极”？

越是难走的路越要去闯一闯，一直是中国航天人的特质。轨道设计负责人郑莉莉同样毫不犹豫地选择了后者，主动向上级申请延长轨迹。

时任上面级技术负责人王国辉听了郑莉莉的方案汇报，虽然肯定了其工作，但对于如此复杂的任务，要由郑莉莉这样的“80后”来负责，心中仍不免担忧。

毕竟，如此大胆的规划将带来一些新问题。尤其是上面级在与返回舱分离后再入大气层，经过快速一次点火再次抬升高度回到轨道上，如此设计可行吗？

内心忐忑的郑莉莉决定请业界权威为其指点迷津，于是壮着胆子敲响了我国著名弹道专家余梦伦院士办公室的门。

得知郑莉莉的来意，余梦伦热情地请她详细介绍了自己的想法。郑莉莉把所有载荷要求、设计理念、轨道飞行方案以及关于如何快速抬升轨道高度的飞行姿态等内容，一股脑儿地都讲给余院士听。

听罢，余梦伦认为方案可行，但由于如此复杂的任务他也是第一次遇到，所以想帮郑莉莉把数据都核算一遍再下结论。

一周之后，郑莉莉收到了余梦伦的电话反馈。“我已经估算过了，你的设计方案可以满足各搭载载荷要求，位置、速度计算得非常准确。”余梦伦说。

“我的设计方案得到余院士的肯定啦！”挂了电话，郑莉莉激动得差点流泪，对任务的信心和底气更足了。

除了负责上面级轨道设计工作外，郑莉莉还承担着飞控实施方案和故障预案设计、各载荷接口、测控需求协调等工作。烦琐的日常工作和复杂的发射任务相叠加，郑莉莉肩上的重担可想而知。

不仅如此，只要碰到与轨道相关的事情，郑莉莉也总是忍不住要揽成自己的“分内事”。

长七火箭首飞进入倒计时，“扎根”飞控大厅后，郑莉莉便开始协调数据接口等问题。有一天，她正在手动输入上面级的接口数据，突然发现兄弟单位系统里的某个参数异常。由于长时间和这些数据打交道，很多数据都烂熟于心，郑莉莉断定，眼前的这个参数一定是有问题的。

于是，郑莉莉决定为兄弟单位核对数据，尽管她知道，这一数据的计算量将是庞大的。“不管是不是我们的分内之事，只要和轨道有关，我就不能让它有问题。”她说。

计算结果表明，郑莉莉的怀疑没有错——兄弟单位在前期工作中将一组数据输入反了，造成参数异常。而如果这一问题没有被发现，后续上面级工作的很多数据都将成为空白。

及时解除了发射前的种种“险情”，郑莉莉内心紧绷的弦依然不曾松弛。

长七火箭发射后，上面级经过三次点火，成功分离返回舱，使之顺利着陆，地面人员为之欢腾。

“发动机开机，上面级第四次点火轨道控制开始！”为开展后续拓展试验，上面级按预设程序开始点火，向安全运行轨道进发。

郑莉莉和同事们的心也随之揪了起来。因为，在前三次点火中，上面级的推力都有所下降，最低值甚至低于额定值的10%。“这很有可能会影响第四次点火拉起到的轨道高度。”郑莉莉不无担心地说。

飞控大厅里鸦雀无声，所有人都盯着屏幕上的数据屏气凝神，但好在这种情况早在设计团队的预料之中。建立在前期充分设计的基础上，上面级第四次点火的推力虽然变小，却仍在额定值附近。只是，要顺利拉起，点火的时间需要更久一些。

一点，一点……上面级终于抬升到预定轨道高度，郑莉莉一颗饱受煎熬的心也终于落了地。

上面级在太空飞行44小时的过程中，郑莉莉的睡眠时间不足3小时。哪怕上面级在长滑行段没有大动作时，她也要监控其飞行姿态，同时关注测量系统的工作。

实在累了，她就靠在椅子上稍微眯一会儿。“其实不可能睡着，心里装的全是事儿。”

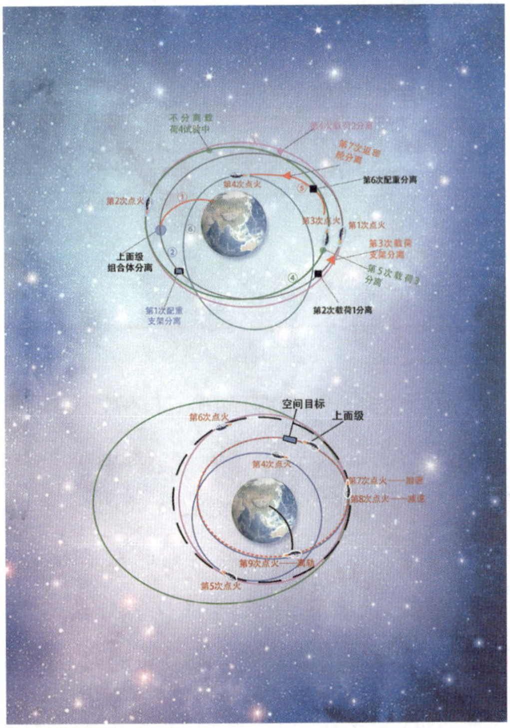

郑莉莉规划的“天路”

“如果测量出现问题，将

意味着所有飞行状态都无法监测，在故障状态的功放单元切换功能，也需要我们远征岗紧急报告才能及时实施，所以每时每刻都不能离岗。”郑莉莉把自身职责看得比什么都重。

“远征报告，上面级第 9 次轨控正常”……郑莉莉响亮与坚定的调度口令一次次在飞控大厅响起，掌控着上面级飞行的每一步飞行姿态。

这一切都被现场的媒体记录了下来。后来，郑莉莉的“远征报告”在不同媒体上播出。王国辉跟郑莉莉开玩笑：“你的声音可是被载入史册了呢！”在领导赞许的目光中，这个出色完成重任的年轻姑娘终于开心地笑了。

几天时间里，远征一号甲上面级按照郑莉莉和同事们预先设计的轨道出色飞行，没有任何偏离，也未发生任何差错。但是为了这个一百分的成绩，他们之前为上面级准备了十几套关乎任务成败的预案，涉及分离、点火、离轨等方方面面。

“结果都没用上，连测量不同工况切换这种最容易出问题的地方，都没有出现任何问题。”这让郑莉莉感到惊喜，也是头一次在语气中透露出自豪——因为他们为祖国未来开展更高难度的航天活动，在太空蓝图上新描绘出了完美弧线。

采写感悟

小小的个子，圆圆的脸，如果在路上偶遇郑莉莉，你很难将年轻的她和她肩上的重任联系在一起——为远征系列上面级设计飞行轨道。文静的外表下，郑莉莉有着一颗爱挑战的心。稳妥保险和探索未知之间，她选择走难走的路。千难万险，她柔弱的双肩挑起，不是不累不苦，只因不能辜负各方的信任，更无法降低对自我的要求。别的姑娘爱红装打扮，上面级在太空中留下的完美弧线，就是郑莉莉这些女航天人们最美的装扮。

3 走向资本市场：征程与信仰

终日乾乾，与时偕行。

——（先秦）《周易·乾·文言》

团队简介

航天一院航天长征化学工程股份有限公司（以下简称航天工程公司）上市工作团队，共11人。自航天工程公司2010年启动上市工作以来，上市公司团队努力克服多项难关，经过近5年的努力，持续推动公司IPO上市工作。组织完成IPO尽职调查、股份制改造、事业人员身份转换、上市方案论证及实施、问题梳理及规范化运作、内部控制体系建设、法人治理结构及相关规章制度的建立健全、上市辅导、上市各类材料准备和申报及各阶段的更新完善、保持并推进与各相关主管部门的顺畅沟通反馈、不断强化并提升内部管理等各项重要工作，公司于2015年1月28日在A股主板市场成功上市。

“5，4，3，2，1。铛……”2015年1月28日9点30分，上海浦东，伴随着清脆的锣声响起，航天一院航天长征化学工程股份有限公司在上海证券交易所成功上市。

送走前来参加上市仪式的各方宾客之后，航天工程公司的上市工作团队终于松了一口气。他们掐指算了算，这条迈向资本市场的征程，整整走了1714天，而支撑他们不断前行的力量始终来源于骨子里的那份航天信仰。

出发：阵痛中扭转观念

2007 年 6 月 22 日，在经历了一系列内外部资源整合之后，航天工程公司的前身——北京航天万源煤化工工程技术有限公司注册成立。

作为中国航天科技集团有限公司体制机制改革的产物，以航天粉煤加压气化技术为核心，航天工程公司的成长“画卷”逐渐铺开。在此后几年里，其两套工业示范装置相继点火成功并稳定运行，公司展现出良好的发展潜质。

2010 年 5 月 20 日，时任中国航天科技集团有限公司总经理马兴瑞到航天工程公司，宣布启动 IPO 上市工作。航天工程公司上市工作团队推动公司走向资本市场的“长征路”，也正式吹响了号角。

航天工程公司副总经理、董事会秘书徐京辉说，由于公司是国内煤化工行业唯一一家拥有专利技术的企业，从一开始团队便对公司上市“抱着一股舍我其谁的自信”。

公司在上海证券交易所成功上市

上市为企业发展带来的广阔空间显而易见，但引发的转型阵痛对于航天工程公司来说，也是始料未及的。

上市工作团队首先要转变的便是人的观念。团队领导意识到，公司要想持续发展，必须由原先单纯搞技术和做项目，提升到经营企业的层面上来。

道理虽懂，执行起来却颇为艰难。改制之初，上市工作团队和中介机构便在信息披露方面产生了较大的理念分歧。

2010 年，在进行尽职调查时，券商要求企业按照清单提供相应的合同材料。给还是不给？一个看似很小的问题曾在公司内部引发了轩然大波："商业秘密如果一览无余，以后谈生意还怎么掌握主动权？"

起先，上市工作团队虽然把合同复印件交给了券商，但却隐去了上面的数据。"这哪行啊？"中国中投证券有限责任公司保荐代表人陈宇涛拿着残缺的合同，面对保密意识极强的航天人，啼笑皆非。

陈宇涛只好反复向团队解释说明，合同内容不在可以申请豁免的重大商业机密范畴内，企业要上市必须按规则进行信息公开。团队成员有人犹豫过："目前公司发展势头很好，不上市不行吗？"

可是，开弓没有回头箭。在上市这一问题上，管理层决心坚定。"我们寻求的是长远发展，不能为了几单生意遮遮掩掩。"时任航天一院副院长兼航天工程公司董事长唐国宏和经营班子统一思想，最终一致决定："合同数据必须给！"经过半年时间，航天工程公司配合券商顺利完成了信息披露。

与信息披露同步进行的还有内控体系的建立与完善。航天工程公司董事会秘书徐京辉坦言，当初按要求进行内控体系建设时，她和其他团队成员只是在懵懵懂懂地执行。直到经历过证监会两次 IPO 意见反馈之后，他们才深刻认识到完善内控体系对于企业上市的重要性，也学会了通过外部机构严格的卡尺标准来审视自身的体系漏洞。

这个"颠覆—重构"的过程无疑为航天工程公司带来了"劳其筋骨"的疼痛，不过在经历了上市后，团队成员由衷地认为这是企业"新生的过程"。

上市工作团队渐渐悟出一个道理：要想打造一家健康的百年企业，不能只按自己的想法经营，必须根据监管机构的要求，建立起统一规范的业务流程、管理模式、财务制度和企业文化等。

“改革的过程不会一帆风顺，其间难免经历痛苦。但通过上市，整合了各种资源，提升了经营者对企业本质的认识，其意义要远大于上市本身。”唐国宏感慨道。

改制：抉择中壮士断臂

2011年9月28日，航天长征化学工程股份有限公司设立。企业改制即面临着事业单位人员身份转换和员工持股这两个与个人利益最切身相关的难题，上市工作团队成员也身处其中。

组建之初，航天工程公司的核心人员多是体制内事业编制的航天人，多年来已经习惯稳定的工作环境和强烈的归属感。企业要上市，必然采取全员聘用制。谁被拿掉事业身份，受到的触动都不可谓不大。

作为上市工作团队成员，时任航天工程公司总经理王明坤给员工们做思想工作，分析了上市的重要性和未来前景，并带头转变身份。

在王明坤带动下，还在他出差期间，大家就毫不犹豫地把事业转企业编制的劳动合同给签了。“因为相信组织，信任领导。”大家都说。

所有人拿出的都是壮士断臂的勇气。

中介机构北京观韬律师事务所高级合伙人郝京梅拿到那些劳动合同时难以置信：“对于别的单位最棘手的麻烦，在航天这里解决得竟如此痛快。”

为了公司前途，他们放弃的何止是航天身份。

干民用产业，必须发挥人的创造性，激励机制影响重大。改制中，关于员工持股问题，航天工程公司也面临着两种路径选择的纠结：持，则上市时间周期难以把握；不持，巨大可预期的利益面前，谁不心动？

上市过程中每有分歧，上市工作团队就会带领公司上下思考：到底大家共同的目标是什么？答案自然是获得上市平台。

但当团队决定做出放弃员工持股的决定时，中介机构合作伙伴们还是感到极为震惊。“航天人的奉献精神和大局观，百闻不如一见。”大华会计师事务所合伙人王宏利震惊之余更加感动。

备战：重压下专业高效

同样给中介机构留下深刻印象的是，5 年上市历程中，航天工程公司上市工作团队凭借快速的反应能力和超强的执行力，在企业与中介机构、监管机构各方之间以及企业内部充分发挥着沟通协调作用。

2012 年年初，团队按照证监会要求组织上市材料，其中函证由会计师事务所收发，但需要团队与分散在各地的客户进行沟通，以保证函证以最快的速度返回事务所。为此，航天工程公司召开了全公司协调会，在会上将函证沟通工作落实到采购部、财务部等 9 个部门。

一个星期后，所有函证都回到了王宏利手上，这样的速度让她在错愕之余，不由得为航天人的节点意识叫好。

对上市工作团队来说，每一次材料准备都是一场鏖战。

北京金融街上的北京荣大商贸有限公司，被圈内人称为“荣大”——所有到证监会报送材料的企业，都要到这里装订文件。

公司董事会办公室副主任常玉洁记得，在“荣大”准备材料时，他们每天只睡三四个小时，对材料的每一个数字进行反复核算，对每一段文字进行反复推敲。

从 2012 年开始报送材料到 2015 年完成上市，上市工作团队一共经历了 9 次这样的材料补充和提交。每一次他们向证监会报送的材料，都足足有五六个旅行箱。

上市过程中，几乎每家企业上报补充材料都会延期。但让中介机构佩服的是，在航天工程公司上市团队的 9 次上报中，无一次拖延。

闯关：波折中迎难而上

在郝京梅看来，IPO 市场上，无论企业多健康，背景多可靠，上市前难免都要经历一番磨炼。

"没有谁可以有绿色通道。因此，认为'航天工程公司成功上市理所应当'的观点有失偏颇。"郝京梅觉得，企业顺利上市在很大程度上要归功于上市工作团队自身的努力。

而这支讲奉献、有能力的团队，也是航天工程公司通过上市获得的另一笔宝贵财富。

在申报上市的过程中，团队经历了 IPO 市场极为特殊的一段时期，期间关卡重重——IPO"堰塞湖"、IPO 两次暂停和重启、2013 年"史上最严厉的 IPO 财务审查"、进会后的信息披露新政……

郝京梅用 7 个"前所未有"来形容当时上市工作团队面对的境况。这些因素给团队带来了远超以往的工作量，也使企业上市似乎遥遥无期。

徐京辉清楚地记得，2013 年几乎每周都会有 2—3 个行业或财务政策出台。团队便对这些政策逐条研究、解读，进而制订出应对方案。

2014 年 3 月，团队注意到证监会出台了一个关于财务报告到期的政策，于是提前建议加审一季度财务报告，以免耽误上市进程。6 月最后一天的夜晚，大雨滂沱，团队成员守在单位办公电脑前，紧张地等待审核结果。最终航天工程公司和其他 7 家企业从 600 多家再审企业中脱颖而出。

"在我从业近 20 年的生涯中，航天工程公司遇到的情况都是前所未有的。面对上述困难，至少三分之一的企业会望而却步，但航天工程公司却经受住了巨大考验。"对此，郝京梅赞不绝口。

2014 年 12 月 10 日，是证监会发审会审核航天工程公司上市的日子。"航天工程公司无条件通过！"经过煎熬等待，期盼已久的声音终于在耳畔响起，上市工作团队成员们紧紧拥抱在一起。

"不畏上市多艰难，而今初成再扬帆。五年追梦无悔意，一生进取有诺言。始知守规方重要，终悟求实乃真传。慢言个人得与失，从来理想高于天。"唐国宏在自己的诗中回首来时路，感慨万千。

2015 年 1 月 28 日，航天工程公司股票正式上市发行。

一场艰难的蜕变过后，上市工作团队带着航天人独有的信仰，又开始了新的征程。

采写感悟

自航天工程公司2010年启动上市工作以来，上市工作团队努力克服种种困难，经过近5年的协同攻坚，持续推动公司IPO上市工作。同时，这个团队面对利益敏感的资本市场也显出了自身的“另类”——为了公司总体目标的实现，放弃事业编制和员工持股，由此引发中介机构合作伙伴“航天人的奉献精神和大局观，百闻不如一见”的震撼感慨。2015年1月28日，随着一声锣响，航天工程公司在上海证券交易所成功上市，而一支讲奉献、顾大局、懂专业又富有战斗力的航天资本运作队伍也成长、成熟起来。

4 改变半个多世纪的火箭设计方法

静而后能安，安而后能虑，虑而后能得。

——（春秋）曾子《大学》

人物简介

曾耀祥，男，出生于1987年12月，2011年毕业于航天一院总体设计部，硕士研究生。入职后从事火箭载荷与力学环境总体设计工作，现为副组长、副主任设计师。获得省部级奖励2项、院级技术一等奖7项、授权专利4项，多次获评院、部突出贡献技术人员，2019年入选院青年拔尖人才。

载荷参数是火箭设计的依据，通常情况下，先有载荷参数，再进行火箭设计。航天一院“载荷设计方法”已沿用了半个多世纪，大家也习以为常。

30 岁的“毛头小伙”曾耀祥却对“载荷设计方法”提出了质疑，并独辟蹊径，最终用半年时间改写了这一方法，让火箭结构更轻，运载能力更强。

立下“万无一失、一失万无”“军令状”

一道单选题，物理学霸曾耀祥却做成了多选题，“我觉得两个都是对的”。

这是高三某次重要的物理科目模拟考试，试卷讲解环节，曾耀祥向老师阐述了自己选择多选的理由。

“老师觉得有道理，接受了我的观点。”让曾耀祥记忆深刻的是，学校为此将物理试卷标准答案进行了重新修改。

曾耀祥

2009 年从哈尔滨工业大学毕业后，曾耀祥以全系第一的成绩，被保送到航天一院总体设计部载荷与力学专业攻读研究生，从此扎进火箭载荷与力学环境研究。

与当年模拟考类似，他面临一道新的必答题：如何提升火箭运载能力。

近几年，航天一院火箭发射密度大、新型号数量多，尤其是在现役火箭基础上改进升级的新型火箭，结构基本已经确定，若采用原有的“载荷设计方法”，火箭运载能力达不到预期目标。

“这个问题不解决，新型火箭就得改结构。”曾耀祥说，火箭一旦改结构就意味着每个部段都得改，将增加很多试验，研制经费也会随之增多，更重要的是研制周期必然受到影响。

如何在不更改火箭结构的基础上，让火箭“体重”更轻但运载能力更强，这成为了研制难点。

一次，在项目讨论会上，型号总师再次提出这个问题，希望各个系统各自寻找突破口。

曾耀祥的一句话打破现场的片刻沉寂，“我可以对‘载荷设计方法’做些优化。”

早在几年前，他就发现“载荷设计方法”有一定局限性。比如，方法对某个参数的选择只给了一个区间值，而不是固定值。在实际应用中，各型火箭通常选择的都是最大值。

参数有没有优化空间？能不能再精确些？勤于思考的曾耀祥通过前期梳理，发现了几个可以优化的突破口，但他并不满足于此。

“如果只是这样小修小补，最终呈现的也只是个半成品，我想要对整套设计规范重新梳理、优化。”曾耀祥给自己设定了更高的任务目标。

干航天需要热情，也需要冷静。火箭“载荷设计方法”经历了半个多世纪的考验，稳妥可靠，不是说改就能改的。要改变，谁的心里都没有底。曾耀祥也不例外。

“‘载荷设计方法’就像一个‘黑匣子’，没办法提前验证，必须完全正确，万一错了，火箭就会在空中解体。”曾耀祥坦言，这项任务用“万无一失、一失万无”来形容毫不为过。

除了风险巨大，这项任务也伴随着巨大的工作量。要改变现有的算法及参数，势必要弄清楚原有的每一个参数是怎么来的，依据是什么，是否有效……更重要的是，参数都是半个世纪前确定的，还能查到它们的来源和依据吗？

“当时没考虑那么多，只想这件事很有意义，哪怕是鸡蛋碰石头，也要试一试!”曾耀祥语气坚定。

汲取国内外有关专业精华

优化“载荷设计方法”只是曾耀祥工作的一小部分，上班期间，各种会议以及其他型号相关工作占用了他大部分时间。因此，曾耀祥只能利用休息时间干“副业”。

因为知道其中的难度，对优化“载荷设计方法”，领导们并没有施加压力，但曾耀祥主动给自己安排任务，同时根据火箭的立项时间倒推自己的进度安排，逼迫自己在不同节点完成不同工作。

从查阅资料着手，曾耀祥首先要弄清楚现有方法中各个参数的来源以及选择依据，这说起来简单做起来却不易。

“一些原始数据无从查找，比如火箭飞行过程中的风力大小。”曾耀祥在优化“载荷设计方法”过程中，汲取了国内外有关专业的众多资料精华，想方设法找来很多标准文献，以及最新的研究进展。

研究后期，他发现有个模型的参数无法确定，查阅了大量资料，一直没有结论。

下班后，曾耀祥一直在单位加班查找资料，他突然想起在沈飞工作的同学，考虑到工作上有很多相同点，他想让同学帮忙找找资料，拿起电话就打了过去。同学接到电话很诧异:“你们搞什么研究，这么晚还四处要资料。”曾耀祥看了眼手表，才发现已经是晚上12点多了。

为查找一个数据，他辗转联系到沈飞和成飞两家企业的相关负责人，甚至直接飞到成都，当面询问、了解。

“我是一个心里装不下事情的人，遇到问题就着急赶紧解决。”近半年时间里，曾耀祥从一个爱好广泛的阳光男孩变成了彻头彻尾的“宅男”，周末都坐在办公桌前推导各种公式、算法，一张张草稿纸上写满了密密麻麻、别人一看就会觉得枯燥无味的公式。

弄清 60 多年前的设计思路、依据和原理

“要细化载荷设计规范，又要保证新的设计方法没有问题，就得弄清楚 60 多年前的设计思路、依据和原理。”曾耀祥想到了“载荷设计规范”的编写者们。

曾经的编写者如今都已经七八十岁，得知曾耀祥的想法后，他们都很支持，但也提出了质疑。

2018 年 2 月的一天，曾耀祥拿着刚刚推导出来的概率参数，到总体设计部载荷设计专家赵人濂家中，请他帮忙验证设计方法是否可行。老人仔细查看了“载荷设计规范”中给出的概率参数，发现与曾耀祥推导得出的参数不一样。

“你的‘载荷设计方法’有问题。”老人对曾耀祥严肃地说道。

“我再给您演示一遍。”曾耀祥一边在纸上写下自己梳理的基础理论，一边解释着推导过程中的每一步。

看着、听着每一个推导步骤，老人最后认同了曾耀祥的设计方法。

施钧昭是“载荷设计规范”的编写者之一，也曾对曾耀祥的设计方法提出过质疑。

“双重积分方法”是 20 世纪 60 年代提出的“载荷设计方法”之一，当时计算机的运算能力还不强大，对参数只是简化处理，过于保守。当听到曾耀祥关于“双重积分方法”的优化意见后，施钧昭说：“之前的方法很稳妥，你用新的方法提出的参数准确吗？”曾耀祥听后，便趁着老人来单位开会的机会，将自己的推导模式验证给他看。最后，老人认同了曾耀祥的设计方法。

2018 年 8 月 24 日，曾耀祥优化完成的“载荷设计方法”迎来“大考”，总体设计部的 10 余位相关专家组成的评审组，对曾耀祥的“载荷设计方法”进行专题评审。“新的‘载荷设计方法’理论依据充分，参数翔实准确，可以推广应用。”当天的评审会上专家给出了这样的结论。

总体设计部副总师、评审组组长潘忠文告诉记者："新的'载荷设计方法'对火箭发展很有意义，按照这个方法计算，大型火箭载荷基本可降低15%左右，而且一些新型火箭不用改结构也能提升性能。"

"当得知自己的'作业'通过大考，为火箭载荷设计作出这么大贡献，你心里是什么感觉？"记者问。

"其实没什么，我只是把自己的工作做好、做细而已。"对一向不走寻常路的曾耀祥来说，从看似枯燥、繁重的工作中，感受到的却是探索的快乐。

采写感悟

都说初生牛犊不怕虎，30岁出头的曾耀祥改变了半个多世纪的火箭设计方法。谈起为火箭载荷设计精细化发展作出的贡献，曾耀祥腼腆地笑笑，对记者说："其实没什么，我只是把自己的工作做好、做细而已。"细究起来，他做好工作的秘诀就是勤于思考、勇于创新。曾耀祥爱琢磨、爱较真，不达目标不罢休，也正是这样的性格，让一个普通的设计人员，在平凡的岗位上作出了不平凡的成绩。

5 一个想用代码取代专家的航天博士

青年是社会上最富活力、最具创造性的群体，理应走在创新创造前列。

——2013年5月4日习近平总书记在同各界优秀青年代表座谈时的讲话

人物简介

顾祥玉，出生于1988年8月，博士研究生。2017年毕业于德国亚琛工业大学航空航天系。2018年2月进入航天一院研究发展部，从事飞行器气动总体设计工作。入职以来获院奖励3项，发表论文3篇，其中EI索引2篇。

音乐家使用音符组成美妙的音乐，诗人凭借字句的安排咏出千古绝唱，航天博士顾祥玉则用手指敲出的计算机代码，搭建起通往创新之路的一级级台阶并不断向上攀登。

在航天一院研究发展部，年轻的气动设计师顾祥玉因创新探索小有名气。从德国亚琛工业大学航空航天系气动专业取得博士学位后，他放弃留在世界先进制造强国工作的机会，义无反顾回到国内，用一串串代码将自己和中国航天事业紧紧地绑在一起。

这里，是这位航天博士的三个创新故事。

代码的价值，在于应用到更多的案例中去

30岁出头的顾祥玉到航天一院工作才一年，就成了部门里的“名人”。这要从他的成名之战说起。

在航空航天领域，仿真技术是飞行器和卫星运载工具研制必不可少的手段。通俗地说仿真就是模拟“实战”。例如，为了研究飞行器的动力学特性，在地面上只能用计算机来仿真。

不同型号的飞行器，外形都不太一样，而每一型飞行器的外形实际上都是经过特殊设计的。科研人员在设计出火箭外形后，还要对外形进行仿真计算，只有达到要求才能真正应用，高升阻比飞行器也是如此。不过，高升阻比飞行器的气动数据十分复杂，它所需要计算的工作状况比简单外形飞行器要更加复杂，因此，气动数据需要在设计团队的不同人员之间频繁

传输。

当时，行业内的仿真计算大多通过人工完成。常用的气动仿真求解器在计算过程中，计算输入的前处理、数据结果的后处理等，都需要手动点击才能实现。这个过程的人力投入成为了仿真中主要的人力投入，不仅耗费大量时间，而且效率不高，前后处理过程中的人为误差甚至已成为仿真误差的主要来源。

看到这种情况，顾祥玉就思考，能不能让这些都实现自动操作，大幅减少仿真过程的人力投入，提高效率，缩短周期。于是他提出，能不能编写软件代码来实现仿真计算自动化？但有人提醒他：手上的工作已经够紧张了，写代码要花费大量的时间，还不一定能开发成功。要不先缓一缓？别耽误了“正事”。但顾祥玉觉得，如果早一天写出代码，就能早一天提高仿真计算效率、早一天减少误差，这也是刻不容缓的事情。

为了不耽误自己手头科研工作的进度，顾祥玉下班后就留在办公室加班加点。连续两周的熬夜苦战，换来了仿真计算自动化代码的“诞生”。经过运行验证，代码可靠、易用，能把人工重复操作变为自动操作，避免了人工处理的失误和前后处理的误差。自从仿真计算自动化代码应用后，除了保证数据高可靠度、高规范度以外，还给工程师省去了一半的点击操作时间，综合效率提高了50%，这样一来，大家就可以把更多的时间投入更富创造性的工作中去了。

顾祥玉和他的仿真计算自动化代码因此出了名。其他部门的设计师听说后，也想用上这种代码。顾祥玉没有半点犹豫，马上就把代码交到了他们手中，还帮着做了不少优化改进和软件调试。

别人问：“这么好的代码，怎么不多在手里捂一会儿，给了别人，转眼你的优势可就没了。”

顾祥玉的回答很干脆：“让这段代码在更多的案例中去淬炼和起到效用，那才是发挥了它应有的价值。自己的一点点创新能够在更多人的手中产生作用，这是我最希望看到的事。”

看到问题，就想着用新方法去解决

为什么总有这么多创新点子？对于旁人问到的这个问题，顾祥玉说：“我对前沿科技感兴趣，对创新的东西很关注，看到问题，就想着用新方法去解决。”

有了第一次的成功，顾祥玉并没有沾沾自喜，反倒是意犹未尽，创新的意愿也更加强烈。不久，他又创造性地改进了姿控仿真平台，以提升工作效率。

在飞行器设计中，有一个很重要的内容叫姿态控制，也就是怎样让飞行器按照想要的姿态飞行。在这个过程中，最重要的输入就是气动数据库。由于飞行器的气动特性和多类参数相关，这意味着飞行器气动数据库具有

顾祥玉在工作

"高维"特征。在对飞行器的飞行状态进行计算机仿真时，当时所用的"姿控仿真平台"运行速度比较慢，尤其是当飞行状态较多时，计算耗时可达数小时。由于项目对时间节点要求非常苛刻，如何缩短计算时间，成了亟待解决的难题。

顾祥玉得知这个难题后，对姿控仿真平台产生了兴趣。那么，能不能通过改进平台缩短计算时间呢？顾祥玉带着好奇心，查看了姿控仿真平台的代码，一番仔细查看，果然找到了可以改进的地方。针对计算时间长的难题，顾祥玉对平台进行改进，提高效率，使所需时间缩短到了原来的二十分之一，大幅度提高了飞行器姿控分析的效率，不过，大家事后说，看似容易的这个创新过程，其实很考验人。既需要扎实的功底，也需要大胆的突破。而顾祥玉，就是敢于对"平台"这种系统级的软件下手查找漏洞。

几次下来，顾祥玉这种主动创新的精神让身边的同事很受激励。大伙儿都夸他，这种不满足于固有程序和方法、追求效率和创新的精神，正是航天人身上的优秀品质。顾祥玉拓展思维方式，用新方法破解难题，尤其在航天领域预先研发和创新中不可或缺。

这样执着创新的年轻人，让人感到后生可畏

从写代码到改"平台"，顾祥玉的特点是擅长采用新技术应对各类问题。他甚至敢于放弃传统的设计方法，另辟蹊径，自行研发平台，一举扫除了设计难题。

一次，顾祥玉所在的团队在一个竞争研制项目中，发现飞行器的升阻比（飞行时升力与阻力之比）不能满足要求，这是竞争中的一个关键性指标，必须满足要求，必须对设计加以改进。改进过程中，他们又发现，难度极大。如果完全依靠人工设计，不仅耗费时间精力，而且也无法保证能找到最佳方案。

陷入困境之时，顾祥玉主动请缨，开发"高速飞行器的气动外形设计平台"。在获得同意后，顾祥玉立即全身心地投入了平台的开发中。"当时时

间特别紧张，必须把飞行器的所有特征、设计理念和原理、经验、设计准则、关键设计方法等全部融入平台当中，很多知识都需要我一边向同事们请教学习，一边输入平台。”顾祥玉回忆说。

如同一台超级计算机一样高速运转，顾祥玉仅仅用一个月，就把一个高速飞行器的气动外形设计平台呈现在了大家眼前。这个设计平台具有设计空间广泛、全局优化的特点，加入了人工智能的元素，设计过程无须人为参与，计算机算法会按照设计要求驱动设计流程完成整个设计，相比于传统设计方法，不仅可扩展设计边界，而且使设计更加高效，大大缩短了设计周期。尤其令人赞叹的是，这个设计平台适用于各类先进飞行器的外形设计。

有了这个设计平台的辅助，顾祥玉所在的团队最终找到了最佳设计方案，将飞行器升阻比提升了 10%，并且在最终的竞争中获得第一名。大家纷纷说，要给顾祥玉记一功。

在某次专家答辩会议上，有位专家和顾祥玉开玩笑说：“你总是写代码做平台，是要取代我们吗？”没想到顾祥玉居然老老实实地答道：“是的，不过感觉还有很长很长的路要走。”

专家十分赞许地说：“航天战线有这样执着创新的年轻人，让人感到后生可畏，也让我们感到着实欣慰。”

采写感悟

在预研创新中，顾祥玉这种拓展思维方式，用新方法破解难题的精神，为航天事业带来了新视野、新思路。谈起自己对未来的愿景，顾祥玉说，“我希望能够为真正把中国航天推向人类创新最前沿而努力。”志向高远，脚踏实地。顾祥玉在平凡的岗位上勤于思考，勇于创新，永不止步，永不懈怠。正是这种“知行合一”的方法论不断激励他在预研事业中作出新的贡献。

6 在航天种下人工智能的梦想

志不强者智不达。

——《墨子·修身》

人物简介

路鹰，出生于1982年6月，硕士研究生，2007年毕业于华中科技大学图像识别与人工智能研究所。现从事飞行器总体设计和智能博弈系统设计，任室副主任、“小弈”AI团队负责人。获得院科技进步奖2项，院技术一等奖7项，授权专利19项。2019年入选院青年拔尖人才。

2016年3月9日至15日，世界围棋冠军李世石在围棋比赛中输了，以1∶4比分输给了一个机器人AlphaGo。这个由谷歌旗下人工智能公司DeepMind开发的智能机器人震惊了全世界。这场人机比赛被称为“世纪大战”，人类棋手在人工智能面前几乎没有还手之力。通过5场万众瞩目的比赛，全球认识了AI，让人们惊喜、期待，同时也感到恐惧的先进技术。

航天一院研究发展部工程师路鹰被深深震撼了，那时，他刚刚抵达英国格拉斯哥，将在一院中英联合实验室工作一年，同时作为访问学者在思克莱德大学学习一年。他大学本科学的是自动化专业，研究生学的是模式识别与智能系统专业，都与AI密切相关，虽然时隔多年不曾深耕该专业，但他决定：重新进入AI领域，深入研究AI技术，并将其应用于航天系统，为航天未来发展服务。

这一决定，催生了航天一院第一款 AI 智能人机对抗系统“决胜千里”和“小弈”，也催生了一支致力于用 AI 助力航天的青年突击队。

航天能否利用 AI？向 AlphaGo 工程师取经

2016 年大年初一，飞机徐徐降落在格拉斯哥。阴雨蒙蒙的天气，给这座科技之城增添了漫天的宁静。

刚刚结束国内两次飞行演示验证项目的路鹰，暂时离开了那些常常让自己忘记时间的方案论证、技术协调、系统试验等“嘈杂”的工作，在静谧的大学校园，开始了一段安静的科学研究。

路鹰在这里的主要工作，是参与一款农业机器人的研发。同时作为一名访问学者，他可以研究自己感兴趣的其他课题。

AlphaGo 的横空出世，让路鹰将目光投向自己大学所学的专业，决定在这里认真开展人工智能技术研究，寻找人工智能与航天领域的结合点，探索 AI 在航天领域的应用。

那年夏天，在一次科技论坛上，路鹰见到了 DeepMind 公司的算法工程师。他激动不已，抓住机会，主动上前介绍自己，与他当面沟通交流 AI 技术。

此后，路鹰与 DeepMind 算法工程师开始了半年左右的邮件往来。邮件中，路鹰问道，AlphaGo 是通过对大量人类棋谱的学习掌握了围棋技能，但是对于航天这种没有大量样本的行业，AI 能否有所作为？

DeepMind 算法工程师告诉他，他们也在进行不学习人类的条件下的 AI 研究，这是目前最前沿的方向，还没有对外公布，不过他向路鹰推荐了一些链接和代码，作为学习资料。

“直到现在还有人在问这个问题，没有大量样本怎么进入人工智能？当时这些资料对我有很大启发，打开了一扇窗户，解决了很多困惑。”路鹰受到了激励，在没有大量样本的航天领域，AI 也将大有作为。

于是他终日泡在中英联合实验室里，潜心研究 AI 技术。航天一院此行有 6 人同往英国，他们曾有 2 个月未在实验室之外的地方见过路鹰，都戏称他在“闭关修炼”AI 技术。路鹰说，格拉斯哥是一座人口不多的小城，常年阴天，安静惬意，很适合专心搞研究。

短短一年时间内，他自学了多所知名大学人工智能专业核心课程，并且发表了多篇相关论文。同时他利用实验室的农业机器人平台，自主开发了机器人智能路径规划、机器人智能控制等软件。实验室主任评价他，这是实验室里最勤奋的中国学生。

经过反复论证需求与发展前景，方向逐渐清晰，路鹰大致确定了研究发展部在人工智能技术的突破口——智能博弈仿真推演。

三人起步的“进弈 AI 工作室”

一年学习期满，路鹰回到北京。上班第一天，他就向领导汇报，希望将人工智能引入航天研究。

“如果不独立自主开发产品，不掌握人工智能的核心技术，在未来智能航天领域的重大变革中，研究发展部作为预研总体单位将很难立足，很难获得长久支撑。”在国外一年的学习和见闻，让路鹰感到了巨大的紧迫感。

当时路鹰所在的领域总体室任务繁重，他作为室副主任，承担着多个领域项目的研究及大量管理工作。更大的困难在于人手紧缺，室里三十多人，除了他，没有人懂人工智能。

路鹰只能自己上阵当老师，每周五晚上开展“智能培训”，在研究室里跟大家讲人工智能的技术和前景，培养同事的兴趣，号召大家利用空闲时间开展相关研究。

最初组建的团队只有 3 个人，除了路鹰自己，同事黄虎和任金磊也加入了进来。经过艰苦攻关、多轮论证，“智能博弈推演平台”研究方向得到了用户的大力支持，第一期项目获得了近千万研究经费，三个人的“进弈 AI 工作室”也宣告成立。

团队成员都是从“飞行器总体或弹道制导总体”半路出家，不仅处于人工智能技术零基础阶段，也缺乏软件开发的经验。

开发初期，三人满腔热情，沉浸于新平台的研发、先进算法的攻关、装备模型的建立与程序开发，奈何软件架构设计经验匮乏，架构实施方案多次“翻车”，每次只能全盘推翻、从头开始，重新设计平台的软件架构和方案。每一次的“翻车”对这个时间紧迫、人手稀缺的团队而言，都是一次致命打击。那段至暗时刻，路鹰本人也倍感受挫。但是他知道，作为团队负责人，他没有时间丧气，他必须坚定信心，用昂扬的斗志带领大家，整装再出发，带领大家勇攀科技的高峰。此时，又有几名工程师加入了工作室，“进弈AI”团队在壮大。为了让大家尽快进入AI的世界，路鹰自己寻找网络课程，设计课表，每隔一天组织系统培训，从下班后的6点到9点，学习3个小时。就这样，在多门课程从头到尾的系统学习和集体讨论中，他们渐渐入了门。

“虽然占用了很多时间，但是大家几乎没有抱怨，加班培训的事，大家还蛮支持的。”路鹰为同事感动。

他自己也把紧缺的时间精打细算，每天分成上午、下午、前半夜和后半夜4个时间段，进行技术攻关与程序开发。研发工作最紧张的时候，正在上幼儿园的两个女儿，与他同在一个屋檐下生活，却竟然有20多天没见过爸爸。

初代产品打败行业领军者

2018年春天，“智能博弈推演平台”包含的“决胜千里”平台1.0和AI指挥官“小弈上尉”终于诞生。

路鹰形象地解释，“决胜千里”平台就像AlphaGo的棋盘，“小弈上尉”则是做决策的大脑。这两者结合的“智能博弈推演平台”，将仿真技术跟人工智能技术结合，可以用于飞行器指挥控制决策。AI辅助决策会将人的因素考虑进去，使其更加符合复杂的实际环境。

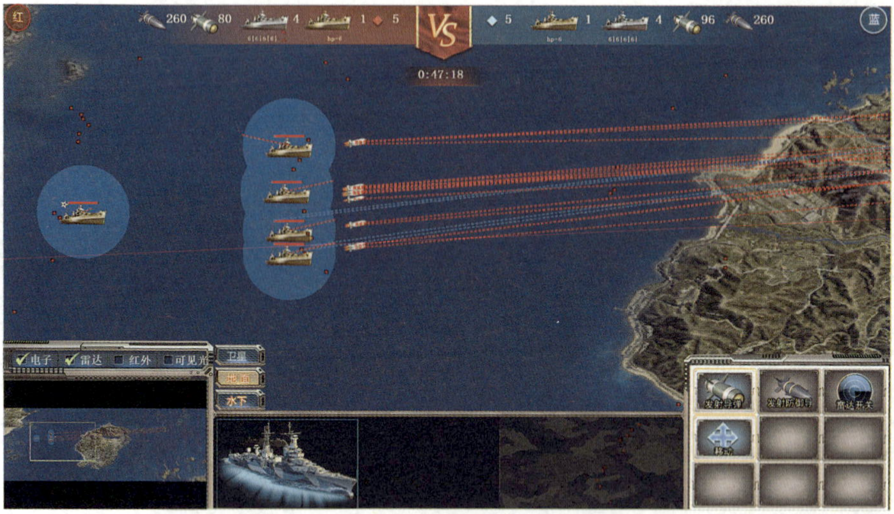

“小弈上尉”在 PK 中取得胜利

利用这一平台，研发中心举办了“第一届人人、人机智能对抗比赛”。虽然同事们戏称 1.0 版本“颜值太 low”，但来自国内多家单位的几十名参赛选手，对这个航天人推出的人工智能平台给予了一致好评。

更让路鹰和同事欣慰的是，在客户支持的项目成果验收中，“决胜千里”和“小弈上尉”与国内某研究所开发的 AI 指挥官“先知”比赛，竟然取得了明显优势。该所在人工智能领域起步早，一直处于国内领先地位，来自航天的这匹黑马，超乎了大家的想象。既是意料之中又是预料之外的优异成绩，让“进弈 AI”团队倍受鼓舞，更加信心满满。这是团队摸着石头过河的里程碑，支撑了研究发展部 2018 年获得了几千万经费的第二期人工智能重大项目。

“进弈 AI”团队的 6 名兼职成员也终于转成了全职成员，将人工智能作为自己的新岗位。

2018 年 11 月，航天一院第一次人工智能发布会上，“进弈 AI”团队正式进行了产品发布。2019 年 4 月，研发部成立“人工智能技术联合攻关小组”，高度重视人工智能核心技术自主开发与攻关。团队在多个用户方面开展了若干重大和重点项目的部署与申请，即将得到更多的支撑，取得更好的成绩。

精悍团队立志夺得智能博弈领域领先地位

如今，路鹰正带领团队继续开展“决胜千里”平台和AI指挥官“小弈”的优化开发。“决胜千里”平台2.0已经发布，相比1.0版本，2.0版本有了很大改进，其“颜值”也让同事们刮目相看。3.0也正在紧锣密鼓的开发过程中。

路鹰认为，面向未来，AI可以让整个飞行器更加智能化，一方面用AI技术可以改进固有短板，另一方面AI技术可能会带来革命性更新换代，改变飞行器架构，赋予其更多功能和能力。同时，AI可以作为航天飞行器的研制扩展使用工具，未来会有一些辅助设计的AI软件，逐步在型号研制中尝试使用，更远的将来，AI可能会成为型号战绩指标性能评估的支撑工具。

团队认为，“决胜千里”和“小弈”产品，未来可以为航天一院智能装备的论证与评估提供支撑，为我国多家单位装备推演使用，研究发展部将在智能博弈领域处于领先地位。

十多年前，在大学学习的路鹰只能隐约感觉到，智能技术终将改变世界。如今，路鹰重拾基础，投身AI技术研究，紧跟技术发展前沿，带领“特别能吃苦、特别能战斗”的“进弈AI”团队，刻苦钻研、攻坚克难，在航天领域种下了人工智能的种子。未来，他们仍将不忘初心、砥砺前行，坚持不懈、勇毅笃行，勇攀技术高峰，在AI迅猛发展的浪潮中，牵引航天智能博弈技术发展，勇当建设航天强国的主力军，勇当建设科技强国的排头兵，为建设航天强国、科技强国作出贡献。

采写感悟

“进弈AI”团队具有自主创新、艰苦开疆的强悍作风。路鹰作为团队带头人，以身作则，除了繁重的管理工作，他更是团队中承担开发工作最多、工作难度最大、承担压力最大的一名成员。为了实现“从0到1”的突破，团队其他成员均以领头人为榜样，不怕苦、不怕累，排除万难加班加点，只为尽快推出自主开发的智能推演平台新版本，让航天一院在人工智能的变革大潮中处于领先地位。

7 “斤金”计较的航天设计师

如切如磋，如琢如磨。

——《诗经·卫风·淇奥》

人物简介

杨春雷，出生于1986年5月，硕士研究生，2013年毕业于西北工业大学，入职后从事电气系统总体设计和综合电子设计工作，现任研究室副主任，项目电气系统主任工程师。先后获得省部级奖励1项，一院技术改进奖一等奖8项，授权专利16项。

“节省1公斤的设备重量，就能获得1万美元的直接收益……”每次新员工入职培训会，杨春雷总谈起他的商业航天成本观。

在航天一院，“捷龙一号运载火箭电气系统负责人”是杨春雷的一个名片，他还有另外一个人人知晓的“名片”——一个“斤金”计较的航天设计师。

不过，杨春雷计较的，是怎样节省研制的每一分钱；在意的，是如何让中国的商业火箭性价比更高。

“不行”成了口头禅

2019 年 8 月 17 日 12 时 11 分，捷龙一号运载火箭在酒泉卫星发射中心成功发射，将搭载的卫星全部送入预定轨道。

亲眼见到发射成功，杨春雷心情激动不已。

首飞成功的捷龙一号，是中国航天科技集团有限公司首型商业运载火箭，也是我国运载火箭家族最年轻的新成员。它是目前我国固体火箭中体积最小、重量最轻的火箭，但运载效率却很高，具有“高性价比、高可靠性、快履约、快发射”的特点。

“高性价比”，和杨春雷有着密切联系。

2017 年以来，商业航天成为热词，发展商业航天被认为是航天产业走向市场化、国际化的必然选择。在捷龙系列运载火箭产品的研制计划发布后，杨春雷第一时间主动请缨，负责起了该项目的电气系统研制工作。

捷龙一号于 2019 年 8 月 17 日首飞成功

相比传统航天型号，商业火箭的发射周期短、研制成本低，竞争更加激烈。受市场化、商业化运作模式的影响，商业火箭的技术更新换代快，这也要求必须进一步压缩产品的成本空间。

“不行！必须采用标准接口，否则会增加很多试验费。”

“不行！这个芯片实现的功能不多，没必要选这么多资源的。”

“不行！这样设计空间太浪费，有这么大地方我们又能放一颗小卫星。”

……

“不行”成为了杨春雷的口头禅。人们没想到，平时好说话的杨春雷，在技术讨论会上这么“咄咄逼人”。

“真是太能算计了，从牙缝里省钱，这也太‘抠’了”。设计师们一边更改方案，一边小声嘟囔。

甚至有合作单位拍了桌子，“按照你的想法，我们没法做，你另请高明吧！”一副要撂挑子的架势。

“商业航天，对我们自己来说，意味着成本高了利润就低，我们的报价太高，客户就会选择别人，所以必须要把成本控制进行到底。”杨春雷有着深入的思考，“商业航天倒逼航天的商业化，对我们‘国家队’来说其实是一件好事。只有经历市场的考验，才称得上世界一流。”

坚持背后是坚守。从捷龙一号立项研制开始，杨春雷和团队成员几乎放弃了全部的休息时间，甚至在春节假期也轮流值班。但最困难的，还在于怎么说服技术合作方。

“一开始给合作方打电话沟通，还没等我说话，对方就开始倒苦水，说了 20 多分钟不重样，仿佛是早已准备好了对付我的‘话术’，我根本插不进去话。”杨春雷笑着说，“这时候就要考验耐心了。我一直等他们说完，再和对方谈技术趋势、谈市场前景。我很真诚地告诉他们，技术上的改变虽然打破了他们现有成熟产品的价格体系，短期来看有所损失，但从长远发展趋势看，这何尝不是提前占位，做市场引领者的一个机会。”

杨春雷的话打动了合作方。最终，经过几轮迭代和修正，他带领团队通过优化方案，制定出合理有效的策略，大幅降低了型号的研制成本。

通过多维度成本控制，捷龙一号批产后，年度可量化节约成本达千万元。在杨春雷和大家的共同坚持下，捷龙一号真正成为了市场上单位载荷成本最低的商业火箭。

杨春雷把眼光放得更远。目前，美国的商业航天发展使航天发射成本大大降低。SPACE-X 的“猎鹰—9”火箭已将商业发射的价格拉低了一个数量级。“中国的商业航天将来一定会在世界上充分竞争，降低成本仍然十分关键。”杨春雷说。

从“无从下手”下手

2013 年，刚刚成为“航天新人”的杨春雷被派到了电气系统匹配试验现场。尽管在学校成绩优秀，面对着形态各异的单机设备和复杂的电缆连接关系，他也顿感没了头绪。

“无从下手”，这是杨春雷当时最直接的感受。面对压力，从来不服输的他选择了迎难而上，决心要把理论和实践做到无缝衔接。

“反正自己是新人，问什么问题都正常。”杨春雷认为，“如果因为不好意思而不懂装懂，反而是自己的损失。”

他给自己定下了目标：两年内成为一名合格的航天设计师。杨春雷开始向单位内外的每一位前辈、专家请教，甚至连过来运送设备的设计师也“不放过”。

一时间，办公楼里“人人自危”，因为一不小心就会被一个小伙子“缠”上，陷入一场无休止的“拷问”。“注意，小杨来了！”一段时间内，大家“谈杨色变”。当然，在这些善意的笑谈中，人们越来越喜欢这个勤学好问的年轻人，也尽最大努力回答他的“提问”。如饥似渴的杨春雷在休息时间里，也会把设计报告和试验报告拿出来反复研究，搞清楚电气系统里面的各种连接关系。

“为什么不能像路由器一样通过一个接口，实现所有电气设备的互联互通，兼容更多的分系统？”杨春雷了解到其他同事所在的产品工程团队对此深有研究，又跑到这个团队的工位旁“安了家”。

同事去开会，杨春雷一路跟着追问到会议室门口；去吃饭，他就打好饭凑到餐桌对面，聊聊家常就又把话题转到电气系统上；就连这几位同事偶尔下班去打球，他都会笑嘻嘻地说，“同去，同去……”

“不能把疑问留到第二天。既然发现了问题，就要及时解决问题。”杨春雷笑着说，那段时间他的学问长了不少，顺带连打球技术也提高了。

航天事业难度大、风险高，新技术的首次应用更是需要克服重重难关。以综合电子技术为例，虽然好处有千条，但在航天领域的应用还属空白，这让不少设计师望而却步。

“综合电子技术是集成化设计，既能节约资源，又能降低成本，一定要将这种新技术成功应用。”这个念头一直萦绕在杨春雷的脑海中。

带着解决问题的决心，杨春雷的身影频繁出现在了各个技术专家的办公室里。杨春雷的坚持和执着也让专家们赞叹不已，“他的这种工作态度和钻劲儿，让我们觉得这事儿他一定能干成。”

经过广泛调研，做了大量技术准备工作，奋战了无数个日日夜夜后，技术风险被逐个攻关，杨春雷对综合电子技术应用的信心更足了。

2015 年，单位开展某自筹型号演示验证飞行试验，杨春雷全程参与了该型号电气系统的研制和各项试验。作为综合电子系统在型号产品上的首次应用，杨春雷在设计电气系统时，打破传统设计思维，实现了产品的标准化和小型化设计，进一步促进了电气系统的高集成、通用化、标准化、易重构和低成本设计。

2016 年下半年，型号演示验证飞行试验取得圆满成功。“那时我知道，我的梦想实现了。”杨春雷说。

做出用户抢着用的产品

降低成本看似简单，实际上牵涉到多个系统之间的配合，是一个“系统工程”。杨春雷清楚，小型化、集成化的设计思路只是成本管控的一个方面，全寿命周期的成本控制工作涵盖了从技术到管理、从论证阶段到保障阶段、从工艺到生产等诸多环节，这是他需要进一步关注的方向。

在某型号论证期间，杨春雷发现了一个问题：选用元器件时，技术人员为了确保成功，往往会选用最高级别的产品。这样的结果，虽然质量肯定没有问题，但从成本角度考虑，就可能会出现客户用不起的产品，甚至在高昂的成本制约下，最终型号能不能实现批量生产都是疑问。

“只有统筹好论证阶段、研制阶段、生产阶段、保障阶段的各个环节，才能研制出用户用得起、用得好的产品。”杨春雷认为，“我们与国外先进水平相比，控制成本的差距还是比较明显。就拿保障阶段来说，成本差距就能达到 50%，这是因为很多东西都是靠人去保障，实际上并不是我们科技水平的真实体现。”

杨春雷不服气，他和团队通过构建系统模型，识别关键要素，调研生产现状，总结归纳经验教训，梳理各类成果，最终形成了从设计、生产、保障三线并举的产品全寿命周期成本控制指导意见。

“目前，型号任务不再是过去的计划经济模式，而是越来越多地采用了竞争性采购的形式，竞争对手也越来越多。”小杨说，“做出用户抢着用的产品，这样才能在未来的竞争中立于不败之地。”

在杨春雷眼中，捷龙一号首飞只是又一个起点，成本控制任重道远，还有更多的挑战等待着他和团队。对于未来，他的眼神中透露着十足的信心。

采写感悟

从只需考虑质量，到必须注重“性价比”，这一代的中国火箭人，正在经历一场由商业航天带来的前所未有的变革。但“小杨们”没有退缩，航天人从不退缩，当这股大潮席卷而来之时，他们勇立潮头。“斤金”计较，努力节省研制过程中的每一分钱，这些看似普通的小事，不仅体现研制思路的改变，更是观念和思维的革新。正是在这种不惧变革、顺应变革、引领变革的精神中，诞生了捷龙一号——当前市场上单位载荷成本最低的商业火箭！

8 航天物业管理行业的变革者

当今世界，变革创新的潮流滚滚向前。中国的先人们早在2500多年前就认识到："苟利于民，不必法古；苟周于事，不必循俗"。变革创新是推动人类社会向前发展的根本动力。谁排斥变革，谁拒绝创新，谁就会落后于时代，谁就会被历史淘汰。

——2018年4月10日习近平主席在博鳌亚洲论坛2018年年会开幕式上的讲话

人物简介

董建民，男，出生于1961年6月，1979年入职航天一院。从入职至今一直从事行政保障工作，现任航天一院物业公司经理，研究员。受中国物业管理协会聘任为设施设备技术委员会委员、标准化工作委员会委员。获得2017—2018年度院优秀共产党员和2018年院长征贡献奖。

北京城南丰台东高地，航天一院自带神秘感，高高的院墙贴着马路边，将院里院外分隔成两个世界。这里是中国航天事业的发祥地，大多数长征火箭都是从这里研制生产的。

航天万源物业公司经理董建民的父亲从军多年，转业后在空军第34航空运输机师营部大院工作。在航天一院组建之初，他的父亲就以一名初创者身份加入，从此一辈子没离开这个大院。

由此，董建民身上有了一个重要标签——大院子弟。

半军事化管理，一切行动服从命令听指挥，大院早期独特的文化，将董建民塑造成一名意志坚定、以苦为乐、果敢睿智、勇于创新的航天员工，干起事来总有一股不达目的决不罢休的闯劲和韧劲。

自 19 岁参加工作，董建民便一头扎进了大院行政保障工作，成为一名“航二代”。

董建民说：“我近 40 载人生和航天、运载火箭紧密相连，直到现在，每每听到或看到火箭成功发射的消息，都难以抑制内心的激动之情，在‘航一代’光芒下，航天荣耀感和使命感与生俱来，‘航二代’意味着坚守与传承、发扬与光大”。

敏锐的拓荒人

1994 年，在从事了 14 年行政保障工作后，董建民的人生掀开了新篇章。

当时大院科研生产和生活区规模持续扩大，迫切需要成立物业管理部门。航天一院万源物业公司筹备之初，董建民被选为最初的三人调研小组成员之一。

当时全国房地产业重新洗牌、商品房推进浪潮一波高过一波，但即使是首都北京，物业管理也才起步。

人少事多底子薄，从 1995 年开始，调研小组远赴全国各地进行深入调研，广泛收集信息、学习先进物业公司的优秀经验，结合实际需要，建立自己的一套管理制度，不断磨合、不断实践、不断完善。1996 年航天一院万源物业公司正式成立，董建民正是航天一院物业专业化管理拓荒全过程的亲历者之一。

公司成立后，为实现公司的快速发展与壮大，董建民带领团队对标市场、对标社会、对标行业，倡导服务标准化、流程化、规范化。董建民总说，做物业公司要像“造火箭”一样，要做就要做最好的！

凭借超强的市场判断力，董建民敏锐地嗅到了移动互联时代带来的重大机遇，他极力推崇“大物业”理念，努力学习和吸收最新的物业管理理念和技术，从深化项目经理责任制、物业项目负责人制到深入开展项目全成本核算；从加强物业信息平台建设到全面运行物业客服管理系统软件，董建民带领万源物业公司始终紧跟物业管理行业的最新趋势，深度整合各类资源，努力为科研生产区和生活区提供优质、人性、规范、便捷的物业服务，得到业主的积极肯定。好口碑也将公司送上了发展的快车道。

2016 年，在中国物业管理协会和中国指数研究院首次联合主办发布的《2016 中国物业服务百强企业研究报告》中，万源物业公司荣获 2016 年中国物业服务百强企业第 54 位及 2016 年物业服务特色企业称号。在 2017 年评定中，公司再接再厉，跻身全国物业百强前 50 名。

这几年，董建民还干了一件“漂亮事”——顺利完成“三供一业”移交和原动力事业部接收工作。为确保工作进行顺利，董建民带领团队深入学习了有关文件和政策精神，并提前接洽相关部门，进行缜密的工作部署，最

董建民

终按照时间节点有条不紊地完成了复杂的分离移交工作，获得上级领导、相关单位职工和社区居民的一致好评。

爱学习、善学习从未改变

从小浸蕴的科研氛围，让董建民工作近40年来养成了爱学习、善学习的好习惯，并且从未改变。

在同事眼中，董建民给人最深刻的印象也是学习广泛、思想超前，对新政策、新事物和新形势等接受起来特别快。

在这点上，有些年轻人都自叹不如。

财务总监田旸回忆，2015年李克强总理提出营改增税制改革时，董建民第一时间找来专业资料学习，并向专业人员请教，很快就掌握了相关知识。不仅自己学，他还专门开会要求全体员工学。当时有些干部和员工表示不理解，甚至有些不满地说："大家又不是干财务工作的，没必要学这个。"董建民听后"发飙"了，大会小会上拍着桌子再三强调："营改增对中国经济发展必然会发挥重要作用，它不仅和行业、企业相关，和每个人目前手头上的工作都有直接或间接的关系，所以每个人都必须学，学完还要组织考试！一个也不许少！"

这话初听有些霸道，但也正是在董建民的魄力和威严下，公司内部杂音渐消，形成了浓厚的学习氛围，最终公司还组织进行考试，全员通过。有了良好的知识基础，公司后续的相关工作推进得十分顺畅。此后谈及此事，大家都很敬佩，"董总一发飚，学习上去了。"

勇做领头雁

2000年中国物业管理协会创立之时，万源物业公司是第一批会员单位和理事单位。

作为行业专家，董建民入选了中物协专家库，参与了一系列行业标准的制定，如《物业设施设备管理指南》《物业承接查验操作指南》《物业管理指南—产业园物业》等。同时他应中物协聘请担任讲师并多次授课，为推动行业规范发展作出了积极贡献。

2015 年，中物协推进行业业态细分，董建民敏锐地捕捉到产业园区业态标准制定的意义。“物业管理的价值体现和保值增值，就很大程度上取决于物业服务企业所提供的规范化、标准化的管理服务品质。行业标准不但可以规范行业的生产与经营，引领行业发展，更是规范行业竞争的有力保障。”

同年 8 月，当得知中物协要组织编写《物业管理指南》系列丛书时，董建民难以抑制内心的激动之情。

“这是物业标准化的重要前瞻性工作，是未来行业标准化的重大基础性工程。”他果断表态，“参与物业行业标准的制定，这事儿我们有能力干也必须得干。”

为了能全方位参与到这一重要工作中来，董建民主动向中物协提出，万源物业公司以协办方的身份，协助中物协召开产业园区物业管理标准联盟第二次企业会议。会议的顺利召开，为《物业管理指南》系列丛书的出版奠定了坚实的基础。

此外，在物业管理行业还没有形成统一标准的情况下，作为富有科技产业园管理经验的行业专家，董建民受邀作为副主编参与编撰了《物业管理指南》系列丛书。在他的带领下，一批标准化技术骨干全力投入其中，推动了全国产业园区业态的标准化落地。

还有两年就要退休了，董建民动情地说：“我这辈子可以说就干了一件事，那就是咱们航天大院的物业管理。我还有许多想法没有实现，两年时间太宝贵了，我得抓紧时间好好干，不给自己留遗憾。”

几十年来，航天精神已深深融进董建民的血液和灵魂里，让他总有一股使不完的劲头，一种永不停歇的创新精神，也让他在谋求高质量、高效率、高效益发展的征程上，永不停歇。

采写感悟

物业这个行业被许多人称为航天的“外围”，但董建民听到后总会眯起眼睛，反问一句：“你知道我们干的事离火箭有多近吗？”董建民心底深深地爱着这个他从小长大又工作于此的航天大院，他把这种爱深深地融进他坚守一生的职业，甚至有些执拗。董建民是做每件事、每项工作都力求完美的人，因为他明白他带领的团队所做的一切都是航天不可或缺的一部分，他追求的是能与航天匹配的质量、标准和速度。他的心和翱翔的火箭是同一个圆心，同一个半径，永远相伴相飞！

9 创新成就“多面手”

满眼生机转化钧，天工人巧日争新。

——（清）赵翼《论诗》

人物简介

刘春先，出生于1983年2月，2001年从航天技工学校毕业后，进入航天一院七〇三所从事复合材料机械加工工作，现任机加组组长。荣获2013年度院突出贡献技能人员、2015年院突出贡献技能人员、2016年院突出贡献共产党员。

厚实的手掌紧紧摁住工作台，吃劲的手臂肌肉紧绷、青筋暴起；顺着手臂往上看，这是一张坚毅的面孔，表情一丝不苟，眼神里满是专注，仿佛这一刻手中的“铁疙瘩”就是全世界，没有任何事能够干扰到他……

这是进入工作状态的刘春先。在航天一院七〇三所复合材料加工车间，他是人们心目中的“多面手”：车、铣、磨等“十八般武艺”样样精通，更能挑起急难险重的“大活”。

大家甚至给他取个外号叫复合材料加工“一哥”。

从“递扳手”到“多面手”

结缘航天那天起，刘春先就把全身心交给了这个自己倾心的事业。

2001 年，他来到七〇三所的复合材料加工车间，当了一名学徒工。

干航天工作，刘春先倍感荣耀，但师父的一句话，又让他倍感压力。师父告诉他：“航天产品必须达到零缺陷，确保万无一失。”

的确，质量是航天的生命。一按电钮，成就是成，败就是败。

“导弹、卫星上天，每一个人的工作必须是满分。”从此，刘春先心里埋

刘春先在加工复合材料

下了责任的种子。

刚开始，刘春先主要是观摩、学习。他看着师父和同事们怎么干，不时递个扳手，帮个小忙，做些辅助工作。师父见他好学肯干，就教他先练习磨平技术，做一些风险率较低的工件。

刘春先担心出岔子，做得十分细致认真。完成后，他小心翼翼地交给师父，等待着评定。师父满脸严肃，翻来覆去地看，最后突然露出了笑脸，点点头说："还行。就这么干，慢一点不要紧，一定要注意质量。"

初战告捷，刘春先积攒了信心，更加刻苦地练起来。为了提高熟练程度，他除了正常班次之外，主动要求加班，每天比别人多干三四个小时。渐渐地，他的操作水平越来越高，并不断实现技术能力的一次次"进阶"。

复合材料由于它的薄、脆等特点，相比传统金属加工难度更大、差异性更强。航天器使用的复合材料，精度要求更是高，加工难度也格外大。即便是两件相同的产品，加工参数有时也并不完全一样。而且，复合材料结构件一体成形，一旦操作失误将无法补救，因此，工作中的刘春先慎之又慎。

车削加工是复合材料加工中应用最多的方法，也是最基础的方法。加工过程中，刀具性能和进刀速度、吃刀深度、切削速度等参数，都会影响工件成品表面质量。

在师父的指导下，刘春先重点打磨自己的车削加工技术。他不仅苦练，还琢磨着如何改进、提升效率和质量。慢慢地，交到他手里的活，他总是能又好又快地完成。

铣削加工是对成品工件再加工，精度要求较高，是对复杂工件修缮性的铣削过程。师父告诉刘春先，铣削加工容易出现工件纤维纱线切不断和分层现象，需要在加工前期科学预测切削力，控制工艺参数设置，特别是还要选好刀具。刘春先认真体会，拿不准的地方就请教师父和同事，刀具选择也是一丝不苟，并进行细致的修磨。他反复试验纤维取向、轴向和切向进给速度，形成最佳参数后，才进行铣削加工。

技多不压身。为了使加工的产品一次达标，刘春先努力去掌握所有产品的加工难点；为练就过硬的技术，他在出色完成数控立车主岗工作之余，还考取了铣工的操作资格证书；哪个岗位空缺或人手紧张，他就马上能够补上而且“补好”，承担起多个型号产品的操作工作……

正是这样一步一个脚印，刘春先逐步成长为了技能骨干。

用创新手段破解“无刀可用”的尴尬

关键时刻，最能看出一个人的担当和水平。不管什么活，只要交到刘春先手里，就让人心里踏实。“一哥”的昵称，就代表着人们对他的由衷佩服。

一次，车间接到了一个加工卫星支架的任务。卫星支架是卫星在火箭内的“专座”，必须加工得精准无误才能让卫星坐得“稳固又舒服”。支架是锥形结构件，主体是薄壁碳纤维复合材料的蒙皮，两端由铝合金材料制成，一听就是一块不好啃的“硬骨头”。

车间动员了技能最好的骨干加工这个卫星支架，但加工过程中，碳纤维材料随着刀具切削而震动，导致端口的光洁度和圆度严重超差，超差接近 0.5 毫米，远远高于图纸要求的 0.2 毫米。交付时间一天天逼近，但谁也没有把握能控制好精度，大家的眉头紧锁起来。

关键时刻，刘春先主动承担起攻关任务。他结合加工碳纤维材料的经验，在加工夹具上下功夫。经过摸索试验，刘春先决定灵活使用卡具，边加工、边增加卡具数量，加工的同时不断松开卡具，从而释放压力，防止产品变形。最终，按照他的方法，加工难题迎刃而解，卫星支架的加工任务顺利完成了，刘春先又一次赢得了大家的信任。

“工欲善其事必先利其器”，刘春先恐怕是对这句话体会最深的人。

车间曾接到一个火箭“共底”的加工任务。“共底”是火箭上一个重要结构件，表面有一条厚度不到 3 毫米的焊漏槽，而且槽体位置隐蔽，如果刀具使用不合适，刀具加工时磨损产生的“积屑瘤”极易挤入槽中，导致产品变形甚至报废，而车间现有的刀具都不适用。

刘春先细细研究后，对刀具进行了细致的修磨，让刀的几何角度发生了变化，改变了出屑方向，从而大大减少了“积屑瘤”的产生。使用这把刀加工，不仅解决了难题，产品光洁度也大大提高，效率也提高了25%以上。刘春先改制的刀具，成为了“共底”加工任务圆满完成的关键一环。

举一反三，刘春先在改革夹具、刀具方面钻得更深。复合材料因为成分不同，加工刀具也不一样。航天型号产品具有小批量和异构性的特点，常会遇到“无刀可用”的难题，刘春先想方设法改变这些“困局”：设计出“支撑工装”牢牢稳住大型薄壁的复合材料结构件；引进金刚石高速铣刀，替代金刚砂磨棒，减少刀具磨损，大幅提升生产效率……

在不断创新中，刘春先“一哥”的外号不胫而走，但刘春先并不满足，他想在复合材料加工领域走得更远。

“我要更努力一点，更严谨一点，更多做一点。”刘春先希望，未来航天型号上能够用上更多的复合材料，他也做好了充分准备，要生产加工出更多更好的复合材料工件。

每个徒弟都能成为独当一面的技术能手

刘春先打心底爱航天。正是因为热爱，他把控起质量也尤其严格，这里面，也包括把控徒弟的“质量”。他觉得，一个人突出不算什么，整个团队都能打硬仗才是真正的战斗力。

为此，刘春先带徒弟的方法显得有些特别。他每天会在车间走一走转一转，听声音、摸粉末、闻气味，就能知道徒弟们操作得规范不规范、合格不合格。严师出高徒，徒弟们不敢懈怠，慢慢也养成了好的工作习惯。

同时，他还会和徒弟们经常唠唠嗑，如果发现谁状态不好，他会进一步详细了解情况。在需要的时候，他会立刻安排调休，及时调整。这是因为刘春先曾有过“教训”，并从此铭记于心。曾有一次，一位工人家里出了点事情，工作时因为精力不集中导致了一些质量问题。刘春先起先并没有注意到这个同事的状态，事后他十分自责，觉得如果自己再细心一些，说不定就能提前发现人员状态的异常，就可以避免问题的发生。之后，他就格外多了个“心眼”，会注意观察同事们的身心状态。

在刘春先的带领下，班组里洋溢着团结奋进的氛围。有好事相互分享，有困难一起帮忙解决，有了技术突破就相互传授，奔着提升质量、提高效率的目标，大家干事的劲头更足了。

刘春先最盼望的，是他的每个徒弟都能成为岗位上独当一面的技术能手。

“航天型号上复合型材料越用越多，我们的复合型人才也要培养得越来越多，这样才能跟上飞速发展的技术进步。”刘春先说，“人人成为岗位能手，航天事业发展的步子就会迈得更快、更稳。”

采写感悟

这个年轻的航天人，自结缘航天的那天起，就把自己的全身心交给了倾心的事业。亲和、自信、激情、快乐、奉献，在平凡的岗位上，他的不懈努力感染和影响了身边的每一个人。他习惯更努力一点、更严谨一点、更温暖一点、再多做一点。他用辛勤与汗水铸就无悔的青春，用执着与拼搏诠释着追逐梦想的喜悦。这一切，他都因投身热爱的航天事业而甘之如饴。

10 执着成就多个“第一”

执着，就是英雄模范们都在党和人民最需要的地方冲锋陷阵、顽强拼搏，几十年如一日埋头苦干，为国为民奉献的志向坚定不移，对事业的坚守无怨无悔，为民族复兴拼搏奋斗的赤子之心始终不改。

——2019 年 9 月 29 日习近平总书记在国家勋章和国家荣誉称号颁授仪式上的讲话

人物简介

李学锋，1963年6月出生，研究员，1996年9月博士毕业于西北工业大学飞行器控制、制导与仿真专业。1998年6月于航天一院十二所博士后流动站出站后，在航天一院十二所从事导航、制导与控制技术研究工作，现任某型号副总设计师。先后获国防科技进步二等奖2项、三等奖1项。2004年被评为国防科技工业有突出贡献中青年专家，2006年享受政府特殊津贴，2008年获中国航天基金奖，2012年被评为中国航天科技集团有限公司学术技术带头人，2015年获航天贡献奖，2016年获航天创新奖。

对李学锋来说，出差是一种常态。拨通电话时，他正要前往基地。一年365天，300天以上不在家，十年未休过年假。

作为副总师，他参与了第一发数字化导弹、太空摆渡车系列、长征五号等多个型号的首飞。

“我觉得我挺幸运的，这么多的第一都由我来实现了。”谈及自己成功的秘籍，李学锋总结起来就两个字：执着。

从“博士弹”起步

在火箭系统中，控制系统好比人的中枢神经，重要性不言而喻。

从本科开始，李学锋一直学的导弹控制专业，并于1998年从航天一院十二所博士后流动站出站。然而，当时航天事业处于低潮，型号任务很少，很多同学选择了去外企、房地产企业甚至出国发展，李学锋却选择了留所工作。

薪酬的巨大差距曾触动过李学锋。“我拿1000元人民币，他们拿1000美元，说没有落差是不可能的。”

李学锋在火箭总装测试厂房

关键时刻，家人给了李学锋最坚定的支持。

李学锋成长在部队大院，父母从事航空发动机研发。“他们希望我从事高尖端装备研发，鼓励我要多想着服务国家需要，别在乎短期内的个人得失。”

“蛰伏”的日子里，虽然型号少，但李学锋并没有让自己闲着，他密切关注国内外技术发展，了解最新科技动态、国外航天领域的技术革新。

2000 年，李学锋担任某型号副总师。在该型号中，他首次提出全数字一体化控制系统方案。

“通俗地说，就是将常规型号数字化，好比将模拟信号的电视机变成 LED 屏的电视机。”

李学锋回忆，因为由博士牵头，这颗弹被人称为“博士弹”，但也有人调侃是“秀才”的花拳绣腿——中看不中用。

方案评审时，有人明确表示不同意，投了反对票。毕竟在一切以“稳妥、可靠”为核心的航天系统，继承性、可靠性是重中之重。

李学锋却有自己的坚持。

“提出这一想法并非心血来潮。”李学锋回忆，当时国外航天大国已在型号数字化方面开展了大量工作，并尝到了甜头。

好不容易项目获准立项，新的问题接踵而来，没有资料，没有人，没有钱，李学锋甚至自掏腰包安排吃住及酬金，请了浙江大学一位老师来帮忙。

历经多年鏖战，2006 年，“博士弹”研制成功。这次成功被认为是国内武器型号控制系统的一次技术革新，并由此开启了国内武器型号控制系统的重大变革。

为“胖五”设计登天“轨道”

“要干就要干有挑战性的东西。”李学锋说，自己干的型号里，没有一项是容易的，长征五号尤其如此。

2006 年，为推动我国航天事业进一步发展，我国立项研制一次性大型低温液体捆绑式运载火箭，箭体直径从之前的 3.35 米拓展至 5 米。作为长征五号副总设计师，李学锋负责长征五号运载火箭控制系统的具体工作。

在现役的长征系列运载火箭家族中，长征五号是名副其实的“大块头”，被大家亲切地称为“胖五”。它身高 57 米，相当于 20 层楼高；“腰围”最粗，箭体芯一级、芯二级直径 5 米，“腰下”还捆绑着 4 个 3.35 米直径助推器。长征五号火箭起飞推力超过 1000 吨，足够让 10 架波音 747 齐飞；25 吨级的运载能力可将 3 个天宫二号同时送入太空。

如此体量的“大家伙”，给控制系统带来了几大挑战：如何完成众多单机的高速互联通信；如何同时实行对液氧煤油发动机和氢氧低温发动机的精准控制；如何实现火箭的智能化快速测试。

显然，这是李学锋未曾遇到的难题。“控制系统单机的品种、数量，以及箭上电缆网长度和分支数量，均是长征家族其他火箭所不能比拟的。”

面对新情况，李学锋首次提出，将 1553B 总线用于我国火箭的数据通信。

矗立在文昌航天发射场的长征五号运载火箭

1553B 总线好比在火箭上构建的一条信息高速公路，可将运载火箭上通信由点对点升级到高速总线通信，实现火箭上单机大量信息的标准化高速通信。

李学锋亲自领导团队，完成了控制系统 1553B 总线架构的全流程研制。在方案研讨、设计、生产、测试各个环节，总能看到他带领年轻研制团队忙碌的身影。

2016 年 11 月 3 日，按计划，长征五号将在当晚 18 时左右实施首飞。

谁也没想到，发射前状况不断，跌宕起伏，首飞时间不断后延。20 点 37 分，01 号指挥员下达口令："3 分钟准备！"但命令很快被相关操作人员暂停，点火再次延后。接下来，指令几次被暂停、重置。

进入倒计时 10 秒后，读秒又被中断……

一直到 20 点 43 分，在等待了 163 分钟后，长征五号终于缓缓升空、出塔、穿入云霄，约30分钟后与载荷组合体成功分离，首飞成功。

“这是我们遇到的挑战和风险最大的一次发射。”其间，李学锋忍不住多次起身，抢到前排查看数据。

事后李学锋回忆，当长征五号直刺云霄时，自己非常激动，之后几天，自己都很难平静下来。

“那么庞大的火箭，按照我们设定的路径一飞冲天，这是多么让人自豪又不可思议的一件事。”让李学锋更高兴的是，1553B总线在大型运载火箭上的首次应用成功，实现了我国火箭数字化控制一大跨越。如今，在长征五号引领下，数字化总线通信技术又成功应用于导弹，大幅提升了我国火箭导弹性能，为我国从航天大国迈向航天强国提供了强有力支撑。

总觉得技术还有要提高的地方

提及上面级，大家觉得云里雾里。其实上面级就是太空摆渡车，顾名思义就是在远离地球的太空中可以搭载人或物到达目的地的媒介。

与地球上的摆渡车不同，要想在太空中自由踱步并不容易。

由于上面级构成较为复杂，要求离地点火次数繁多，因此对于相关技术的要求也比较高。早在20世纪五六十年代，美俄等航空航天大国就已经投入研制各种上面级核心技术，和国外相比，我国一直处于较为落后的位置。

“虽然国外早有太空摆渡车的概念，但资料很少，我们自己动手，实现了从无到有。”李学锋说，经历数十年，研制出多型固体推进剂上面级，试飞十余次，全都圆满成功。

外界看来光鲜的数个“第一”，凝聚的却是包括李学锋在内的团队多年的心血。事实上，每次发射任务前，李学锋都休息不好。

“大脑在高速运转，就想着该如何变轨、绕，生怕有差池，根本睡不着。”李学锋将那种紧张的气氛比作生孩子。大家心里清楚顺利生孩子的可能性大，但还是会有风险，当妻子被推进手术室，门外等待的人都会紧张、担心、焦虑。

2000年前后，李学锋本来有机会转岗做行政，但最后依然选择做技术。“一个型号有十几年乃至几十年的生命周期，虽然周期不短，但是对于我来说，我依然觉得时间不够，做得也不够好，技术还有要提高的地方。”

近20年来，社会大转型，不少人心浮气躁，免不了受到外界的诱惑，“三年不升职，必须得辞职”的现象比比皆是。

正值壮年，李学锋却依旧愿意二十年如一日地守着平凡的岗位、拿着并不丰厚的工资。

2019年年初，一家民企托人找到李学锋，问他有没有兴趣另谋高就，并给出了上百万的年薪。

但李学锋当时就婉拒了：“国家繁荣富强得靠自己，奔钱去多少才算够，但是为祖国作贡献的机会错过了，一辈子就没有了。”

20年来，他专注于控制系统，全神贯注地审视着每个细节，不停地论证、不停地测试。在厂房里，没有什么紧急事，李学峰会围着火箭和仪器设备溜达，时而抬头看看连接部件，时而俯身看看仪表指示……

翻看日志，2015年12月31日，他写了这样一段话：“在海南基地，我度过了一个重要的时刻。试验队辞旧迎新晚会办得有声有色。回想起来前期的工作，虽然感觉很重很累，但是后面的工作又让我感觉继往开来，重任在肩！我一定要干好自己的工作，站好自己的岗。”

采写感悟

一个人是平凡的，也是伟大的。伟大之处在于，当他把从事的工作和国家、民族甚至整个人类的进步事业紧紧连接在一起，那将从心底萌生出无比的自豪和荣耀。服务国家需要、不计个人得失，李学锋用自己的故事告诉我们，于平凡中可见伟大，于细微处可见精神。

中国航天

CHN
中国航天

三

xin shi dai zhui meng huo jian ren

自力更生的立业之本

篇首语

▸▸ 大国重器必须掌握在自己手里。

——习近平

中国航天事业奋斗的基点是自力更生，自力更生是中国航天的立业之本、发展之脉。

20世纪50年代，面对西方的严密封锁与“黑云压城城欲摧”的严峻国际形势，为抵制帝国主义的武力威胁和核讹诈，1955年1月15日，毛泽东主持召开中共中央书记处扩大会议，党中央作出了创建我国原子能事业和研制核武器的重大战略决策。毛泽东说：“我们要不要搞原子弹啊，我的意见是中国也要搞，但是我们不先进攻别人。别人要欺负我们，进攻我们，我们要防御，我们要反击。因为我们一向的方针是积极防御的战略方针，不是消极防御的。”第二年春，毛泽东在《论十大关系》中进一步指出：“我们现在还没有原子弹。但是，过去我们也没有飞机和大炮，我们是用小米加步枪打败了日本帝国主义和蒋介石的。我们现在已经比过去强，以后还要比现在强，不但要有更多的飞机和大炮，而且还要有原子弹。在今天的世界上，我们要不受人家欺负，就不能没有这个东西。”

此后，毛泽东又确定了“自力更生为主，力争外援和利用资本主义国家已有的科学成果”发展核武器、导弹事业的方针。在这一方针指导下，1956年10月8日，航天一院的前身——中国第一个导弹技术研究机构国防部第五研究院正式成立了。从这一天起，我国的航天事业拉开了大幕。航天人在当时国家经济、技术基础薄弱和工作条件十分艰苦的情况下，自力更生，发愤图强，完全依靠自己的力量，用较少的投入和较短的时间，突破了原子弹、导弹和人造地球卫星等尖端技术，我国的航天宏图大业伴随着祖国前进的脚步，历经艰难曲折而不断走向辉煌。

唯物辩证法认为，事物发展的根本原因是内因，外因是条件，外因通过内因起作用。一个国家、一个民族的发展也需要内、外因两个条件。自力更生就是强调事物的内因。邓小平指出："中国的经验第一条就是自力更生为主。我们很多东西是靠自己搞出来的……从五十年代中期到七十年代，即在建国三十二年多的时间里大体有二十年，我们完全或基本上处于没有外援的状况，主要靠自力更生。没有外援也有好处，迫使我们奋发努力。在这种精神的激励下，我们在这个期间搞出了原子弹、氢弹、导弹，发射了人造卫星等等。所以，我们向第三世界朋友介绍的首要经验就是自力更生。当然，这并不是说不要争取外援，而是要以自力更生为主。这样，就可以振奋起整个国家奋发图强的精神，把人民团结起来，就比较容易克服面临的各种困难。"

自力更生，是党团结和带领人民群众实现中华民族伟大复兴的精神力量，是全面建设社会主义现代化国家的动力源泉，更是推动航天强国建设、支撑世界一流军队建设，建设成为世界一流航天企业的根本遵循。"天行健，君子以自强不息。"无论是个人还是群体、民族还是国家，都应该将命运掌握在自己手里，依靠自己的力量求生存、谋发展，这就是自力更生的基本内涵。习近平总书记多次强调"自力更生"。他指出："不论过去、现在和将来，我们都要把国家和民族发展放在自己力量的基点上，坚持民族自尊心和自信心，坚定不移走自己的路。"

一旦把时间线放长，把未来补欠账的成本以及受制于人的风险也纳入发展损益表，我们对"难与易""快与慢"就会有不同的理解。自力更生，直接决定着自身的成长高度。当今世界，新一轮的技术革命和产业革命正在汹涌澎湃，世界竞争格局正在重新洗牌，国家力量对比正在不断重塑。当今世界航天发展的趋势呈现出新一轮科技革命渐近，航天核心技术创新和能力水平加速提升；航天经济持续高速增长，多元化航天发展模式成为趋势；空间轨道革命酝酿发酵，带来拥挤、竞争、合作的新常态等特点。从我国航天事业发展形势看，现在我们的运载火箭可以把航天器送到地球、月球的任何轨道；我们的运载火箭、飞船可以把航天员安全地送入太空、返回地球；我们的卫星可以俯瞰世界的每一个角落；我们的探测器可以让深空不再深不可测，一言以蔽之，对标世界航天强国，我们在不少领域已由“跟跑”进入“并跑”、将来还要进入“领跑”阶段，前面已经是“无人区”，核心技术靠“化缘”是要不来的，只有自力更生。

新的形势和任务，更需要航天人从思维层面打破习惯定式，加大基础理论研究和前沿技术研究投入，增强“看清趋势、看清方向、看清道路”能力，力争到2030年推动我国跻身世界航天强国行列，全面提升进出空间和利用空间能力，在若干领域由并跑转向领跑，实现核心技术及重要原材料、关键核心器件自主可控，70%的航天核心技术指标达到国际一流水平；到2045年，在全面建成高质量发展的世界一流航天企业基础上，有效支撑世界一流军队建设，推动我国全面建成世界航天强国。

一代人有一代人的使命，自力更生的精气神任何时候都不能丢。我国的航天事业正处于一个大有可为的历史机遇期，也应清醒看到，宏伟的征途往往不会一帆风顺，只有付出长期不懈的艰苦努力才能成功。越是风险隐患增多、国际形势复杂，越要保持战略定力，要实现建设航天强国的发展目标，只能靠自己不懈的努力和奋斗。

小学课文《要是你在野外迷了路》中写道：“大自然有很多天然的指南针，会帮助你辨别方向。”许多网友说，可以再加上一句：“天上还有些指路明星，是中国人送上去的。”我们要时刻牢记“我们的征程是星辰大海”，我们要永远铭记“舍易求难”背后的辩证法，我们要永远保持一股不服输的精气神，在自力更生的道路上砥砺前行，用一个又一个航天成就刷新中国高度，创造无愧于伟大新时代的新辉煌。

——**李庆刚**

（中央党校（国家行政学院）党史教研部副主任，教授，博士生导师）

1 用生命造火箭

▸▸ 宝剑锋从磨砺出，梅花香自苦寒来。

——（明）冯梦龙《警世通言·勤奋篇》

人物简介

崔蕴，特级技师，出生于1961年8月，1982年毕业于航天一院二一一厂技工学校，入职后从事火箭总体装配工作，现任航天一院天津航天长征火箭制造有限公司总装车间副主任。先后荣获“全国技术能手”“航天技术能手”等荣誉称号。2014年，以他名字命名成立了国家级技能大师工作室。2019年央视“大国工匠”第七季报道的顶级工匠之一。

他曾为火箭命悬一线，痴迷火箭40年，把打造世界顶级火箭作为终身事业；他从一名普通的火箭装配工成长为国家级技能大师，更锻造出一支过硬的队伍，助力我国航天事业腾飞。

他是崔蕴，航天一院运载火箭总装总测技能大师，被称为中国新一代运载火箭总装第一人。

人们形容，他是在用生命造火箭。

“魂牵梦绕，醒着、睡着脑子里都得是火箭”

从事火箭总体装配工作37年，崔蕴为火箭事业“死”过，“重生”过。

1990 年 7 月 12 日，这是崔蕴“重生”的日子。时隔 29 年，提到这个日子，他的心头还是会不由地一颤。

这一天，在我国首枚长征二号捆绑运载火箭的氧化剂泄漏抢险中，作为总装测试的一线人员，崔蕴义无反顾地第一批冲进抢险现场。抢险中，他在舱内连续工作了近一个小时，出舱后，立刻被送往医院，经检查肺部 75%烧伤，生命垂危。医生用了 10 倍于常人的解毒剂量，才保住了他的命。经过多次抢救，崔蕴奇迹般地活了过来。他当时 29 岁，是抢险队员中最年轻的一位。

在长二捆火箭成功发射的当天，崔蕴带着氧气瓶，被医生护士抬到了医院的楼顶，一边听着长二捆火箭发射的轰鸣声，一边眼泪“啪哒啪哒”地往下掉。

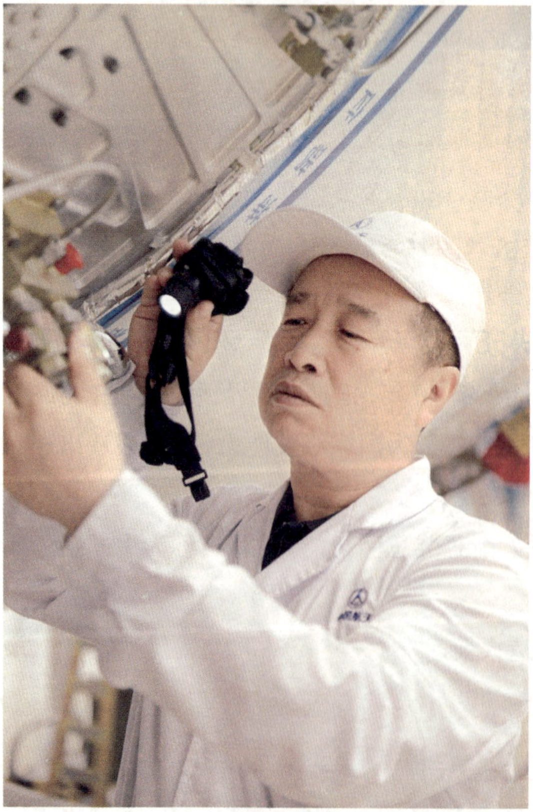

崔蕴在检查零部件

几天里，从在病床上听到一名亲密队友壮烈牺牲的惨痛消息，到见证这枚火箭的首飞成功，这冰火交融的滋味，他一辈子都忘不了。

正是在这短短的几天，崔蕴深刻地认识到了航天这个行业的高风险、高难度。从此他开启疯狂的学习模式，在西单图书大厦一坐就是一天，一边看，一边记，一边琢磨。对不明白的问题，他一定要“打破砂锅问到底”。在他看来，一名合格的火箭装配工，除了铣工、车工、焊工、电工等技术，脑子里还必须装着材料力学、理论力学等理论。有时为了一个问题，他跑到设计人员那里，一泡就是一天，就是要彻底解开心底里的那些“疙瘩”。

一次，在某火箭发射前，凭借多年积累的理论知识和抢险经验，崔蕴还及时救下了命悬一线的队友。当时，身兼工艺员的总装一组组长崔蕴正在指挥操作人员抢修故障。一名队员在进舱时，身体轻晃了一下，这一细微的动作被细心的崔蕴看在眼里，他心里突然一紧，“不好！”

来不及解释，崔蕴一把掀起队员的空气面罩紧急切断气源，接着抱住他滚倒在地上，然后马上爬起来狠掐队员的人中，又接连扇了他四五个耳光，直到队员口鼻冒出大量白沫最终清醒了过来。由于事情发生得太快，现场人员还以为两人在打架，有的甚至过来拉架。

事后人们才知道，崔蕴从那一晃中看出了氮气中毒的迹象。原来，由于工作人员一时疏忽，导致该名队员空气面罩的气源竟错接成了无色无臭的氮气。在掀下面罩后，这个队员已几近昏迷，一条腿掉进火箭与发射塔架的弧形间隙，随时有可能从 40 米的高空摔落，幸好崔蕴第一时间反应完成了那一系列的连抱带滚操作，避免了危险发生。

熟悉崔蕴的人都说，他就是为火箭而生，对造火箭的痴迷无人能比。500 多件装配工具他全能熟练运用，大到发动机，小到螺丝钉，把火箭的结构牢牢“刻”在了脑子里。在同事眼里，没有他解决不了的问题。但了解崔蕴的人都知道，他赢在坚持，几十年如一日地钻研。

拿崔蕴自己的话说，就是“魂牵梦绕，醒着、睡着脑子里都得是火箭”。

“新一代运载火箭总体装配带头人，非老崔莫属！”

新一代运载火箭的总装车间坐落于天津，我国自主研发的第一枚大型运载火箭长征五号就是在这里进行最后的总装、测试。总装是火箭诞生前的最后一道关卡，崔蕴是这道关卡的总把关人，也是人们第一时间想到的最合适人选。“新一代运载火箭总体装配带头人，非老崔莫属！”

2013年，崔蕴不顾家人对他身体的担忧，担任天津航天长征火箭制造有限公司总装测试车间副主任，挑起了新一代运载火箭总装的大梁。

“我们航天火箭总装人有一条别人没有的行话，叫‘后墙不倒’，什么是‘后墙’，就是火箭出厂的时间节点必须守住。”

作为我国唯一一位参与了所有现役捆绑型运载火箭研制全过程的特级技能人才，崔蕴参与总装过的火箭已有70多发。然而面对直径大了近一倍，95%都是新技术的长征五号，过去总装传统火箭所采用的工具和装配方式，已经完全不能满足总装需求。

长征五号运载火箭箭体上有5万多个零部件，螺钉数目更是巨大、品种繁多，装配要求不一，任何一个微小的安装失误都可能导致火箭最后的发射失败。例如，长征五号的燃料储箱体积增大，贮箱壁使用了全新的工艺和材料，壁厚最薄的地方只有2毫米，如果把一个贮箱等比缩小到一个鸡蛋大小，它的厚度只有鸡蛋壳的十万分之四，在装配时严禁触碰，这就更增大了装配难度。

总装大直径火箭，国内没有任何经验可以借鉴，就在大家一筹莫展的时候，崔蕴凭借着几十年来对火箭各系统性能的了解和知识的积累，逆向思维，提出了一个让所有人都意想不到的办法：“只有旋转才能解决这个问题。”

不过，让一个重达20吨的庞然大物滚转起来，在大家看来，这个想法很惊艳，然而想要实现却着实困难。

崔蕴迎难而上，在一次次的摸索中寻找解决路径，上百次的实验，无数次地修改图纸和方案，甚至自行车的辐条原理也被他大胆借鉴到了二级火箭的滚环安装当中。

整整两个月时间，崔蕴带领团队终于攻克了长征五号大直径火箭装配难的关键问题，人员在地面就可以进行各项装配工序，实现了多人多点同时操作，总装工作效率提高了两到三倍。通过每次定点定位的方法，他的团队还有效避免了在贮箱气密试验时不同点位过滤器混合使用带来的污染扩散危害。看似简单的管理逻辑，却打破了传统火箭总装行业几十年的惯例。这样的管理方法创新还有很多。

通过技术上和管理上的大胆创新，崔蕴带领团队有效保证了火箭出厂时间节点的“后墙不倒”。

“和年轻人一起把中国未来的火箭梦变成现实”

火箭总体装配和测试工作是一个庞大的系统工程，只有把手上的工作做到极致，才能最终构造出成功的火箭。崔蕴深知这个道理。

在崔蕴看来，新一代运载火箭的总装总测工作要有更高的标准。他一方面立足几十年的总装总测工作经验，建立起一套严格的新工作标准，另一方面也肩负起了带队伍、带技术的责任。

高标准体现在对员工的要求上。崔蕴的徒弟张琳卿说，“我工作5年了，一发火箭差不多10本工作日志，记到现在有七八十本。师傅经常检查笔记，如果他觉得你是对付的，可真是‘翻脸不认人’。”

对此，崔蕴严肃地说道：“火箭总体装配这个行业犯不得错，一旦有失误的话，不仅给国家带来财产损失，还要付出生命的代价。”

崔蕴对徒弟严格，对自己更狠。长征五号、长征七号任务经常交替甚至叠加。高强度的工作节奏，车间很多年轻员工都扛不住，可崔蕴总是坚持做到每天最早一个来到单位，最晚一个离开。

一次，为同时保障两个型号火箭研制进展，崔蕴从海南飞抵天津后，又匆匆乘车来到北京。连续高强度工作1个多月，抵不住过度劳累，他满脸涨红瘫坐在工作间的座椅上。但极度虚弱的他在坚持交代完工作后，才肯回家休息。“可没过两天，他就又赶来上班了。”崔蕴的徒弟王璐心疼地说。

还有一次，团队要对长征五号火箭管路总体做气密试验检查。受高质量的气源限制，车间必须用氮气来检验。试验需要经过皂泡涂抹、酒精清理、充气检查等多个阶段，历时时间长，涉及管路多，氮气大量吸入还会引起缺氧窒息，崔蕴放心不下。最终，他和团队成员们一起在岗位上连续坚守了

国家博物馆庆祝改革开放 40 周年大型展览

近 36 个小时，直到气密试验合格的最后一刻才休息。

正是这样不断攻坚克难，崔蕴和团队终于创下了一个个佳绩。团队在成立不足 6 年的时间里，先后成功完成了长征七号、长征五号运载火箭首飞任务，为中国航天作出突出贡献。

2019 年五一劳动节来临之际，由于在我国航天火箭研制领域的突出贡献，崔蕴荣获全国五一劳动奖章。

崔蕴这样道出自己感受："我真心地特别喜欢火箭的总装测试，没法用语言来说这个痴迷程度，真是特别喜欢这个。"

年近花甲，崔蕴说，他还要在天津新一代运载火箭产业化基地扎根干下去，"和年轻人一起把航天梦变成现实。"

"中国航天的将来得靠他们。中国航天未来发展的方向是研发更大推力的运载火箭。只有现在把大型火箭的装配方法和理论掌握了，将来这些年轻人才能真正挑起大梁。"崔蕴说。

采写感悟

“魂牵梦绕，一生痴迷火箭。病弱身躯，担起擎天重任。今生就用这条命造火箭，航天功臣你也在其中，实现航天强国梦，需要你这样的传承者。”这是崔蕴获得航天一院“感动我们”人物时的颁奖词。崔蕴几十年来如一日，用实践一步步编织着自己和祖国的梦想。中国航天事业从无到有，从小到大，靠的就是一辈辈航天人不懈的艰苦奋斗和自力更生。相信在崔蕴等老一辈航天人的带领下，新一代航天人必将继承和发扬老一辈航天人的宝贵精神财富，再创奇迹，再铸辉煌。

2 毫厘之间铸匠心

不经一番寒彻骨，怎得梅花扑鼻香。

——（唐）黄檗禅师《宛陵录　上堂开示颂》

人物简介

韩利萍，出生于1971年12月，1991年进入航天一院五一九厂，一直从事数控加工工作。分别当选为党的十九大代表，中国妇女十二大执委。现为二分厂数控铣工，韩利萍班组组长，特级技师，航天一院首席技能专家，国家级技能大师工作室领导人，中华技能大奖获得者，央视“大国工匠”第五季报道的顶级工匠之一，全国五一劳动奖章获得者。

她说自己很平凡，只是航天事业的一颗小小螺丝钉。

她说自己的想法很简单，就是要把手中制造的每一个零件都做成精品，把优质的产品交付部队和国家。出于这样朴素的想法，她坚持在技术上“毫厘”不差，在困难面前“毫厘”不让，传技育人“毫厘”不惜，用一颗火热赤诚的工匠之心，托举着中华民族的飞天梦想。

她，就是航天一院五一九厂数控铣工韩利萍。

零件生产“毫厘”不差

韩利萍永远不会忘记——

2016年6月25日20时00分，我国载人航天工程为发射货运飞船而全新研制的长征七号运载火箭，在海南文昌航天发射场点火升空，603秒后，载荷组合体与火箭成功分离进入轨道，长征七号运载火箭首次发射圆满成功，中国创造耀眼苍穹。

坐在电视机前见证这一激动人心的时刻，韩利萍哭了……在她看来，这603秒的完美飞行，是对所有火箭人的最高褒奖。正是无数像她一样默默耕耘的火箭人，用自己的智慧和汗水，攻克了一个又一个技术难关，助推航天科技在“中国制造”的道路上朝着更高层次迈进。

长征七号运载火箭起飞前靠4个支撑臂在平台上站立，哪怕出现1度偏差，也会令高50多米、重600多吨的火箭偏离发射中心，产生20%的过载，直接影响火箭发射精度。要使发射平台保持平稳，离不开一个关键部件。韩利萍，就是生产这一部件的关键人物。

名为“四通均流阀”的这一关键部件，200毫米见方，却分布着73个各种规格的阀孔，每一个阀孔的加工精度都必须控制在0.02毫米误差以内，相当于人头发丝的1/3。只要其中一个阀孔超差，就会造成火箭发射无法精确入轨。以往，加工此类零件的成功率仅有20%。

为了找到最可靠的加工方法，韩利萍泡在车间两个多月，把车间当成家，把机床当成宝贝，行走坐卧无时不在琢磨。“不管付出多大努力，必须

韩利萍在检查刀具磨损情况

要啃下这块硬骨头!”

通过比对运用大量的切削数据，韩利萍终于摸索出了各种刀具的磨损规律，实现了对整个工艺过程的精准掌控。凭着多年积累的经验，她形成了自己的一套“绝活”：在声音嘈杂的车间里，通过聆听刀具切削声音、感知机床振动频率、观察铁屑形状变化、触摸工件表面痕迹，就能够准确判断出刀具磨损状态，捕捉到孔径微量变形信息，从而精准调整程序参数，将产品一次交验合格率提高到了100%。

困难面前“毫厘”不让

“数控加工特级技师”“航天一院首席技能专家”“全国技术能手”“全国巾帼标兵”“大国工匠”……平凡的外表下，韩利萍拥有数不清的荣誉光环。

可是谁又能想到，20多年前刚刚参加工作的她，连复杂的机械加工图纸都看不懂，时常挨师父的骂。有一次，她不小心加工报废了一个工件，师父气呼呼地拎起废件，生气地说："没有认真负责的态度，以后别说是我徒弟，丢不起这个人！"

韩利萍满脸羞愧地哭了起来，并非因为挨骂，而是恨自己没有做好工作。

事后，师父耐心地给她讲了很多因为细节失误导致惨痛失败的案例。韩利萍逐渐明白了"颗颗螺钉连着航天事业、小小按钮维系民族尊严"的内涵。

"既然决定当工人，就要当最好的工人。"好强的韩利萍暗下决心，"学知识，赶上去，怎么也不能让这几张图纸把我难倒。"

从此，韩利萍发疯似地学习，只要有空就在家里研究《机械制图》《金属材料与热处理》《公差与配合》等专业书籍，遇到不懂的就追着师傅和工友问。

为了直观了解零件复杂的内部结构，韩利萍突发奇想，利用家中的土豆、萝卜切出零件模型。圆弧面、打孔……这些平面图纸上韩利萍怎么也看不懂的难点，通过她手中切割成型的土豆，变得立体了。有半年多的时间，韩利萍家里堆满了她练功切出来的奇形怪状的土豆。

全力以赴苦练技能，锲而不舍挑战自我。就这样，当年的"笨小孩"成长为工厂里鼎鼎有名的技术能手。

2000 年，韩利萍所在的五一九厂开始装备数控机床。那一年，韩利萍的女儿刚刚 4 岁。是退到辅助岗位以照顾家庭为主，还是坚守生产一线成为第一批吃数控编程操作这个"螃蟹"的人？几番心理斗争后，韩利萍决定选择后者。

刚开始，她什么也不懂。数控机床可实现多工序合并加工，她之前积累的近 10 年的普通铣床操作经验只是其中一部分，一切都要从头来，就连看图纸这一项都不知复杂了多少倍。

在那个年代，应用数控机床在国内还属于起步阶段，在长治想找一本专业的教材都很难。当时有个同事托人从北京买来一本大限系统编程书，白天大家都要用，下班后韩利萍就借回家里，用了 3 个晚上的时间，硬是将这本250多页的书一字不落地抄了下来。从此这个手抄本就成了她的“导师”。

本子翻烂了，也阻挡不了她钻研的决心。每次出差，只要一有时间，她就一头钻进专业书店，直到书店下班清场。

1的365次方=1；1.01的365次方=37.8；0.99的365次方=0.03。韩利萍时常用这样一组公式来说明“毫厘”进步的重要性。她说，一年365天，如果每天进步0.01，一年以后会获得37.8倍的回报。

正是凭着这股“毫厘”不弃的韧劲，韩利萍一点点掌握了数控加工技术的关键要领，逐渐从一名一无所知的数控“菜鸟”，成长为航天领域为数不多的精通操作、编程和工艺的复合型高技能人才。

开发应用西门子模块化编程和系统变量编程功能，使复杂规则曲面的加工程序编程效率提升逾5倍；总结形成薄壁类零件余量逼近法、异型曲面特征定位法、特种材料高效铣削法等特色操作法，有效解决了制约科研生产的瓶颈难题……

付出就会有收获。多年来，韩利萍的创新成果达300余项，创造价值累计超过2000万元。

传技育人“毫厘”不惜

独木难成林，一花不是春。韩利萍深谙这个道理。

在给徒弟们传授技艺时，韩利萍总是倾囊相授，“毫厘”不惜。在她看来，“一个人技术再好，也好不过一个团队”。

她把自己在实践中摸索的技术要领、犯过的错误都总结下来，传授给徒弟，并且要求班组骨干也要这样持续接力。

为了让年轻人更快成长，她选择当一个“懒师傅”——让徒弟们自己动手编程后，再指点他们的错误，而不是把程序编好让徒弟操作。韩利萍认为，这种放手有助于徒弟们全程参与，给他们更多锻炼的空间。

除了传授技艺，韩利萍更注重的是传授品格。她告诫新来的年轻人要踏实做事，滴水穿石，不好高骛远；她叮嘱“娇气”的女徒弟不依赖别人照顾，在工作中独当一面；她要求每一位徒弟都要把产品质量放在心中最高的位置，干一行爱一行，在平凡的岗位上努力实现自己的人生价值。

生活中，韩利萍把徒弟们当作自己的孩子一样关怀备至。班组里的单身青年多，得知有人生病，她亲自带着到医院检查；逢年过节，她就把家远的年轻人拉到自己家吃饭；所有家在外地的年轻人过生日，她都会召集整个班组一起聚餐庆祝。

但在工作中，韩利萍却有些“不近人情”。今年32岁的宋燕林清晰地记得，10年前自己刚进厂时，因为底子不错便自以为是地操作机床，结果因为经验不足，在调整机械公差时把握不够，导致某个关键产品尺寸超差，零件报废。20岁出头的小伙子被韩利萍狠狠训哭了。

“产品在我手中，质量在我心中，在这方面不能讲条件。”韩利萍的这句口头禅，从此被徒弟牢牢记在心里。已经成为班组副组长的徒弟武瑞刚，每天清晨主持班前会时都会像复读机一样地强调质量问题；宋燕林如今也成了师傅，对徒弟在产品质量上的要求，“比师傅当年对我的要求还要苛刻”。

严管就是厚爱。在韩利萍的言传身教下，班组里涌现出一批技术能手。如今，她的9名徒弟中，1人获“全国技术能手”称号，2人获“三晋技术能手”称号。

她领衔的国家级技能大师工作室，成为了“攻坚克难的基地、技术交流的平台、人才培养的摇篮”，实现技术革新300余项，成功申报并获得11项国家专利，被中华全国总工会命名为“全国示范性劳模和工匠人才创新工作室”。

近年来，韩利萍带领的团队完成生产工时每年以超过25%的速度递增，连续多年荣获航天一院“神箭金牌班组”称号，被中华全国总工会授予首批“全国工人先锋号”。

一花独放不是春，百花齐放春满园。

“我希望能继续弘扬工匠精神，培养更多的技能人才，为国家航天事业的发展储备更多的后备力量。”韩利萍说。

“我们都在努力奔跑，我们都是追梦人。”

——在2019年新年贺词中，习近平总书记的一番话让韩利萍心潮澎湃。“新时代是奋斗者的时代，我们要做伟大事业的建设者，做敢于追梦的奋斗者，”韩利萍坚信，“只要勇于追梦、圆梦，没有什么不可能。”

采写感悟

火箭人的梦想是璀璨星空，而那登天的梯，需要自己来打造。对韩丽萍来说，机床、刀具，就是她打造梦想之梯的工具。从一名普通高中生成长为全国技术能手，千百个日日夜夜，她就是以机床为身，以刀具为臂，以自力更生、舍我其谁的精神为动力，追逐着中国航天、中国制造的尊严和荣光。如今，她在自己追梦的同时，又把这种崇高的精神传递给了更多人。

3 敢啃硬骨头的铁汉

臣心一片磁针石，不指南方不肯休。

——（宋）文天祥《扬子江》

人物简介

姚世东，出生于1962年12月，硕士研究生，1986年毕业于航天一院。入职后从事运载火箭总体设计，现任某型号副总设计师。获得省部级以上奖励5项，集团级奖励3项。2016年获评中国航天科技集团有限公司劳动模范和优秀共产党员。

姚世东是个敢啃硬骨头的汉子。

一个新型号要完成出图，至少需要一两年的时间，但任务能给出的期限却只有4个月，而且没有一兵一卒，一切从零开始。这样的任务你敢接吗，这样的技术带头人你敢当吗？

姚世东敢！

他只扔下一句话："我愿意承担这项任务！"

115个工作日后，不输当初临危受命、认领任务时的豪气，姚世东成功啃下这块硬骨头，交出一份完美答卷：新型飞行器成功首飞，填补我国在空天领域研制的空白。从此，航天一院在空天领域拥有更多话语权，也成为了这一领域的领跑者。

"光杆司令"又如何，我不做谁做！

2011年，航天一院决心向某关键领域进军，组建了项目团队。

为了取得竞争优势，项目团队主动"请战"，承担某新型飞行器的方案论证及研制任务，成为第一个吃螃蟹的人。姚世东便成了该型号结构机构的专业副总师。

在此之前，姚世东在航天一院总体设计部从事火箭研制已有24年，担任火箭结构总体副主任设计师，多年的历练与积累让他拥有深厚的功底，在火箭研制领域游刃有余。

但面对全新领域，姚世东坦言也曾有所顾虑。毕竟，这个项目难度太大了，在此之前，国内尚无同类飞行器的研制经验，技术储备为"零"，人才储备也是捉襟见肘。

项目成立之初，团队只有姚世东一个人，是名副其实的"光杆司令"。

"一个人又如何，再难也要做！"面对航天技术的硬骨头，姚世东的"倔脾气"又上来了。他说："身为一名航天人，哪里需要我就到哪里去，即使再难，我也要去做。"

一上任，姚世东就开始"招兵买马"，但难题又随之而来。

适合的成熟人才招聘难度大，而应届毕业生，又十分欠缺经验……他只好迎难而上，先从应届毕业生着手，以至于项目团队组建完成后，很多成员因为没毕业不能到岗，而能到岗的成员，也多是以“实习生”的身份先来学习的。

如今的人们很难想象，填补国内技术空白的这支队伍，最初就是一个“老航天”带着一堆尚未脱去学生稚气的“小航天”。

每天下班后，姚世东就担当了“老师”的角色。他不光给大家讲解理论知识，还针对“小航天”当天出现的问题进行详细分析，并总结注意事项。

一天一课，不曾间断……直到这些“小航天”也成长为成熟的航天人。

美国用18个月，我们4个月就不行？

一天，姚世东收到一条短信：“2012年7月出图。”

整条信息加上数字，不过短短一行，却像一座大山重重地压在了他的心头。

“满打满算，只剩下115个工作日……”多年承担任务的经验告诉姚世东，同类型号产品的研制，美国也要花上18个月的时间，如今要由这样一支队伍，在4个月之内完成，简直是天方夜谭。

古人说，五十而知天命，可姚世东偏不信命，非要搏一回。

冥思苦想间，姚世东决定借鉴“协同工作法”，组建了涉及航天、航空等10个单位的“IPT”团队，极大地缩减了协调时间。

与此同时，姚世东带领团队，从“996”迈入“007”工作模式，即每天固定工作时间是从8点半到晚上10点，无节假日，由此增加了工作时间。

一减一增之间，姚世东将4个月生生攒出了8个月来用。

当然，繁重的工作量，也渐渐压得大家喘不过气来，尤其是那些刚从学校走出来的“小航天”。

一天傍晚，一位年轻的团队成员手捧盒饭，刚要打开，迎面走来“导师”姚世东。他拿着年轻成员的设计图快步走来，直言里面存在的问题。

这位年轻成员点头应答，同时豆大的眼泪一颗颗砸在饭盒上。这时，

姚世东在办公室

姚世东停顿了一下，拍拍年轻队员的肩膀。

他知道，这些年轻人压力太大了。

但年轻队员并不知道，姚世东不仅没有告诉他们这个项目的意义究竟有多重大，还试着把所有的压力都自己扛，他对队员们说："无论是工作还是生活，如果有什么困难一定找我，有压力直接向我'开炮'！"

北京"7.21"狂风骤雨，东高地挑灯识图岿然不动

然而，就是铁打的身子也经不住日复一日的操劳。

一天早晨，姚世东感觉一阵眩晕，一查体温，竟高达40度。医生说，这是急性肾炎，需要住院。可第二天，他却又出现在办公室，大家劝他住院，他摆摆手说："正是紧要关头，我不能离开。"

至今，团队成员都还记得，2012年北京"7.21"特大暴雨那天，正是项目团队出图的最后期限。

那一晚，姚世东带领团队成员一直奋战到凌晨 4 点，他们对几千份图纸中的每一个零件逐一确认。

“这些图纸将成为产品生产的依据，生产中一旦出现任何问题，都将延误进度。我们在第一处把关，必须做到设计零缺陷。”姚世东说。

外面大雨滂沱，各种关于暴雨的新闻报道充斥着各大媒体，而在北京东高地的航天一院，姚世东与队员们却全然不知，他们沉浸在一张张图纸中。

凌晨 4 点，任务完成。

大家横七竖八躺了一地，不管外面的雨有多大，也顾不上屋里有多闷热，就连屋里 50 多台电脑发出的嗡嗡声，对他们来说也是温柔的安眠曲，大家很快进入了梦乡。

设计拼“脑力”，生产拼“体力”

如果说在设计阶段，航天人拼的是“脑力”，那么在生产阶段，他们拼的就是“体力”。

按时拿出图纸方案后，姚世东又和生产较上了劲。为了严把质量关，他带着团队成员在 1 年多里跑了 20 多个省市，同事开玩笑说：“你们团队逛遍了半个中国”。

姚世东深知，那怎么能称得上是“逛”啊，基本就是白天去、晚上回，而去的地方又都是艰苦之地。

有一次，姚世东去河南一家外协厂跟产，赶上寒冬腊月，厂里没有暖气，冰冷的机床，手一摸都粘手，连工人师傅都是干一会儿活就出去晒一会儿太阳，跺跺脚、搓搓手。

姚世东却一直待在厂房里。他拿着一把量尺，对关键部件的关键数据反复测量，一丝一毫的误差都不放过。

这一查就是两三百个零件。测的时间长了，姚世东的手指头被冻得像一个个红通通的小萝卜，变得僵硬、不听使唤，他这才放下量尺，用力吹口气、搓一搓手，稍微缓过来一点，又继续工作起来。

除了测量，姚世东也会盯着工人师傅的加工过程。在一次跟产中，他发现有个产品的加工速度过快，根据进刀量与切削量，他判断产品用料可能有问题，于是赶紧叫停生产。

果不其然，外协厂因为疏忽，把钢件换成了铝件。如果没有第一时间发现这个问题，后期将导致大量产品报废，延误生产进度。

姚世东自然也不会放过这一"教学"的好机会，他告诉身边的"小航天"："我们要把自己的产品当成孩子一样呵护，从设计到生产，必须全程跟踪、跟产，照顾好它！"

在他的言传身教下，团队成员也渐渐学会了不放过任何"蛛丝马迹"。后来，这个型号产品从设计到生产，再到装配，中间再没有出过一次质量问题。

首飞前突发意外，铁肩再挑千斤重担

型号首飞安排在这一年的 9 月中旬。

不过，就在 8 月 30 日的型号飞行试验中，意外再一次出现了——型号的着陆速度很快，大约是飞机着陆速度的 2 倍——着陆过程中，一个减缓振动的装置突然断裂了。

这无疑给整个项目团队的心里蒙上一层巨大阴影。

是设计问题，是生产问题，还是操作问题……一切都是未知，即便是老专家也无法当即作出判断，因为在此之前国内从未有人踏足这个领域。

姚世东再一次冲在最前面。

为了查找原因，他带领项目团队又进行了一次试验，这次装置虽然没有断裂，但还是存在问题。

怎么办，该从何着手？姚世东从兜里掏出一包烟，一支接着一支地抽。其实早在多年前，他就已经成功戒烟，但自从接手这个项目，这个坏习惯又被重新拾了起来——似乎只有烟，才能排解这位航天汉子内心巨大的压力。

姚世东找来航空领域的专家，组织专家定位问题、排查故障、调整方案，并以最快的速度安排生产，技术问题最终得以解决——这前后，一共耗时7天7夜。

后来人们才知道，那7天，姚世东没能睡过一个囫囵觉，有时，他想逼自己休息一会儿，但一闭上眼，满脑子都是技术、产品、参数的问题，他根本睡不着。

型号成功首飞后，姚世东一个人走进宿舍，躲在角落里，点着一支烟，刚放到嘴边，这位航天铁汉就闷声啜泣起来。

这些外人看不见的眼泪，释放着姚世东长期以来承受的巨大压力，这种压力有无助，也有无奈，更有必须要干成、要干好的责任与担当。

不图名、不为利，千斤重担，铁肩担当。姚世东带领团队完成了看似不可能完成的任务，这份执着、这份不屈，令人感叹，更令人敬佩。

采写感悟

姚世东勇于攀登，在没有任何经验可借鉴和人员配备不充足的情况下，接下了不可能完成的任务，并通过自力更生，艰苦奋斗，带领一群年轻人攻破一道道难题。他将不可能变成了可能！

4 战风斗浪闯新路

长风破浪会有时，直挂云帆济沧海！

——李白《行路难》

团队简介

无人智能海测艇研发团队成立于2018年1月，主要从事无人艇平台智能航行技术研究。团队成员11人，平均年龄37岁，硕士及以上学历10人，占比91%。团队获得软件著作权1项，申请专利18项。

从航天技术转战无人艇，从陆地转战海上，从门外汉到专家……

这支年轻的无人智能海测艇团队如同海燕一般，在暴风雨中经历着一次次成长，完成着一次次华丽转身。

走近他们，你就会真切感受到他们的一股子精气神。

零基础“门外汉”一年变成无人艇专家

“嗖！”蔚蓝的海面上，一艘无人艇快速驶过。

“成功了！”一群人欢呼着，雀跃着。对他们来说，6个月的艰难海上试验，终于画上了圆满的句号。海面泛起的朵朵浪花，像极了他们此刻美妙的心情。

这艘刚刚试验成功的无人艇，是航天一院十五所研制的无人智能海测艇，它可用于海水数据监测、海洋测绘、海洋资源调查等领域，是当时国内最大的智能无人海测艇。这一群人，正是难抑内心狂喜的十五所无人智能海测艇研发团队。

“我们原本从事地面设备的研制工作，掌握了先进的环境感知和控制技术，想将它运用到更广阔的领域。我们很看好无人艇市场，就有了这次的大胆尝试。”无人智能海测艇项目负责人李海洲说。近几年，航天一院航天技术应用产业发展迅速，十五所顺势而为，迎难而上，将航天技术应用到了无人艇上。

十五所无人智能海测艇团队所有成员，此前都没接触过无人艇。一群习惯了地面设备的年轻人，面对陌生领域，毫不犹豫地把研制任务接了下来。对他们来说，自力更生从来就不是一句空泛的口号，从中国的航天事业诞生那一刻起，就深深地刻在了航天人的脑子里。

短短一年，团队迅速从零基础的“门外汉”，把自己“逼”成了无人艇专家。他们研制的无人智能海测艇，采用了无人航行控制和自主避碰、环境精确感知、智能通信与远程操控等技术，可实现无人驾驶安全航行，并精确感知周边环境，获取的海洋数据将更加全面真实。而且监测过程智能化、自主化，即便在恶劣海洋环境中也能出色地完成监测任务，实现全天候实时移动监测。

风浪越大，越符合试验需求，队员们就越兴奋

2018 年 7 月，经过半年的研制，无人智能海测艇团队来到山东半岛，开始了联调联试和海上试验，这一待就是 6 个多月。

巧合的是，团队所有成员都来自内陆地区，没有人在海边生活过。海上试验的第一天，在陆地上转悠惯了的他们面对浩瀚无边的大海，都有些眼晕。

更具挑战的是，与地面环境相比，海上环境要复杂得多，表层有风浪，下层还有洋流，再加上多变的天气，要在海上实现无人驾驶，比在陆地上难多了。尽管海洋的环境大大超出了队员们的预期，但他们没有退缩，以最快的速度调整自己，迅速进入战斗状态。

无人艇不载人，因此艇上空间狭小。但试验时为了监测数据，会有队员跟着无人艇出海。每次出海要测试的内容很多，不同岗位的人员轮流上船，来回奔波在船与岸之间，交叉做着水上控制与岸上控制试验。夏天，他们的皮肤被晒得黝黑，厚重的救生衣下，衣服湿了一次又一次；冬天，海风凛冽，大伙手上、脸上都裂开了口子，但没人在意这些。

每天清晨和傍晚，海上渔船纷纷回港，这时候却是无人艇试验效率最高的时段。为了方便做试验，团队就住在距离海边 1 公里远的地方，每天

早上六七点“披”着晨曦上船做试验，等到夕阳西下拖着一身疲惫归来。

“一天的海上试验结束，并不代表我们一天的工作结束，这时候当天的数据分析、优化工作才刚刚开始，通常要忙到夜里 11 点，大家才能休息。”李海洲说。

为了测试无人艇能否在恶劣海洋环境中正常工作，队员们一次又一次地出海。“风浪越大，越符合试验需求，我们就越兴奋。海风大的时候，大家很不适应，但为了任务都努力克服。”李海洲说。每天根据天气预报状况，无论白天、黑夜，只要起大风，团队就顶风前行，下大雨，就冒雨试验。

李海洲清楚记得那次极限工作状况适应能力试验中的惊险一幕。那天，阳光灿烂，但风浪很大，符合试验需求，大家赶紧抓住机会开始了试验。

海浪越来越大，在岸边密切关注着试验的李海洲不禁开始为艇上的队员们感到紧张。不一会儿，一个几米高的海浪迎着无人艇打过去，盖过了船顶，船身也随之倾斜了 20 多度。紧接着，巨大的海浪直接拍打到了船顶上。

“我真为大家捏了一把汗，当时还有女队员也在艇上试验。好在有惊无险，而且我们的无人艇在恶劣海洋环境中依然稳定前进，证明了我们的队员和无人智能海测艇都具备在极限工作状况中克服困难完成任务的能力。”李海洲说。

进度比专业的无人艇制造团队都要快

无人智能海测艇个头虽不大，但是内部构造复杂，雷达、发动机等每个关键零部件的测试，都是试验中十分关键的环节。

“以往，在陆地上控制车辆时，路面状况我们心中都有数，而这次下了水就完全不一样了，水流和暗涌变化无常，增加了控制系统的技术难度。”李海洲说。

然而，海测艇所需的一些零部件，除了几页简介以外，再无其他说明。

如何了解清楚这些设备的性能？如何让设备“听话”？如何有机组合达到最佳性能？团队成员在短时间内面临着诸多困境。他们开始埋头查阅资料，根据语焉不详的产品说明，千方百计寻找“蛛丝马迹”，搜索突破口。

不停改变参数，一边尝试，一边测试，在大家的共同努力下，短短 10 天，队员们就将这些关键部件的功能搞了个明明白白，让这一个个零部件灵活自如地发挥各自功效。

为何如此高效？原来，为了搞清楚零部件性能，团队专门自主研发了一个测试程序。“我们研发的这个测试程序，可以将零部件的性能一一测试出来。这让厂家刮目相看，还忍不住问我们能不能把测试程序卖给他们！”说话间，李海洲透露出无比的自豪。

造船体、测单机……一道一道程序有条不紊地进行着，此时距离无人艇交付还有 1 个多月。为了按时交出令客户满意的产品，团队进入了紧张的联调联试阶段，铆足劲要按时高质量完成任务。

无人艇在海上出现故障时，有时候会靠岸排除故障，有时候会直接在

无人艇联调联试取得成功

海面上进行。但出海一趟，短则半个小时，长则两个小时，最远要行驶到离岸边 20 公里远的地方。很多时候，为了节省时间，队员们都在海上直接解决故障难题。但无人艇设备舱极为狭小，只能由一个人趴在里面维修，极为不便。

一次，无人艇正在海上航行试验，突然发生电路故障，队员肖强正在艇上。他一点没犹豫，立即钻进设备舱趴着检修电路。海面上，海风呼呼作响，小小的无人艇在一望无际的大海上颠簸摇晃。肖强丝毫没有畏惧，趴在设备舱里沉着冷静地完成了故障排查。

一个月的时间很快过去，在没有任何“外援”的情况下，联调联试成功了。“这个进度比专业的无人艇制造团队都要快。”15 所副总工程师兼智能装备项目组指挥郑建新对团队由衷地赞赏。

6 个月的海上试验和联调联试，团队所有人几乎都没回过家。李海洲说，再辛苦，再劳累，没有一个人想过放弃。尽管海上风大浪高，对家人的思念漫长，但都动摇不了大家心中坚定的信念——成功。

无人艇按时交付，无人智能海测艇团队也得到了客户的交口称赞，他们用自己的行动践行着航天“三大精神”。

团队成员们认为，成功源于航天人自力更生的先天基因，源于严慎细实的工作作风，源于特别能吃苦、特别能攻关的精神，只要横下一条心，就没有航天人干不成的事。

在从没有涉足过的领域，战风斗浪、敢闯敢拼，在这支年轻的无人智能海测艇研制团队身上，中国航天人的自力更生精神正熠熠闪光。

采写感悟

“横下一条心，敢闯也敢拼”，这是一支年轻的队伍，方方面面都透着一股子精气神。从最开始的零基础到走向成功，他们意志坚韧、倾尽全力，把不可能变成可能，赢得交口称赞。自力更生，已经成为团队每个人的坚定信念和精神密码。

5 志在“防热衣”

▸▸ 惟进取也，故日新。

——（清）梁启超《少年中国说》

人物简介

冯志海，出生于1965年1月，博士研究生，1989年硕士毕业于航天一院，2015年博士毕业于中南大学。长期从事航天领域防热复合材料研制与工程应用技术研究，现为七〇三所科技委常务副主任兼研究发展处处长。先后获国家技术发明二等奖1项（排第一）、国家科技进步奖二等奖2项（排第二）、国防奖7项，发表论文150余篇，授权专利50余项。是全国杰出工程师奖获得者、中国航天科技集团有限公司学术技术带头人、一院首席技术专家、国务院政府特殊津贴获得者。

飞行器能否在某一个新领域飞行，是检验一个国家航天技术水平的重要指标。要想让飞行器飞进该领域，必须要穿上“防热复合材料”制成的“防热衣”。

曾经很长一段时间，我国航天的关键原材料依赖进口，受制于人，“防热复合材料”无米下锅。自己没有这种材料，“防热衣”就无从谈起。

航天一院七〇三所研究员冯志海认准了这个领域，矢志研究特种复合材料，终于实现了从无到有、从有到优的突破，让飞行器穿上了自己的“防热衣”。

万事开头难

2005年，研究所接到了一个新任务：要给我国新型飞行器做一件我们自己的“防热衣”。

听到这个消息时，冯志海很激动，因为他早就在做这方面的准备，只等着任务的召唤了。还有一个原因，这个任务的下达，意味着我国要有自己研发的新型复合材料和产品了。

激动过后，冯志海深知这项任务的艰巨性，实现从无到有，研制出满足新型飞行器严酷飞行环境的“防热复合材料”，让型号产品“有衣可穿”，不是说说那么简单。

为了完成这项艰巨的任务，研究所成立了攻关团队，建立了一条特种复合材料研制生产线。冯志海被任命为该攻关团队的技术负责人。

团队成立后，冯志海带领着一群有着同样志向的年轻人，带着一股子不服输的韧劲，踏上了自力更生的攻关之路。

国外技术封锁，国内技术空白，冯志海面临无经验、无外援、无参考的“三无”困境。

冯志海立志突破难题，在自己坚定信心的同时，不断给团队成员鼓劲，激发大家的斗志。

“相比老一代航天人的攻坚克难，我们这些困难都不算什么。能够有机会为国效力，助力航天事业发展，要引以为傲。不就是从零开始吗？没什么大不了，只要我们拧成一股劲，外国人能干的，我们也一定能干。”冯志海经常跟团队讲。

作为团队的主心骨，冯志海不但在精神上给大家鼓舞干劲，生活上关心团队年轻人，还身先士卒，亲自带领团队赴山西、奔吉林、跑江苏，回来就一头扎进研究室，跟同事们反复研讨论证，常常工作到深夜。

功夫不负有心人。经过不懈地研究、攻关、积累，冯志海和他的团队逐渐摸透了飞行器飞行时的受热机理、高温演变规律和抑制机制等关键点。

2008 年，冯志海的项目研究有了实质性的突破，他和团队逐一攻克了原材料基本性能、复合材料设计制备工艺等各项难题，最终发明了“有机无机杂化烧蚀维形防热复合材料”，不仅填补了国内空白，同时这种材料的综合防热效率比国际同类产品提高了 3 倍，使我国重点飞行器“有衣可穿”。

随后，这种新型复合材料在多个型号得到推广应用，彻底解决了新型飞行器严酷飞行环境的“卡脖子”难题，该项目也因此获得国家技术发明二等奖。

要做就做最好的

首战告捷。外国人能干的事，冯志海带领的团队也干出来了，但冯志海的目标不仅仅于此，他还要干得更好，要不断地攀登，他要将国产碳纤维复合材料批量制备，实现从有到优的新突破，打破国际垄断。

“碳纤维复合材料”是某新型飞行器不可替代的功能性材料，是达到轻量化的首选结构材料，也是壮大国防力量的核心关键材料。

冯志海深知，没有好用的碳纤维，就没有性能优异的复合材料，更没有高技术的航天型号装备。国外垄断了“高性能碳纤维及其复合材料”制备技术，对我国进行严格禁运。

关于“高性能碳纤维及其复合材料”的研究，我国过去投入大量资金、耗费很长时间，但效果一般，没有彻底解决瓶颈问题，想短时间攻坚克难，谈何容易？

但航天人历来不惧困难，善于解决问题。冯志海勇挑重担，身先士卒，率领攻关团队分头开展各项研制工作，大力牵引和推进高性能碳纤维的国产化。

每周，他都要召开技术协调会，对复合材料研制工作进行认真研讨。遇到涉及碳纤维方面的技术难题，他带领技术骨干亲赴碳纤维研制单位现场，与生产线工艺技术人员联合攻关。针对碳纤维研制全流程中成百上千个关键工艺参数出现的问题，逐一调整解决。

为火箭穿上“防热衣”

有一次，一个数据有点小小的偏差，冯志海立即让队员重新测算。也不知道是测算问题还是模具问题，虽然已经无限接近，但仍没有达到冯志海的要求。最后，有个队员小声嘟哝了句：“就差这一点，可以忽略不计吧？”

冯志海一改往昔的和蔼可亲，一拍桌子，怒吼道：“差一头发丝儿也不行！咱们航天人不但要不怕吃苦，还要一丝不苟，你这样的思想很可怕，绝对不行！”

大家都知道，冯志海就是这样的人。在生活中，他对队友的关心和爱护亦师亦友，像父亲像老大哥，但在工作中，他铁面无私。

严师出高徒。在冯志海的教导下，团队成员个个思想过硬、技术过硬，沿袭了他的优良作风。

由于高性能碳纤维技术难度极大，研制中经常出现工艺反复，攻关团队承受着巨大压力。为解决工艺问题，冯志海和团队成员一直蹲点在千里之外的纤维研制现场，协调解决技术问题，经常离家数日不回。

精诚所至，金石为开。冯志海和他的团队实现了国产“高性能碳纤维复合材料”的稳定批量制备，复合材料相关性能较国外提升了15%，广泛应用于我国最先进的航天型号产品，同时也成功牵引了国产百吨宇航级碳纤维研制，使我国成为继日本和美国之后，第三个全面掌握宇航级碳纤维制备和应用技术的国家，该项成果也因此获得国家科技进步二等奖。

一辈子只干一件事

30多年来，冯志海致力于航天防热复合材料应用基础研究及工程应用技术研究，取得了多项重要成果。先后获得国家技术发明二等奖1项、国家科学技术进步二等奖2项、国防科学技术进步一等奖2项，授权发明专利50余项，出版著作和译作各1部，发表论文150余篇。

他还负责并带领团队创建了我国某关键领域材料体系，开创了航天领域系列化国产高性能碳纤维评价表征及工程应用研制格局，丰富并发展了我国航天关键材料的自主保障。

冯志海说："我这一辈子，就干了这么一件事。"

然而，这却不是一件容易的事。要成功研制出一种材料，除了基础理论的分析，还要经过少则几十次，多则上百次的迭代，一次次在试验中发现问题，一次次调整配方、工艺，直到完全满足型号需求。

研制防热复合材料之初，生产车间常常人手不够，为了尽快突破关键技术，研制出防热复合材料，冯志海经常前脚踏出办公室，后脚就来到生产车间，与工人师傅们一起研究产品生产，赶制试验材料，有时还和工人师傅一起搬上百斤的模具，但他却乐此不疲。

如今，在冯志海研制的防热复合材料基础上，已经形成了一个复合防热材料体系，具备不同的防热功能，我们不仅不再受制于人，还在国际上处于领先水平。而已过天命之年的冯志海，却从没想过要停下来，他仍沉浸在快节奏的科研工作当中，带领大家技术攻关、跑生产现场、参加技术交流……

在这个瞬息万变的时代，能够集中精力做好一件事，尚属不易，能够几十年甚至一辈子只干一件事，更是难得。转眼光阴三十余载，冯志海已从一个初出茅庐的科研新人，成长为带领团队攻坚克难的研究员，时间在流逝，技术在革新，不变的唯有心中的坚持。

采写感悟

成绩的背后，是一辈子的坚持。冯志海和他的团队每次冲锋陷阵，都将中国材料制备技术推进一大步，丰富和发展了我国航天功能复合材料及技术体系，为我国新一代飞行器跨代发展、关键材料的自主保障作出了突出贡献，让我国航天特种复合材料不再“受制于人”。一辈子就做一件事，听起来很难，做起来更难，冯志海用行动证明，认准了一件事，就可以坚持干一辈子。

6 自主淬炼航天“风火轮”

问渠那得清如许？为有源头活水来。

——（南宋）朱熹《观书有感》

人物简介

张涛，出生于1985年5月，硕士研究生，2009年毕业于航天一院。入职后从事新型航天器结构机构设计，现任研究室副主任，副主任设计师。获得省部级奖励2项，院级技术一等奖11项，授权专利14项。2017年获评北京青年五四奖章。

一次大胆请战，竟然促成了一个中国航天新纪录——中国航天器从此有了起落架，能够在天地间自由往返；

二次主动请缨，再度刷新了中国航天纪录——起落架安全着陆速度每小时390千米，为目前我国进场速度最快。

张涛在试验室

主动请战的人叫张涛。他带领团队研制航天器起落架系统的日日夜夜，谱成了航天人自力更生、勇闯禁区的一段段动人乐章。

大胆请战，意味着迎接巨大的挑战

如同中国神话传说中的哪吒脚踩“风火轮”上天入海，起落架系统是航天器往返天地最关键的系统之一，担负着平稳落地的重任。

不像平日搭乘的飞机的起落架那样为人熟知，在航天领域，火箭起飞后无须返回地面，此前从未用过起落架。随着航天事业的发展，要制造一款天地往返航天器，起落架必不可少。

为了尽快将起落架研制成功，航天一院请来了专门研制航空起落架的外协单位。在航空领域，所有起落架的刹车、转弯都靠液压系统提供动力，技术已相当成熟。但飞机起落架也存在一个“缺点”：液体会以极慢的速度往外泄漏，由于飞机飞行时间相对短，泄漏几乎可以忽略不计。但天地往返航天器飞行时间比飞机要长得多，泄漏的液体积少成多，就会影响到起落架性能，无法保证航天器的安全降落。

起落架如何更好地适用于空天环境？在技术讨论中，外协单位基于以往的经验提出：在原有液压方案的基础上优化，将泄漏量减到最小。没想到，才调入这个技术团队不久的张涛却在讨论会上提出：取消液压系统，改为用气体作为动力源。这个方案具有极大的创新性，但同时也意味着巨大的挑战，全世界没有任何一个起落架采用气体动力源，因此谁也不敢贸然赞同张涛的设想。

张涛所学专业与这个岗位有很大差异，对起落架也不是很熟悉。为了给自己的设想装上“起落架”并且稳稳“落地”，张涛开始疯狂“补课”。为填补专业知识上的空白，他查阅了20多本设计手册、200多项技术标准、500多篇设计文献，短短30天内，就基本掌握了起落架系统的研制流程、配套关系、专业知识，快速实现了角色的转换。

45天以后，他抓总形成了起落架总体技术方案，攻克了多项关键技术，占到该系统核心技术的五分之二。

最终，张涛提出的方案，不仅可以让航天器落地速度满足型号需求，还避免了液体泄漏问题，可靠性大幅提升，被院士顾问组一致认可，被确定为详细设计的技术基线。

随后，这套起落架方案进入了试验和验证阶段，张涛作为队长，带领队员们到靶场共同开展试验。

正值夏季，靶场环境潮湿，张涛所住的一楼到处都是嗡嗡作响的蚊虫。一天早上起床后，他发现自己左眼红肿，有点儿睁不开，估摸着是被蚊虫叮咬，也没在意，用水冲了冲就出门干活了。

没想到，到了晚上，他的眼睛非但没消肿，反而更加胀痛，滴眼药水也不见好转。看着张涛不断地“流眼泪”，队员们都劝他赶紧去县城的医院好好检查，不要硬撑。

张涛心里则是另一番“盘算”：此时距离飞行试验不到 3 天，关键时刻不能出一点差错。如果去医院，从靶场到县城医院路途遥远，仅路上来回就需要 1 天。自己是对起落架总体方案最了解的人，如果就医期间试验出现问题不能及时解决，就会影响试验进度。想到这里，他断然放弃了去医院的念头。为了不让大家担心，他找来一块纱布，把左眼包好，“谎称”“已经去过医院了，没啥大事儿”。

那几天，张涛每天都拿纱布包着左眼，依然从早到晚带着队员进行试验的各项工作。飞行试验最后取得圆满成功，张涛的方案被证明可行可靠。

回到家里，看到张涛红肿的左眼，妻子吓了一跳，赶紧陪他上了医院。医生告诉他们，这不是普通的蚊虫叮咬，而是特殊蚊虫叮咬后没处理好所引起的感染，如果再拖下去，可能影响视力。

听着医生的话，张涛有点后怕，不过他也坦承，当时只想着赶紧完成试验，别的也就顾不上了。

再次请缨，是 9 天 9 夜的攻坚克难

第一个起落架飞行试验成功后不久，张涛参与的另一个型号也提出了配备起落架的需求。

这次对起落架的要求更高：落地速度提高了，还要将起落架安装到不规则的狭小舱体中。

对起落架而言，落地速度越大，性能要求越高，否则航天器容易侧翻，甚至直接撞向地面。对安装空间来说，即使压缩 1 立方厘米难度都极大，这次却要压缩出 13%的空间，更是难上加难。再加上研制进度紧张，经费压力巨大，国内传统起落架研制单位难以满足项目研制的迫切要求。

张涛再次主动请缨，自主研制起落架。看着眼前这个一脸坚定的年轻人，型号总指挥和总设计师却没有立马批准。这个型号时间紧迫，对起落架的性能要求也更高，必须更为谨慎。在张涛详细阐述了设想和技术途径

后，再次获得了“试一试”的机会。

没有外援、没有先例，张涛组建了一支小团队，开始又一次自力更生的攻坚克难。不分白天黑夜，每天只有办公室和实验室之间两点一线的往返……对张涛来说，一分一秒都十分宝贵。

“我们每天睡两三个小时，实在困了，就在办公室里支一张行军床，调好闹钟眯一会儿，更多时候是靠功能饮料给自己提神，保持清醒。”张涛笑说，那段时间，他没去食堂吃过一次饭，饿了就在办公室吃碗泡面，真的是连去趟食堂的时间也不愿浪费。

足足 9 天 9 夜，张涛终于拿出了完整的起落架技术方案，各项技术都有明确的解决途径，各种风险都有可行的管控措施。按照他的方案，起落架不仅能满足落地速度的要求，还解决了冰天、雪天、雾天自主防滑刹车问题。同时，起落架收放空间大为压缩，研制成本仅相当于原来的 60%。

目前，张涛研制的起落架已通过大型试验验证，各项性能指标均达到要求，技术水平国内先进，是国内落地速度最快的起落架，一举填补了我国航天领域自主研制起落架的空白，也让航天一院在这个领域赢得了领跑地位。

要做就做精品，不放过 1/3 头发丝粗细的误差

三年时间，航天一院的起落架研制实现了从无到有，到掌握部分核心技术，再到全部核心技术自主可控的跨越式发展。

张涛卓有成效的工作，解决了起落架空天适应性难题，为后续我国天地往返领域的发展奠定了基础，也成功填补了我国在该技术方向的空白。他自己也从一个不了解航天起落架的分系统新人，成长为这个领域的技术骨干。

人们好奇，张涛究竟有什么秘诀，能够在这样短的时间里取得如此重要的突破和创新。或许，“要做就做精品”的习惯，是他成功的原因之一。在生活中，张涛对自己挺“粗糙”，但对待攻关项目和产品，他却百般仔细、精雕细琢，这不仅是他对自己的要求，也成为他对自己的徒弟们的要求。

张涛的徒弟对这样一个事印象深刻。当时团队正研发起落架上属于关键部件的密封轴承产品，发现有个密封轴承产品各项性能指标都达标，唯独一个尺寸比设计值大了 0.03 毫米，也就是相当于 1/3 头发丝的粗细。经过分析确认，这个差值是金属材料的弹性特性造成的，并不影响产品安装和使用。但张涛仍然认为不合格，让徒弟必须重新设计、生产。

徒弟不理解："明明不影响使用，为什么还要费时费力地重新加工？"

张涛耐心解释："起落架属于精密机械，别说 0.03 毫米，就是相差 0.01 毫米都可能影响性能。航天器是一个复杂的系统工程，任何一个微小的疏忽，都可能导致其他成千上万人的辛勤工作付诸东流，必须要精心打磨每一个零部件，在每一个环节上做到万无一失。"

徒弟听完这番话，对航天事业体会更深，对自己的师傅也有了更深的认识。

采写感悟

60 多年前，第一代航天人自力更生，让我国的航天事业在困境中起步，经过 60 多年的传承，自力更生的基因在新一代航天人身上仍然闪闪发亮。张涛无论是从总体到分系统的角色转变，还是从新领域起步，一次次接连突破，最后实现超越，他践行航天"三大精神"，走得踏实沉稳。

7 飞天路上"拓荒牛"

士不可以不弘毅，任重而道远。

——《论语·泰伯》

人物简介

徐强，出生于1977年3月，机械电子工程专业博士，高级工程师，航天一院十八所研发中心工程中心陕西分中心技术负责人，获得省部级奖励1项，院级技术一等奖3项，授权专利6项。

“一个人有了梦想，就同时拥有了一个坚持下去的理由。”这句话似乎就是为徐强“量身打造”的。

为了梦想，他挺身而出，挑战航天技术空白之地；为了梦想，他远赴他乡，“拓荒”自主创新无人区；为了梦想，他用整整7年，打破垄断，造出中国人自己的行星滚柱丝杠。

行星滚柱丝杠是航天器不可或缺的重要传动机构，它由若干个齿轮构成，小齿轮绕着大齿轮转，好比行星围着恒星转动。

徐强说，航天事业就是自己的恒星，他会永远跟着转动。

只身出发

1977年出生的机械电子专业博士徐强，是航天一院十八所的一名高级工程师，也是单位里小有名气的技术人才。

那时，他刚刚带领一个3人小团队，克服重重困难，完成了10千瓦级大功率机电伺服系统技术的高难度攻关，在这个领域内可谓一战成名。谁也没料到，他会放弃现有的高起点，一头扎进了行星滚柱丝杠研究这块“荒地”里。

行星滚柱丝杠属于精密传动机构技术领域，它能将电机输入的旋转运动转化为直线运动。由于载荷高，承载力大，机动灵活，是武器装备和火箭青睐的部件。航天产品离不开行星滚柱丝杠，更离不开高精度的行星滚柱丝杠。

长期以来，国外核心部件在技术和市场上双重垄断，国内研究进展缓慢，相关产品一直都要向国外采购。外购不仅成本高、周期长，关键是不能与国产航天型号产品百分百匹配。一旦行星滚柱丝杠产生问题，传动卡滞或稍不灵活，将对整个航天产品的性能产生重大影响，导致更多的资源耗费。制造出属于自己的行星滚柱丝杠，是关乎航天核心技术是否受制于人的问题。一方面，打破国外垄断迫在眉睫，但另一方面，人们心里清楚，打破垄断谈何容易。

徐强的心头燃起了一团火——国家的战略型号安全和国防安全不容挑战，扭转精密传动机构受制于人的局面，是摆在航天人眼前的重大问题，刻不容缓。“作为一名机械电子工程专业的博士，自己有责任和义务来制造行星滚柱丝杠。”

于是，他临危受命，主动投身精密传动机构技术研究。经过两年多的努力，他组建了一支团队，围绕新型行星滚柱丝杠开展了从设计理论研究到工艺设备改造的一系列研究，并取得了不少成果。不过，要把行星滚柱丝杠做出来，最难的地方是理论研究和工艺相结合，而当时国内的工艺领域，没有任何单位能够加工这种丝杠。

理论研究再成功，没有工厂来加工生产，一切都等于零。怎么办？徐强四处打听却一无所获。后来有人告诉他，陕西省汉中市是我国精密机械技术企业的聚集地，拥有国内一流的螺纹设备量具和技术，去那里找一找，或许能有一线希望。

了解到汉中的情况，徐强仿佛看到了曙光，心里暗暗打定了主意。

一波三折

2011 年，徐强只身来到陕西汉中。

初入汉中，一切从零开始。没有场地，就租下简陋的厂房作为工作场所；没有技术积累，就四处奔走寻求专业技术帮助。每到一家工厂，他都会详细介绍航天行星滚柱丝杠的设计要求。

与普遍应用的滚珠丝杠不同，滚柱丝杠零部件对螺纹的精度要求相当

徐强和手中的行星滚柱丝杠

高，螺距不到半毫米、直径一指多宽的滚柱丝杠上有上千个接触点，其螺纹精度要求甚至超过了国际一级水平。不少厂家被高精度要求“吓倒”，纷纷知难而退。大半年时间，徐强访遍了汉中市各个专业厂家，最终，有一家业内知名工厂答应试一试。

依托这家工厂，生产出适合航天需要的行星滚柱丝杠，是徐强最初的计划。然而，试制的第一轮样机却无法满足高精度要求。与此同时，委托协作高校开展的理论研究也与生产研制严重脱节，国内对行星滚柱丝杠的制造与工艺理论研究仍然空缺。

面对现状，徐强没有退缩。他结合自身在汽车、数控机床和精密传动等多个领域的知识累积，突破传统的滚珠丝杠分析方法，在行星滚柱丝杠设计理论上取得了可喜的进展。

进入研制攻关，面对苛刻的高精度要求，协作厂的工人们不时表现出“没法实现”的情绪。也难怪，在丝杠行业，尺寸精度一般以“丝米”为单位，而航天产品所需的丝杠精度要求则以“微米”为单位，相当于提升了 10 倍。

工人因此甚至认为徐强是“书生意气”“无知者无畏”。

考验还在后面。2013 年底生产伊始，细心的徐强发现，一批螺母存在细微的误差，他立即叫停了安装工作。这立刻引发周围工人的强烈不满，甚至不少人质疑他的专业水平。原来，这批螺母是由一台高端内螺纹磨床设备制造。这型设备当时在国内还很稀有，号称当地“第一机”，工人们不相信这台机器加工的零部件会有问题。徐强顶住了协作厂上上下下的质疑，最终查出了问题所在，让工人们服气，也加工出了合格的产品。

为了尽快生产出高性能产品，徐强把办公室搬进了车间，一待就是几个月。看着车间里来的这个“北京博士”，穿着普通工装，吃着食堂饭菜，午休时间还趴在设备旁睡觉，工人们觉得挺新奇。工人上班，徐强也上班，工人下班了，他还在车间里。冬天，没有暖气的厂房十分阴冷，徐强却仍在坚守。

“只有和工人在一起，我才放心、踏实，也可以最大限度地提高样机性能。”徐强说。一有空，他就给工人们介绍航天产品对高精度丝杠的性能需求，聊聊几代航天人严慎细实的航天精神和工作作风。一来二去，以身作则的他逐渐赢得了工人师傅们的认可和信任。在共同努力下，行星滚柱丝杠第二轮研制基本达标，没想到，这依然不能满足航天型号的高性能要求。更糟糕的是，过高的技术投入，让协作工厂内部产生重大分歧，并最终没有和徐强达成继续研制生产的协议。

理论研究从无到有，工艺水平从糙到精，徐强本以为已是柳暗花明，却忽然又陷入山穷水尽。与唯一的厂家“掰”了，但航天产品仍然需要高性能的行星滚柱丝杠。“一定要自主研制出来！”这个信念在徐强心中越来越强烈。他到领导面前立下了军令状：关键技术必须自主可控，下定决心自己干。

2014 年 10 月，徐强在当地租下一个 100 平方米的厂房，并购置了二手机床设备。从设计、工艺、生产管理到检测，他都亲力亲为。长期的钻研与经验累积，让徐强逐步掌握了行星滚柱丝杠的工艺流程与关键设备的特性。短短两个月，整体螺母式差动行星滚柱丝杠在这个临时厂房里诞生了……

一步一步，徐强带领着他的小团队逐步摆脱了传统产品的束缚，以更好地满足航天特殊需求为目标，更大地发挥行星滚柱丝杠使用性能，趟出了一条自行研制我国顶级行星滚柱丝杠的路。

如今，在徐强担任负责人的航天一院十八所研发中心工程中心陕西分中心，这里研制生产的行星滚柱丝杠多种型号规格达到了国内领先水平，部分产品达到国际水平，并形成了近 10 项专利。

这时，徐强终于可以大声喊出：我们打破了发达国家对行星滚柱丝杠的垄断，中国的航天产品可以用上自己生产的行星滚柱丝杠了。

做到最好

徐强用整整七年“圆梦”，但他深知，自己欠家人太多。

这七年中，他的大女儿从咿呀学语成长为背起书包的小学生，小女儿又降临身边，他的妻子一个人扛起了整个家，独自照顾老人、抚育孩子；这七年来，从不懂陕西话到陕西话交流无障碍，徐强已俨然成为半个陕西人，陕西成了他的第二个“家”，他成了北京家人眼中的客。每次回北京，他总是风尘仆仆地先去往单位，汇报完工作后急急回家，和家人短暂相聚后又赶回陕西……

“他是一个标杆，让我们感动。”身边同事这样形容。

如今，陕西分中心厂房已扩展到数百平方米，工人多半都是从原先的协作厂“追随”徐强而来。“他们跟随的是航天事业，不是我个人。”徐强说，现在无论遇到多大困难，这些工人师傅再也没有人说“没法实现”了。

当被问及，是什么力量促使他一路如此坚定地走下来？徐强笑着说：“我是陷于河中才学会游泳的。”但旁观者清，大家都能看得到，徐强对这份事业是何等着迷，何等的全力以赴。

“航天产品需要有高精度的行星滚柱丝杠，作为一名航天人，没有路就自己开路，一步一步地闯过去。”展望未来，徐强的眼神透着坚毅，“我们不只要打破垄断，实现航天核心技术、关键核心器件的自主可控，还要做出全世界最好的行星滚柱丝杠，为航天事业助一把力。”

采写感悟

人生因磨炼而成就，生命因梦想而精彩。徐强放弃了很多人艳美的安逸生活，潜心开发行星滚柱丝杠的设计生产技术。他甘为“拓荒牛”，克服常人难以克服的重重困难，成为行星滚柱丝杠技术的领路人。面对未知和挑战，他不惧难、不怕苦，耐得住寂寞、守得住清苦。他的身上有着科技工作者最崇高的创新本色和铮铮风骨，有着对自己深深向往的科学技术的执着坚守，有着不以物喜不以己悲的淡定从容。他用智慧和汗水描绘了航天伺服技术一幕幕绝美的风景，用坚韧和果敢挑战了激昂青春的刺天呐喊，用伺服精神诠释了人生拼搏的真正内涵。

CMS
神箭
中国航天
CZ-2F

四

xin shi dai zhui meng huo jian ren

无私奉献的崇高境界

篇首语

▸▸ 奋斗是曲折的，“为有牺牲多壮志，敢教日月换新天”，要奋斗就会有牺牲，我们要始终发扬大无畏精神和无私奉献精神。

——习近平

奉献精神是中华民族世世代代自强不息的精髓。李商隐的“春蚕到死丝方尽，蜡炬成灰泪始干”；范仲淹的“先天下之忧而忧，后天下之乐而乐”；陶行知的“捧着一颗心来，不带半根草去”……奉献，是一种纯洁高尚的精神境界。无论时代发生怎样的变化，奉献精神永远熠熠生辉，永远是鼓舞和激励人们奋发向上的巨大能量。

奉献是中华民族的传统美德，也是全人类共同的价值追求。马克思在其中学毕业论文中写道：“如果我们选择了最能为人类福利而劳动的职业，那么，重担就不能把我们压倒，因为这是为大家而献身；那时我们所感到的就不是可怜的、有限的、自私的乐趣，我们的幸福将属于千百万人，我们的事业将默默地、但是永恒发挥作用地存在下去，面对我们的骨灰，高尚的人们将洒下热泪。”穿越两百年，我们仍然需要拥有这样的激情，以不懈努力投身伟大事业、以奉献精神照亮伟大征程，在奋斗中实现价值、在奋斗中收获光荣。

奉献是航天人精神品质中的重要特质。我国航天事业取得的辉煌成就，凝聚着数以万计航天人的艰辛付出。“为有牺牲多壮志，敢教日月换新天。”中国航天事业的历史，就是为国家安定、民族复兴、人民幸福而奉献、甚至英勇牺牲的历史。三年困难时期，很多航天科研单位的科技人员因营养不良患了浮肿、色盲等症状。有的科技人员画着图就晕倒了，旁边的人只能用盐或糖兑开水喂他。在最困难的时候，就是在碗里倒点酱油，拿白开水冲一冲，里头再多少加点葱丝什么的，喝这么几口，然后继续加班工作。就是在这种条件下，“两弹一星”研制工作者克服了种种难以想象的困难，经受住了各种难以想象的考验，在亘古荒凉的戈壁滩上，书写了一部惊天动地、荡气回肠的中华传奇。

奉献既是一种高尚的情操，也是一种平凡的精神。既包含着崇高的境界，也融汇和渗透在航天人日常的工作和生活中。老工人魏文举关键时刻舍身排故抢险，用生命托举起“长二捆”火箭飞向太空，是一种奉献；设计员陈阳即使罹患恶性肿瘤，依然挑起“传帮带”的重任，把自己积累了十几年的工作数据对徒弟和同事们倾囊相授，是一种奉献；而在本职岗位上恪尽职守、爱岗敬业、持之以恒、埋头苦干，也是一种奉献。航天人的无私奉献是长年累月地忍耐寂寞，是鲜血汗水的无悔付出，是掌声背后的默默坚守。

无私奉献体现的是精神的进一步升华，美德的进一步弘扬。科研本身带来的快乐是最大的报酬，科学奉献祖国是最大的幸福。无私奉献是火箭人优良传统作风最耀眼的光芒，是新时代火箭人高举的精神旗帜。无私奉献不是可有可无的选择，而是一种纯洁高尚的精神境界。进入新时代，随着中国综合国力的提升，航天人的工作条件和生活条件发生了很大的变化和改善，但骨子里的奉献基因，仍时时处处引领火箭人为航天梦奉献着智慧和汗水。

外面的世界很精彩，熙熙攘攘，名来利往。本来能够得到而选择放弃，才是真正的放弃；面对诱惑的坚守，才是真正的坚守。“留名要留集体名，计利要计天下利”，这是由航天系统工程的性质决定的。说到名，这些航天专家本可以生活在聚光灯下，却甘于“干惊天动地事，做隐姓埋名人”，没有惊世之举，没有荣誉等身。正如一首歌唱的那样：“什么也不说，祖国知道我”。说到利，即使在商业航天日益发展的今天，许多航天人凭着手中的技术完全可以“一招鲜吃遍天”，但航天人还是远离鲜衣怒马，远离尘世繁华，坚守在航天报国的岗位，坚守在建设航天强国的征途。

前不久，社会上就“996”话题吵吵嚷嚷了很久。笔者曾经多次听一位航天一院所属单位的党委书记这样和青年员工说："以钱学森为代表的一代航天人加了30年班，开创了中国航天事业；我们这一代人加了30年班，中国航天事业发展壮大了；你们这一代'80后''90后'再奉献30年，中国航天事业一定能强起来。"这位书记这样说的时候，下面的听众掌声笑声一片。

真是感慨万千！

都是青春年华，都是父母掌心里捧大的"80后""90后"，当我们"仰望星空"，在享受"诗和远方"的时候，在外界畅谈"世界这么大，我想去看看"的时候，别忘了，有一群风华正茂的年轻人，心甘情愿地奋战在荒凉的戈壁滩。

"不论平地与山尖，无限风光尽被占。采得百花成蜜后，为谁辛苦为谁甜。"偶尔讲讲奉献容易，但几代人接续奋斗，薪火相传，把奉献当成义务、当成常态、当成信念，这样的队伍，怎么能不令人肃然起敬！

——**周由强**

（中国文联文艺评论中心副主任）

1 两条最后的短信

春蚕到死丝方尽，蜡炬成灰泪始干。

——（唐）李商隐《无题·相见时难别亦难》

人物简介

陈燕光，男，1958年出生，1981年毕业于国防科技大学，同年进入航天一院总体设计部，先后从事电气系统单机软硬件设计、火箭总体网与动力测控系统的设计工作，曾任长征三号甲系列运载火箭总体网和动力测控系统主任设计师，2012年7月因病去世，享年54岁。

没有惊世之举，没有荣誉等身，他一辈子都默默执守在航天事业的岗位上。

生前满脑子是工作，临终前发出两条短信，他敲出的依然是工作。

每一次当长征火箭腾空而起，带着明亮火焰直奔苍穹，许多人都忍不住会默默想起他，这位普通却又不平凡的航天老兵……

7年过去了，陈燕光的身影在人们心里始终清晰。

没有过"归零"经历

戴着蓝套袖，拿着"大罐头瓶子"水杯，人们记忆中的陈燕光，像个和蔼可亲的老师。上班时，他经常接满一杯茶水，走到这个人电脑前看看，踱到那个人图纸前瞅瞅，顺便把自己的想法和经验告诉大家，助燃启示性的思想火花，让年轻人少走弯路。

办公室的年轻人们也都很喜欢这位和善的航天前辈，看着陈燕光的穿着打扮，给他取了个外号——“老会计”。其实，这位“老会计”在航天领域已经干了 26 年，是一位“老航天”。

1981 年，陈燕光从国防科技大学毕业，进入当时的航天一院总体设计部一室，从事电气系统单机软硬件的设计工作，开始了为航天事业贡献的历程，一直到担任总体设计部长征三号甲系列火箭总体网和动力测控系统主任设计师。

陈燕光几乎参与了航天一院所有型号的研制，但却没有过“归零”经历。“归零”，是航天人独创的词汇，就是一切“从零开始”——从头查找问题，在每个环节中举一反三，以消除所有的隐患。“归零”也就意味着有故障产生。

在航天这种高难度、高风险行业中，没有“归零”，这简直不可思议，但陈燕光做到了。他常说：“调试好产品的时候，是我最有成就感的时候。”

很少有人知道，为了追求这种“成就感”，他几乎拼尽全力。陈燕光身体一直不太好，免疫力低下，食道常年溃疡，经常发低烧，但在工作面前，他往往全然忘记这些。下班回到家，他经常累得饭都吃不下，必须在沙发上休息半小时才能缓过劲儿来。

累，是因为陈燕光给自己安排了很多“额外”的工作。比如，为了保证产品质量，在产品生产前，他会自己制作 CPU，并在实验室搭建模拟电路，一遍又一遍地测试产品，提前发现产品的风险点并进行改进，确保从自己手里出去的产品没有任何质量隐患。

“他是我在技术上合作最顺畅的人，他写的任务书特别清楚，我基本不用再问，可以直接干活。”与陈燕光合作过的一位同事这么形容。

2005 年，陈燕光接到了一项新任务：负责火箭总体网与动力测控系统的设计工作。当时，他在单机产品的设计领域已游刃有余。动力系统并非原专业，从头开始对谁来说都是一个挑战。但陈燕光偏偏接下了这项任务，在不惑之年开始挑战新领域。人员紧张，他带着只有 3 个人的年轻团队就开始了新领域的攻关。

“陈老师表面上看似没有什么压力，但其实他时刻都把工作放在心上。”同事刘巧珍回忆。

陈燕光做事细致，尽管作为主任设计师只需把控方向即可，但他仍始终与队员们奋战在实验室里。有一次，由于有队员考虑不够周全，导致软件设计一直存在问题。陈燕光不光给予技术指导，还连续几个晚上和团队一起在阴冷的厂房里蹲守试验，不放过任何一个细节，最终解决了这一问题。

陈燕光还具备极强的攻关能力。当时，有一个购买的设备没有冗余自动切换功能，他干脆自己发明冗余控制技术。那段时间，他经常整宿整宿琢磨这项技术。甚至睡觉的时候，一旦有灵光一闪，他就赶紧爬起来记录下自己的想法。经过1个多月的研究，陈燕光发明的冗余控制技术获得了成功实践。

就这样，他带着团队成员逢山开路、遇水架桥，不断攻破一个又一个技术难题。

病房里“不听话”的病人

2012年年初，陈燕光时常感到头晕，脸色苍白，同事们也发现他的状态很不好，都劝他尽早去医院检查一下，可是他为了忙完手头的工作，总是一推再推。

6月4日，这是陈燕光最后一次来到办公室。他平静地告诉大家：因为自己被确诊为脑瘤，需要住院治疗，要离开一段时间。听到这句话，平时习惯和他嘻嘻哈哈的同事们瞬间愣住了。

陈燕光却继续平静地叮嘱大家，项目进度关系后续发射任务，千万不能拖，但一定不能因为进度影响了质量……看到很多同事含着眼泪望着自己，他甚至还笑着安慰同事，不要太担心，要安心工作……

住进了医院，陈燕光是个“不听话”的病人。医生要求他多卧床休息，但只要他觉得头脑清醒，就会不断梳理工作任务，不时给同事打电话询问工作进展。医生拿这个“不听话”的病人没办法，只能一遍遍地叮嘱他先保养好身体才能专心工作。

长征三号甲系列火箭总体网与动力测控系统是陈燕光离开工作岗位前最关心的工作，这项工作关系着整个长征三号甲系列火箭高密度发射任务和流程简化。由于责任重大，在陈燕光生病住院期间，同事徐晨几乎每天都能接到他的电话。“他叮嘱我们一定做好过程控制、关注细节质量问题。”徐晨说。

住院期间，陈燕光最精神的时候，就是同事们来看他的时候。聊工程进度、聊工作趣事……这时候，他虽然没有带着蓝套袖，没有端着“大罐头瓶子”水杯，但他一下又变回了办公室那个“老会计”。

住院治疗一个多星期后，陈燕光有些待不下去了。他经常出现幻觉，总是告诉妻子：这个月中旬，他有个任务，需要去趟发射场，上次都是别人替他去的，这次可不能再耽误了，手头的工作要给年轻人分配一下……与此同时，他还会每天给徒弟们打很多电话，反复询问进展。甚至在听说办公室要搬家后，还不忘提醒让留个位置，说打算跟徒弟们坐在一起……

看着他认真的表情、专心思考的样子，妻子既无法跟他解释，也不忍说明真相，只能顺着他的意思回答。她多希望，这会儿陈燕光说的话，就只是像平时下班累了，在床上休息时的呓语。她也希望丈夫说的是真的，这样，他就能健健康康地出差、健健康康地回来，即便他总是永远忙不完。

最放不下的“时刻”

“改造电缆生产进度怎么样了？”

2012 年 7 月 5 日一早，距陈燕光住院一个月，他的一位同事收到陈燕光发来的这样一条短信，同事十分惊喜：看来陈燕光的手术很成功，他又能关心工程进度了。

“中午在 138（会议室）开会，不回家吃饭，会议管饭。”

2012 年 7 月 5 日中午，妻子收到了陈燕光发来的这样一条短信。妻子很疑惑：刚做完脑瘤手术的他怎么会去开会了呢？

让陈燕光的同事和家人万万没有想到的是，这两条短信，是他生前发

陈燕光生前发出的最后两条短信

出的最后的短信。

后来，陈燕光的主治医生解开了疑团：患有脑瘤的病人，由于脑部水肿影响神经，经常会出现一些幻觉，一般病人会在幻觉中“回到”自己最放不下的“时刻”或者最关注的事情上。陈燕光最后两条短信中的内容，正是他最放不下的事情。他所说的改造电缆生产进度，就是长征三号甲系列火箭总体网与动力测控系统研制工作。

得知短信背后的原因，人们无不为之动容。

短信发出的两天后，时而清醒时而呓语的陈燕光永远地闭上了双眼。54 岁的他，带着对型号任务、对航天事业的无限牵挂离开了。或许，只有在这个时候，他才能安心地休息。

陈燕光离去的第二年，长征三号乙遥二十五火箭托举着中星十一号卫星腾空而起，呼啸着直向苍穹飞去。发射圆满成功，也使得他和同事负责的火箭总体网与动力测控系统得到验证。这项工作填补了我国运载火箭动力系统远距离测试发控模式的空白。发射效果，正如他曾无数次想象的那么好。

从业 30 多年，陈燕光参与设计的产品没有出现过任何质量问题。他正是用对航天事业的无比眷恋和无比牵挂，在平凡中书写出了不平凡。

采写感悟

他活着的时候满脑子是工作，他大脑出现幻觉时，心心念念的还是工作，临终前神志不清时，他发出的两条短信，内容依然是工作。最后的短信，没有豪言壮语，却饱含着对事业的无限牵挂。他三十年如一日，兢兢业业，为国铸箭，直到生命的最后一刻。最后的短信，让我们记住了他，也让我们知道了，还有千千万万像他这样默默无闻的奉献者，把热血和生命献给了最忠诚的事业。

2 弹道有痕　传道无疆

玉壶寸冰心，朱笔写师魂。

——（战国）荀子《劝学》

人物简介

陈阳，男，出生于 1971 年 11 月，1996 年毕业于哈尔滨工业大学，同年进入航天一院总体设计部工作，先后从事弹道设计、体系设计等工作。航天一院科技委控制制导专业组专家。多次获得军队科技进步奖、中国航天科技集团有限公司科技进步奖等奖励。多次被评为院、部突出贡献个人、优秀党员，获得部育人奖、领航功勋奖等奖励。2019 年获评院劳动模范。

在航天一院总体设计部，有个“黄埔学堂”。担任学堂导师团团长的，是弹道设计专家陈阳。

比起其他头衔，在陈阳心中，最荣耀的莫过于同事们对他“陈老师”的称呼。

1996 年，青葱小伙陈阳大学一毕业，就来到航天一院工作。彼时正处于中国航天事业的低谷期，院里每年最多只有一两发火箭发射任务。

很多科研人员回忆，那时“赶上一回发射，就跟过年一样”。设计人员的工资一个月只有几百块钱，要是谁能去趟发射场执行任务，因为有补助，工资能翻番。

由于“僧多肉少”，“教会徒弟，饿死师父”便成了自然的事。

陈阳说，他的第一个师父是位和蔼的老太太。在传道授业解惑方面，师父非但没有私心，还对他进行了可谓“心手相传”的悉心指导。

有一次，陈阳在计算火箭发动机推力速度时，出现速度不增加反而减小的反常情况。只是这么一个节点上的数据，被陈阳的师父抓住，对他刨根问底，最后发现是原始数据出了问题。

等到计算火箭弹道参数时，虽然师父有一套成熟的代码，可为了锻炼陈阳，也要陈阳新编一套代码。师徒俩将各自的计算结果进行比较，把精度差控制在了 0.1 米以内。

陈阳理解师父的苦心，他知道，在航天领域，型号成败往往源于这些细节。老一代航天人严谨的工作作风，触动了初入航天大门的陈阳，也为他渲染上同样一丝不苟的行事底色。

从 2009 年开始，一直在航天一院总体设计部九室弹道制导姿控组从事设计工作的陈阳，也开始“传帮带”，成为大家口中的“陈老师”。这一带，便“上了瘾”。按照当时组长张艳的话来说，自那以后，“陈老师的徒弟从没断过”。

9 年间，陈阳带出了 7 名徒弟。如今，他们个个都成长为单位里的业务骨干。

在徒弟们的眼中，爱“较真”的陈老师对数字有着特殊的敏感。“对于我们获取的一些经验性参数，老师总是要追根究底。”总体设计部制导总体设计师张青说。

陈阳对技术的“较真”，往往还会延伸到生活中去。他最常说的话就是：“做技术，也是在做人。”

“有一次，我下班没关电脑，陈老师第二天就批评了我，说公家的电也是钱，不能浪费。”张青回想起来，不无惭愧道。

做师父虽然拥有威严，但当和徒弟意见有分歧时，若是自己不对，陈阳却并不怕认错。“师父也不可能永远是对的，不能因为面子丢了里子。”他说。

在一次对徒弟们的工作进行复核复算时，陈阳得出的计算结果偏差较大。以为问题出在自己身上的徒弟们和师父一起回过头检查程序，发现原来是由于陈阳按照老型号来取值，导致了错误。

“师父马上修正了自己的错误。关于是非问题，师父从来不是一个固执的人。”张青说。

除了坚持心中的“真”，陈阳所传承的老一代航天人心底的无私，更让徒弟们动容。

总体设计部型号总体设计师梁欣欣清楚地记得，他刚入职，陈老师就把他积累了十几年的代码倾囊相授。“真的是没有任何保留，这太难了。”

其实，这份呕心沥血编写的软件代码，陈阳不仅传给了自己的徒弟，还分享给了全组人。在他看来，用的人越多，问题就越少，给别人提供捷径，大家才能一起更快地进步。

“这么做，说起来简单。平心而论，我们谁真拿出来自己攻关了很久的工作成果与大家分享，一开始都难免要克服很大的心理障碍。”张青坦言。

可是，在陈阳的影响下，他所在的团队于不知不觉中便形成了一种习惯：得到别人工作成果无私分享的同时，也乐于将自己的果实“全盘托出”。大家彼此分享，共同成就，形成“水涨船高”的工作局面。

“陈老师是我们组里非常重要的灵魂人物。”徒弟们说。

在“传帮带”的过程中，陈阳发现好多零散的工作经验和专业知识缺乏

陈阳在讲弹道设计

系统总结和传承，为此感到可惜。2015 年，室领导和陈阳围绕人才培养问题进行了交流，双方一拍即合，决定由他来编写培训教材。

之后的一段时间里，张青有时候晚上十点、十一点去办公室，总会碰到正在编教材的陈阳。“师父说，那会儿安静，最适合写东西。”

很快，陈阳自创的 74 页培训教材——《岗位培训项目和实施细则》出炉了。每个设计项目需要干几天、每天干什么，配套使用什么软件和工具……关于火箭型号研制过程中的常规工作项目和设计实例，在陈阳的“宝典”里都能找到。

有了这套培训教材，陈阳将“传帮带”的方式彻底改变——由以前的师父讲授为主，演化为以徒弟自主培训为主。“大家看我的手册，就能上手。我要提前告诉他们，设计的‘坑’在哪里，让他们少走弯路。”

但这并不意味着师父角色的缺失和职责的推脱。陈阳把更多的精力放在了更关键的环节。他自研了一套“由点带面”的培养方法，引导新人由浅入深地学习专业知识。

“刚开始是一个个知识点，然后连成线。当有了平行线，还要有知识点间的交叉。最后，经线、纬线织成一个面，大家的专业知识便会融会贯通。”

由点到线、由线到面、由单项到系统，陈阳像钻研技术一样，探索着“传帮带”的最有效方式。

“我带新人，都是让他们先自己学懂教材，遇到难题再来找我，我们一起研究探讨。甚至有时候他们遇到的情况，我之前也没遇到，我们可以一起攻关。”陈阳说，他很高兴看到，现在自己需要讲授的东西越来越少，和徒弟们的探讨却越来越多了。

然而，“讲授”——这件对其他老师来说也很辛苦的工作——对于身形消瘦的陈阳来说，要艰难得多。

30 岁那年，陈阳不幸罹患恶性肿瘤，切除了三分之一的舌头。后来，病情虽然得到控制，却对陈阳的生活造成了不小的影响——吃饭要慢，喝水要分几口才能下咽，讲话也不再清楚。

可是，病情夺不走陈阳的理想与追求。他说，人活着，总要干点事。“传帮带”，就是他在航天领域最想做好的事。

尽管他总是记不得关于自己病情的医嘱，却对于“传帮带”说得头头是道。他要把自己说得清的、说不清的，像诸多航天前辈那样，毫无保留地传授给年轻人。

2017 年，陈阳担起总体设计部“黄埔学堂”导师团团长的重任，第一个上台开讲。讲完后，陈阳没想到，很多人反馈“听不懂”。

“基本就是干总体的听得懂，干分系统的听不太懂。”陈阳意识到，培训既要有深度，也要考虑跨专业因素。在之后的培训中，他根据受众的不同，更有针对性地调整了授课内容。

两年多来，陈阳带领团队谋划总体设计部培训体系建设，详细设计培训方案，讨论课程设置，完成技术人员全员轮训，为中国运载火箭事业培养了一批“一专多能”的复合型人才。

“‘黄埔学堂’打破了专业之间的壁垒，让我们了解其他人在做什么，可以从顶端更好地理解航天系统工程。”梁欣欣说。

“‘传帮带’助推我们航天青年人才成长，如果没有它，我们的快速创新很难做得到。”张青说。

美国宇航局前局长米切尔·格里芬曾感慨，中国航天最令人感到害怕的，不是它取得的伟大成就，而是它所拥有的一大批年轻科学家和工程师。新一代的中国航天人薪火相传，正在迅速成长起来。

陈阳说，在中国航天事业六十多年的发展中，“传帮带”起到了至关重要的作用，他的成长受益于此，也希望继续肩负好这样的责任。“我要把我们走过的弯路都写下来，让年轻人避免重复性的质量问题。”

二十多年来，陈阳一直在型号技术一线，潜心从事弹道设计、预研等工作，攻克了多项关键技术，被聘为院科技委控制制导技术专业组成员和总体设计部部级专家……

但陈阳当过的最大的“官”，就是组长。用他的话来说，他的很多徒弟都比他“有出息”——有的成了主任设计师，有的当了室主任，有的获得过长征奖章、“领航先锋”等荣誉……

这让陈老师感到欣慰。“我希望能让更多的年轻人站在更高的起点上，去完成未来中国航天事业更艰巨的任务。”他说。

对于年轻人，陈阳总是有一种天然的关心。在航天领域之外，他最上心的事，莫过于对贫困地区少年儿童的帮扶。

甚至，陈阳把在工作中的“较真”也极致地发挥到了献爱心活动中。“我必须保证我能真真切切地帮助到需要帮助的孩子。”他说。

在送儿子上幼儿园的时候，陈阳了解到有个 CKDP 项目（乡村幼儿园发展计划），可以为贫困山区留守儿童捐献物品。他为此打电话向各方核实，还跑到项目发起方北京中致儿童关爱基金会，现场了解情况。在确定活动的真实性后，陈阳和其他幼儿园家长们一起，已经为十几所学校的贫困学生提供了帮助。

在献爱心这件事上，陈阳再次发挥了精神上的带动作用。陈阳的一个徒弟之前是“宏志生”，通过他，陈阳所在的组室现在已经对 4 名“宏志生”实现了定向帮扶。

“陈老师从来不会简单地捐钱，而是会对孩子们进行全身心的关怀。”张青说。

在航天一院对藏区学生的“大手拉小手”帮扶活动中，陈阳经常打电话询问资助对象学习生活方方面面的情况。哪怕一开始语言不通，双方彼此都不知道对方在说什么，陈阳也坚持打电话。因为他想让孩子知道，“有人在关心着他们”。

对于经验，对于爱心，陈阳从不吝于分享与付出。毕竟对于他来说，就像高尔基所言，“给永远比拿愉快”。

采写感悟

你有凌云志，我有登云梯。中国火箭造了一代又一代，航天精神也传了一辈又一辈。身为一名基层设计师，陈阳在平凡的岗位上将“传帮带”工作做到了极致。在年复一年的“传帮带”中，陈阳全然忘记病痛。当记者问及他的专业领域和带徒情况，他说得头头是道，而当问及他的病情，问及医生提醒他平时要注意什么时，他却说“早就记不得了”。对于“传帮带”，他极尽痴迷；对于病魔，他毫不在乎。这份不同寻常的“放不下”与“放得下”，令人敬佩。而中国航天正是在这些默默无闻、甘当“铺路石”的火箭人的托举下，一步步走向辉煌。

3 追“风”人

志之所趋，无远勿届，穷山距海，不能限也。志之所向，无坚不入，锐兵精甲，不能御也。

——（清）金缨《格言联璧》

人物简介

胡彬，出生于1978年8月，本科学士，2000年毕业于西北工业大学自动控制系。入职后从事风力发电机组的电气设计、调试和售后服务工作，现任航天一院万源国际公司制造中心总工程师。2013年获评院首届劳动模范，获中国航天科技集团有限公司奖励1项，院级奖励4项，院级技术改进三等奖3项。

“辉腾锡勒”位于内蒙古中部，汉语意为“寒冷的山梁”。那是一片广袤的大草原，有着丰富的风能资源。

19年前的一个夏日，辉腾锡勒风场绿草如茵。刚从西北工业大学自动控制专业毕业的胡彬刚工作10天，就从北京被派到了这里。蓝天白云下，一排排白色的风机群旋转着叶片，蔚为壮观。

一头扎进中国航天风电事业之中，如今已是航天一院万源国际公司制造中心总工程师的胡彬，从那时起，便爱上了风机，爱上了有风的地方。

胡彬在风机塔筒内检修

“风机就像我的孩子”

当时，航天风电第一台风机样机——600 千瓦变桨距风力发电机，就矗立在辉腾锡勒风场之上。作为航天招来的第一批风电专业的大学生，年仅 22 岁的胡彬一上岗便被委以重任，负责该风电场的现场调试和运行维护工作。

初来乍到，面对充满新鲜感的风场，胡彬的内心是激动的。只是在荒无人烟的草原待久了，一般人都会感到孤寂。然而，多少个日日夜夜，胡彬在监控室里看着实时显示的风机运转数据，却并不觉孤单。

“每一台风机都是有生命的。”他兴奋地说。

由于岗位特殊，工作之后的半年时间里，胡彬都是在风电场度过的。就连第一个春节，他也没有回家。

客户方面留守的有十几个人，胡彬就和他们搭伙过年。“我们包饺子、打扑克、看春晚、放鞭炮，一个也没落下。”胡彬说。

大年夜当晚，鞭炮的光亮照亮漆黑的夜空。冰天雪地里，依稀能看到不远处的风机仍不停旋转。远离城市的喧嚣和亲人的团聚，身处寂寥的风电场，这是胡彬的世界里唯一的“繁华”。

“大年三十的饺子是提前包好的。那边冬天特别冷，包完的饺子在空气里放 5 分钟就冻硬了。我们那天用了两大袋面，储存在库房里，一直吃到了大年初六。”胡彬回忆道。

对于儿子缺席春节，胡彬的父母报以极大的理解。“刚参加工作就能到一线锻炼，是很好的机会，我们支持。”父母安慰他说。

可就是从那年开始，每到过年，他们的儿子不是在草原，就是在山里。连续几个春节，一家人都没能聚到一起吃顿热热闹闹的年夜饭。

2003 年，中国航天风电承担了国家科委组织的“九五”科技攻关项目，研制成功的 3 台 600 千瓦变桨距风力发电机组在锡林浩特进行安装、调试和运行。

这个重任自然又落在了胡彬身上。那段时间，他放弃了所有的节假日休息时间——无论是2003年的国庆节，还是2004年的元旦、春节、劳动节，他都独自坚守在风场，参与了3台风电机组电气技术的吸收、国产化、零部件采购、组装和调试的全过程。

为了赶进度，他带领仅有的两位电工师傅不分昼夜地给电气布线、接线、安装调试。他们曾经在三天时间里，只休息了3个小时，渴了就喝点自带的矿泉水，饿了就吃点挎包里的馒头和方便面。

最终，胡彬和师傅们仅用6天时间，就完成了现场所有工作，保证了设备按时出厂和后续工作的开展。

由于倾注了太多心力，在不知不觉中，胡彬已经对3台风机寄托了深厚的感情。“这3台风电机组就像我自己的三个孩子。”他常对别人说，“看到它们转起来，我就心宽。”

在胡彬和同事们全力以赴的努力下，万源国际公司研制的600千瓦变桨距风力发电机组的国产化率超过85%，公司成为当时中国唯一一家从事变桨距风力发电机组研发和制造的专业企业，其所生产的风电机组在中国风电行业也处于技术领先地位。

极端考验不畏难

风机的调试和运维是一项单调重复而又责任重大的工作。每次风机出现故障，维护人员都要用最快的速度“排故”。

在内蒙古锡林浩特风场值守的那个清晨，令胡彬终生难忘。为了抢救一台风机，他甚至经历了一场生死考验。

那天早上6点多，在监控室的显示屏上，胡彬发现风机运转的数据突然消失。透过玻璃窗，他看到风场上3台样机中的一台运转速度明显偏快，大团的浓烟从叶片周围喷涌而出。

在航天风电早期的风机上，风轮上的3个叶片只有1套驱动系统。一旦发生故障，3个叶片就会集体失灵，极易造成风轮“飞车”。

直觉告诉胡彬，必须让风机停下来。他赶快跑出监控室，向风机奔去。但此时，风机的自动“刹车”功能已经失灵。

来到风机脚下，向上望去，胡彬依稀看到风机叶片已经开裂。如果任其发展，叶片随时可能断裂，造成风机失衡，引发风机倒塌。如不紧急撤离，他自己随时会有生命危险。

但胡彬判断，用强制偏航的办法或许还有一线希望拯救风机。于是，他顾不得个人安危，钻进风机塔筒，紧急手动偏航，让风机偏离对风方向。

这一招非常管用，风机转速终于慢慢降了下来。胡彬长舒了一口气，心里庆幸着“有惊无险”。

如今，万源国际公司设计的风机每个叶片都有一套独立驱动系统。即便某一个叶片运转失灵，其他两个叶片也会很快进入安全模式，这极大地提升了风机的安全质量。

除了这样的危险境况，胡彬还经常要与极端冷热的工作环境作抗衡。风电场选址一般都在僻静的偏远地方，自然条件恶劣。2000 年冬天，在内蒙古辉腾锡勒大草原上，胡彬记得很清楚，有几天连降大雪，从驻地到风电场的路上全是没膝的积雪，根本没法行车。为了排除故障，原本 1 公里的路程，要走上半个多小时。伴着一路风如刀割，每走一步都会深陷积雪之中，最厚的地方已经是齐腰深。

现场的工作环境也是严峻挑战。记得 2009 年年底，兴和风场进行首批 900 千瓦电励磁直驱风机调试工作，因为调试工作几乎全部要在风机塔筒里完成，而塔筒里没有取暖设施，在阴冷的空气里，人呼出的气体立马就会结成细微的冰碴。而胡彬经常要在这样的环境里，一待就是十几个小时。他要靠不断地运动、跺脚来抵御寒冷。

“我们工作人员在操作时必须戴手套，否则触摸到冰冷的金属表面，会粘下一层皮。”胡彬说。然而，尽管小心再小心，他们很多人的手还是会被冻裂。

2015 年夏天，马昌山风电场遭遇了近年来少有的干旱和炎热。风电场区域室外温度有 40 多摄氏度，风塔内则高达 50 摄氏度以上，人进入塔内就像蒸桑拿。

为了保障机组平稳运行，胡彬每天都要和同事们起早贪黑，顶着极端高温穿梭在山野间，身着如铠甲般的工服、佩戴各种保护装置及工具物品，在70多米高空上的风塔里对风电机组进行检修维护。

高温使他们身上的衣裤被汗水完全浸湿，炎炎烈日一晒又变干，湿了又干、干了又湿，整日处于干湿循环状态；渴了半天才顾上喝一口水，饿了就吃点随身带的干粮……

然而，这一切对于常人来说的“煎熬”，在胡彬这里却浑然不觉，周围人从来不曾听到他抱怨一句。“习惯了，挺好的。”他憨笑着说。

是啊，当一个人全身心投入到自己所热爱的事业中，其他的危险和困难，又有什么可在意的呢？

南征北战追“风”忙

2008年，胡彬和恋人迈入婚姻殿堂。可是一年365天，有200多天他还是要待在航天风电的一线。即便后来他成为高级技术人员，甚至领导，也经常会与运维人员一起上塔作业，指导风电机组调试、排故、检修等工作。

妻子埋怨他：“你的工作到底是签在了北京还是外地？为什么老是出差？”胡彬总是笑着安抚妻子，耐心解释。

时间久了，妻子看着他笃定的眼神，也渐渐理解了他。一次聚会时，有朋友问胡彬：“你都有孩子了，还天天在外边跑，什么时候能回到北京？”胡彬还在犹豫着怎么回答，妻子却接话道：“等他退休了，就能回来了。”

看似玩笑的一句话，是胡彬夫妻俩最深的默契。

与万源国际公司合作的风场多分布在甘肃，胡彬的老家在陕西西安。一年到头他常往风场跑，中途曾数十度途经西安，但往往由于工作时间紧迫，只能几过家门而不入。

妻子知道，胡彬不是不想家，只是更爱航天风电事业。作为对丈夫的最大支持，妻子决定，既然胡彬“追风”回不了家，那她便追随他去，或趁节假日或抽专门时间，到风场一线去探望丈夫。

进入 21 世纪，国内兆瓦级风电渐渐走向舞台中央，但风电领域的专业人才却凤毛麟角。国内各大风电企业开始大肆招兵买马。像胡彬这样的高级风电技术人员，自然成为他们追逐的对象。有的企业甚至给他开出上百万年薪，并承诺给出很高的职位。

胡彬却不为所动。“既然我选择了航天风电，并且航天风电造就了我，我就决定在航天义无反顾地坚持干下去。”他说。

近年来，随着航天风电的飞速发展，万源国际公司风电项目实现了从引进国外技术到独立自主研制生产的跨越。无论是内蒙古、甘肃、河北，还是江苏、湖南、福建，只要有风场的地方，就有航天风机的身影。

而胡彬依然是哪里的风能资源丰富，哪里的航天风电需要他，就追到哪里——

2005 年年底开始，他在江苏南通；

2008 年，他远赴荷兰；

2009 年，他转战内蒙古……

近 10 年间，他历任万源国际公司运维与工程部副总经理、总经理和制造中心总工程师，职务在变化，但他依然常年在风场一线担当起多型号风机的调试运维指导工作……

如今，胡彬走过的地方，屹立起航天的百余台风电机组，叶片翩翩旋转，起伏绵延天际。

这一路，胡彬是建设者，是见证者，也是守护者。19 年如一日，他永远是航天领域里执着的追“风”人。

采写感悟

要采访到胡彬本人并不容易，因为大多数时间他都在风电一线。一年 365 天，他每年平均回家不过四五次，每次与家人团聚的时间不过两三天。从 2000 年大学毕业工作至今，他从事航天风电事业已经 19 年。是什么支撑一个人这么久的时间里耐住寂寞，身处偏远，不畏寒暑，无怨无悔？恐怕没有对这份事业的无限热爱和高度忠诚，是坚持不了19年的。这是航天精神在风电领域的生动体现。胡彬获过很多层级的奖项，但那所有都比不上一台台风机矗立于风场之上，微风拂面，叶片旋转，那是对他最好的褒奖。

4 鹰雁护天客　涉险觅归处

世上无难事，只要肯登攀。

——毛泽东《水调歌头·重上井冈山》

人物简介

赵日，出生于1990年1月，硕士研究生，2014年毕业于南京理工大学，入职后从事弹道设计工作，现任某型号副主任设计师。所在团队获航天一院长征贡献奖，个人获航天一院“星级人物”称号，获得航天一院技术改进奖3项，授权专利3项，发表论文6篇。

与中国航天事业60多年的历史相比，刚刚加入航天队伍5年的赵日，委实还算是个新人。

可置身航天人群体之中，这个看起来沉稳得与年龄不符的“90后”，其所为与他的前辈们已并无二致——做隐姓埋名人，干惊天动地事。

刚毕业的赵日进入航天一院工作时恰逢某型号试验失利，看着同事们“白加黑”忙碌的身影，他第一次见识了航天人身上那股攻关路上不服输的狠劲。

“进航天之前已经有心理准备，进来后发现跟想象的差不多，反而感到踏实。”赵日说。

逐渐地，工作中的很多“小事”一点一点印证了赵日在学生时代对于中国航天的想象。

刚工作两个多月的时候，他所在处室的领导就“风场对型号设计产生的影响”这一问题，问了室里一圈人，发现没人能彻底说明白，于是便带着大家花了两天时间来系统梳理。

“严慎细实就应该是这样的。”对于枯燥的技术工作，赵日不觉麻烦，反而觉得过瘾。

经过将近一年的日夜煎熬，型号再次试验取得圆满成功。整支队伍的士气受到了极大的鼓舞，用户也对型号重拾信心，随之而来的则是更加艰巨的任务。

在航天型号研制过程中，科研人员要通过飞行试验对系统总体方案、各项关键技术等进行集中验证，这一环节必不可少，具有非常重要的意义。

由于飞行试验需要保密且具有一定危险性，一般都是在人烟稀少的地方进行，因此其选址工作也就需要经常深入不毛之地。

由于赵日从事的型号采用了新型技术体制，现有的传统试验区域并不能满足飞行试验要求，试验单位于是提出新需求：开辟新的“疆场”，为后续型号试验选址。

他们将目标锁定在了罗布泊。

型号队伍积极响应，派人配合勘查。选人的基本标准一是要男生，二是要与航线规划专业技术相关。于是，入职刚一年的赵日被选中了。

得知自己有机会深入罗布泊，平时就喜欢徒步探险运动的赵日，第一反应便是“兴奋”，但他并没跟父母说自己要去哪里出差。

“既是保密要求，也是怕他们挂念。”赵日说，毕竟，以往去比罗布泊条件更好的试验基地出差，父母事后知道都要担心。

怀着跃跃欲试的心情和完成任务的信心，2015 年的某天，赵日和同事们从北京启程了。

罗布泊，这个在《山海经》中被称为“幼泽”的地方，如今遍布荒漠、异常干旱，极目四望，寸草不生，是中国自然环境最为恶劣的地区之一，被称为“死亡之海”。

就是这样一个地方，却让众多探险家、科学家为之着迷，甚至付出生命。1876 年，俄国探险家普尔热瓦尔斯基进入罗布泊；1964 年，中国在此成功试爆第一枚原子弹；20 世纪八九十年代，生物化学家彭加木和探险家余纯顺在罗布泊遇难……这一切都让罗布泊显得神秘莫测。

赵日所在的勘察队由参试各方组成，航天一院派出的 4 人小分队负责技术支持。由于离目的地最近的罗布泊镇保障条件有限，勘察队只能驻扎在某市。

出于任务的保密性，勘察队并没有在当地找向导带路，这也增加了此次任务的危险性。为了确保型号试验场地勘查任务万无一失，勘察队提前对路线进行了详细规划，并配备了若干卫星电话、手持 GPS 等野外作业保障设备。

考虑到罗布泊属于无人区，周围方圆上百公里没有可以吃饭的地方，

肆虐的沙尘暴仿佛在宣示着大自然的不可战胜

出发前，勘察队在市区采购了足量的矿泉水、饼干、燃油等补给物资，以备不时之需。

待一切准备妥当，赵日一行人分乘4辆越野车，向“死亡之海”挺进了。“我们最担心的就是车辆问题，所以要4辆车结伴而行，以防不测。”赵日说。

从某市深入罗布泊，开车每天往返就要长达十几个小时，而且深入罗布泊腹地根本没有现成的道路，车队只能行驶在起伏不平的盐壳路面上。

第一次进入腹地，赵日从车窗望出去，周遭是一望无际的苍茫荒凉，还有远处若隐若现的小山丘。“这就是真实的罗布泊了。”他在心中想着。初来乍到的兴奋，暂时掩盖了晕车给他身体带来的不适。

下车后，赵日才发现勘察区域的实际环境比从车上看起来还要恶劣。40多摄氏度的温度下，热浪滚滚袭来，汗水迅速湿透全身。太阳炙烤着大地，队员们的胳膊哪怕只露出来一会儿，便会被晒伤。

即便如此，到达预定区域后，队员们就全神贯注地投入了勘察工作。部队同志忙着初选落点，赵日则忙着记录点位数据并在地图上进行初步标绘……

整个勘察任务，勘察队一共三进罗布泊。最让赵日难忘的，是他们在罗布泊腹地某处的一次勘查。

那次，赵日和同事们在勘察区域对落点周边地形、交通、保障等情况进行了走访和详细记录，待勘察完毕已是下午4点。

为了缩短整个勘察时间，提高工作效率，勘察队决定直接奔赴数百公里外的下一个勘察点。然而，就在一行车辆准备从戈壁滩返回公路之时，意想不到的情况发生了。

先前还烈日当空的戈壁上，突然狂风骤起，大风裹挟着沙石扑面而来，噼里啪啦地打在车体上。周围的能见度也瞬间降到不足2米。所有车辆只好打开大灯和双闪，以近乎步行的速度缓慢前进。

平时路上喜欢说笑的司机师傅们此刻也闭口不言，精神高度紧张地驾驶着车辆，生怕掉队。因为在茫茫戈壁上遇到恶劣天气时，如果跟队伍走散了，单独一辆车一旦发生故障，就很可能使队员面临生命危险。

在强大到不可战胜的大自然面前，执行这样的任务，显然是要拿命来搏的。初出茅庐的赵日，突然对大自然有了更多的敬畏，更对过往六十多年间在恶劣大自然条件下投身中国航天事业的前辈，有了更深的崇敬。

车队缓慢行驶了大约 1 小时，沙尘暴才逐渐散去。每辆车都好似刚刚洗过一个“流沙澡”，黄沙从车体的各个部位渗出。

“逃出生天”的队员们各个都心有余悸。连以前来罗布泊执行过任务的部队同志也说：“这么大、这么猛的沙尘暴，确实是极为罕见的。”

“说不怕是假的，”赵日坦言，“可是如果让我们再选择一次，还是要来这里。”而一切，皆因任务需要。

随着勘察次数的增加，探险带来的兴奋感渐渐褪去。后面的几次勘察中，赵日在经过长途车程后，往往由于晕车一天都吃不下几口饭。每次一回到驻地，疲惫至极的他倒头就睡。

对于这一切已习以为常的勘察队员们，都很照顾队伍中年纪最小的赵日，怕他身体吃不消，每次到了勘察点都让他先在阴凉处休息。在跟前辈们的聊天中，赵日听了很多他们以往执行任务时的难忘故事，也被乐观的他们鼓励着。

于是，“想和他们成为一样的人”这样的念头，激励着赵日奋勇拼搏，哪怕身体再难受，只要工作起来，他也总能像是打了“鸡血”一般跑前跑后。

“一想到以后进行飞行试验的型号会落在自己参与选定的地方，内心就兴奋异常。”赵日笑言。

有了这样的亲身体验，这名“90 后”后来在自己的工作小记中，阐释了他对航天人“初心”的理解和对艰苦奋斗精神的认同：

“型号研制的成功实践告诉我们，无论过去、现在还是将来，艰苦奋斗永远是我们战胜一切困难、夺取事业胜利的重要法宝。只有以艰苦奋斗精神作支撑，我们的民族才能自立自强，我们的国家才能发展进步，我们的各项事业才能永葆生机活力。艰苦奋斗是每一位航天人不忘的初心。”

经过 7 天时间、近万公里的行程，赵日所在的勘察队历尽艰辛最终选取了 7 个备选试验区域，满载而归。

后来，型号进入试验前的最后冲刺阶段，赵日去西北试验基地一待就是近一百天，连续做了好几次试验，当试验在罗布泊预定地点获得圆满成功时，赵日说，他的内心里“除了骄傲就是骄傲”。

如果从网上搜索关于“80后”“90后”的性格特点，类似“中心自我、随心所欲、好高骛远”的评价比比皆是。可是近看航天领域里的年轻人，似乎并不符合这样的特征，有悖于人们的惯常认知。

像深入罗布泊勘察这样的工作，只是赵日和同事们诸多任务中平常的一个。像赵日这样的年轻航天人，在航天一院也有很多——他们常年出差在外，远离家人朋友，身处艰苦环境，专注航天事业……

他们是有理想、敢拼搏、能征善战的“80后”“90后”，正用自己稚嫩的肩膀担起令人瞩目的中国航天的重担。

“接过老一辈航天人的接力棒，新时代的航天事业和航天精神将由我们新时代的航天人接继书写。”赵日说。

毋庸置疑，这些新一代的航天人是未来中国航天最强的战斗力，最宝贵的财富，最大的希望。

采写感悟

提起“90后”，你会想到什么？非主流还是爱自由？在今年的新中国成立70周年阅兵式和群众游行中，作为主力的中国“90后”们展示了不一样的形象。他们有着岁月静好背后的坚毅面庞，是势不可挡的中国力量。赵日就是这样的一个“90后”，看起来有着与年龄不符的稳重外表，却对工作中一切“刺激”的事情跃跃欲试。为了给飞行试验落区选址，他和团队深入罗布泊无人区。恶劣的自然环境没有吓倒他，反而激发了他艰苦奋斗的精神。像他这样的“80后”“90后”优秀航天青年在航天一院不胜枚举，孕育出“鹰雁文化”的他们是今日航天队伍的新鲜血液，更是未来航天强国的中流砥柱。

5 30 年守护一颗钉

莫道桑榆晚，为霞尚满天。

——（唐）刘禹锡《酬乐天咏老》

人物简介

刘素云，女，出生于 1940 年 2 月，1966 年参加工作，入职后在航天一院总体设计部三室担任弹体结构设计师，研究员，紧固件专家，多次获得“国防科学技术进步奖”等奖励。2000 年 1 月退休，退休后作为顾问专家，仍然工作在紧固件研究与生产一线。

中午 12 点，正是午饭时间，神箭北路上，79 岁的刘素云抱着厚厚一沓资料和几颗铆钉急火火地朝办公室走去。

进了电梯，她才顾上跟身边的熟人解释：型号急用一批铆钉，去盯鉴定结果了。

刘素云是航天一院总体设计部三室的一名老专家。

航天事业应该是已知产业体系里要求最高、条件最复杂、边界条件最窄、风险最大的行业。在运载火箭发展历史上，就有因为一个 3 毫米的尺寸差错最终导致发射任务失利的案例。

几十年来，数不清的航天飞行器上用了几十万颗钉，刘素云 30 年来做的工作简单却不平凡——守护“钉”的健康，确保不出现一例质量问题。

一颗"钉"助力我国火箭走向国际

1985 年 10 月，我国政府正式宣布：中国可以向国外提供商业性发射服务。

面对竞争激烈的世界航天市场，要想占据一席之地，并非易事，必须用高可靠性的长征火箭证实发射服务能力。但我国运载火箭进入国际航天市场面临两方面的困难：一是竞争激烈。在当时的航天市场上，可以提供商业性发射服务的一次性使用的运载火箭有欧洲的"阿里安 4"系列，美国麦道公司的"雷神—德尔它"系列，马丁·玛丽埃塔公司的"大力神"系列和通用动力公司的"宇宙神"系列火箭，阵势相当强大。我国要进入这个市场绝非轻而易举的事情。二是我国航天技术过去与外界交流较少。

1989 年 1 月 23 日，我国迎来航天史上一个里程碑节点：与亚洲卫星通信有限公司签订发射"亚洲卫星一号"的合同，发射日期定在 1990 年 4 月。

不言而喻，"亚洲卫星一号"的发射对确立我国航天技术的国际地位具有十分重要的意义。

在航天发射活动中，星箭接口是火箭和卫星设计方技术协调的关键内容之一，它的通用化和标准化水平，直接影响到技术协调的繁杂程度、任务设计工作量、发射费用和履约周期。

当中国代表团去美国进行技术谈判时，美国休斯顿公司提出，中国必须按照国际标准设计星箭接口的过渡锥，这是火箭和卫星连接与分离的两个非常关键的部件，如果不能按照国际标准设计生产出来，中国的火箭就不能与美国的卫星进行对接和分离。显然，完成发射"亚星"的任务也无从谈起。

刘素云说，在那之前，中国航天一直用自己的火箭发射自己的卫星，星箭接口尺寸是 995 毫米，而国际机械接口尺寸要求是 937 毫米，中国当时并不了解国际上星箭设计的状况。

这次设计新型星箭接口，是我国航天史上的首次。而新型星箭接口也

1993 年 12 月 7 日，刘素云与美国代表团谈判的合影

需要新型的铆钉，精度要求高、协调性复杂，难度巨大。而彼时，美国休斯顿公司顺势发难：中方必须在半月内拿出国际标准接口设计，如果中国做不到，可由美方来承包，但前提是中方必须支付昂贵的设计费。

在谈判中，当时的火箭设计师、代表团成员刘素云急了，“这项设计，我来承担！”

回忆起当时的情况，刘素云说：“这次机会，是中国火箭走向世界的关键，必须按照国际接口设计，别人能做到的，我们也必须做到！”

回国后，刘素云立即投入到夜以继日的设计中。

然而，此时的外方又提出了一项更为严苛的要求——星箭接口变形度不能超过 0.15 毫米！“中国人不比外国人差，就是再难，我也要设计出来。”刘素云心想。

那些日子，顾不上吃饭是常事儿。深夜，刘素云办公室的灯还亮着，她拿着工具，一边计算，一边画图，“别说顾不上睡觉了，根本就是不想睡，一心只想尽快设计出来！”憋着这口气，刘素云和同事们只用了半个月时间，就拿出了设计方案，设计出了符合国际标准的星箭接口过渡锥，设计方案一次通过中美双方专家的联合评审。美国专家双手伸出大拇指，连连称赞："完美！无可挑剔！"而这半个月，刘素云几乎没有合眼。

紧接着，她又"泡"在生产车间与工人师傅共同攻关，研制出了产品。而后，中国自主研制的过渡锥运至美国洛杉矶进行星箭对接试验，结果表明，完全符合国际标准，满足了美方性能要求，一锤定音。这次星箭对接试验是中国过渡锥第一次走出国门，也是中国与美国在空间技术上具有历史意义的第一次结合。

了解一颗钉的"前世今生"

自此，刘素云设计的新型铆钉受到型号的高度重视，各类航天器开始大规模使用这种新型铆钉。在完成自己设计工作的同时，刘素云将更多精力和业余时间用于研究包括铆钉在内的新型紧固件以及保证紧固件质量上，这一干就是 30 年。

与一般设计师不同，刘素云自言有个"缺点"：爱动，经常下车间。

她对铆钉质量的把控，从宏观到微观事无巨细，从产品选用、铆钉工作原理、铆接工艺到原材料合金配比、热处理工艺、表面处理工艺，每一个工序她都严格把控，做到心里有数。

"连接不同的产品需要用不同的紧固件"，这是刘素云经常挂在嘴边的一句话。

伴随着材料学科发展，刘素云发现，选用钛合金作为生产铆钉原材料可有效缓解电化腐蚀现象。

1995 年发射的铱星上首次"试水"钛环槽铆钉，但一般钉的强度为≥ 900 兆帕，铱星上使用的钛环槽铆钉既要有强度又要有韧性，要在 900 兆帕—1000 兆帕之间。

刘素云打听到，遵义一家紧固件厂具备生产能力，但对方说"庙"小要不来钛材料，刘素云听闻后，亲自跑到西北当面协调材料商，软磨硬泡，硬是“要”来了钛材料，送到了遵义这家紧固件厂。

某型号总师知道此事后，打趣刘素云：“你这是吃馒头还管种小麦啊！”

新型材料的使用，为铱星减重 120 公斤，按发射每公斤载荷需要上百万美金计算，节约了很多成本。

随着型号产品型谱越来越丰富，结构设计越来越灵活，新型铆钉用量大幅提升，据不完全统计，每年院里会采购 10 万余颗新型铆钉。

从 2010 开始，刘素云隐隐感觉到，一家供应商难以满足院里火箭长远的研制生产需求。为了保证质量和成本优势，她又给自己定了一个新任务——增加生产单位，确保供应稳定。

选供应商可不是一件简单的事情，需要对厂家铆钉的选材、工艺等多方面进行严格考核。供应商遍布全国各地，为实现目标，她和设计人员们辗转多个城市。

经过严格考察选材、生产流程、质量控制流程后，2013 年，经过刘素云的精挑细选，第二家供应商选定。如今，两家供应商同时供货的良好局面已经形成。

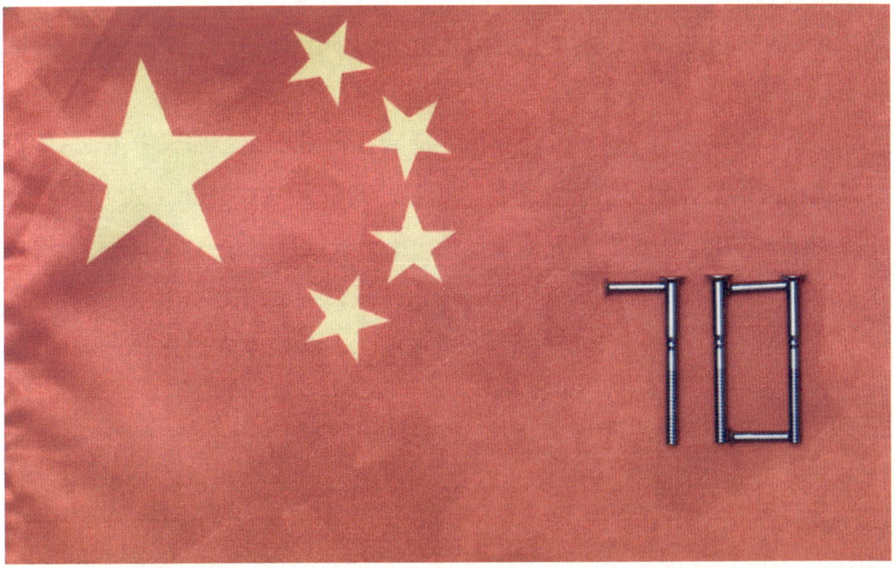

刘素云用钉拼 70 字样

因为干活特认真，有人说刘素云不好说话，但30年间，经刘素云检查过的上百万的设备从未报废过，数不清的飞行器上用了几十万颗钉，却从来没有出过一例质量问题，慢慢地，她在业内建立起了良好的口碑。

因为熟悉材料性能，很多工厂都希望聘请刘素云担任专家，但刘素云都拒绝了，“我的工作在航天，我的产品在航天，我的心也在航天”。

化作一颗“钉”扎根航天沃土

既要保证质量，又要保证生产进度，刘素云心里最放不下的，永远是铆钉，干了快一辈子了，不忙活了心里反而不踏实。已近耄耋之年的她，本应享受夕阳生活，但她却坚持在岗位上作贡献。30年来，一直守护着每一颗铆钉的她，又何尝不是航天事业的一颗铆钉呢？

这颗永不停歇的“铆钉”，创下了中国火箭太多个“首次”：首次使用蜂窝夹层结构设计出卫星支架和仪器舱；首次设计出国际标准星箭接口过渡锥；首次为搭载的瑞典卫星设计搭载舱；首次为发射美国的“铱星”设计卫星分配器；首次研制出多种原材料环槽铆钉保证铆接精密要求……她在航天一院的职业生涯中解决了结构设计中的多个难题，先后多次获得“国防科学技术进步奖”等荣誉。

人称“活字典”的刘素云至今仍然活跃在科研一线。那天中午，总体设计部王小静恰好碰到了抱着一摞检验报告的刘素云，她回忆说：“那时候已是午饭时间。一位70多岁的老人，干了一辈子紧固件，在一个岗位上干得风生水起，一辈子不离不弃、一丝不苟，令人钦佩。”于是才有了开头的那一幕。

30年前设计的一款铆钉，刘素云守护至今。而她本人已化作一颗铆钉，深深扎根在航天事业的广阔土地中。

采写感悟

一颗钉看起来不起眼，但航天器离不开它。刘素云79岁的高龄退而不休，依旧坚持奋战在科研第一线，严格把控每一颗钉的质量；她是一位紧固件专家，不辞辛苦牵引我国紧固件专业发展；她是一位老师，时刻耐心解答年轻员工的专业问题，30多年兢兢业业。正是因为有像刘素云这样数以万计的“钉子”无私奉献，我国航天事业才能更加健康茁壮地发展。

6 守岛第一人

任何一名劳动者，无论从事的劳动技术含量如何，只要勤于学习、善于实践，在工作上兢兢业业、精益求精，就一定能够造就闪光的人生。

——2016年4月26日习近平总书记在知识分子、劳动模范、青年代表座谈会上的讲话

人物简介

高勇，出生于1974年3月，本科学士，1995年毕业于北京理工大学，入职后从事基地服务保障，现任大连基地服务保障项目经理。获得院级奖项1项。2017年4月，获五部委“长征五号运载火箭首次飞行任务突出贡献者”称号。

在我国最南端的海南岛，有一座美丽的小城——文昌。我国首个滨海发射基地——中国文昌航天发射场坐落于此。作为世界上为数不多的低纬度发射场之一，中国文昌航天发射场不仅可满足我国航天发射的新需要，还能借助接近赤道的较大线速度，以及惯性带来的离心现象，使火箭燃料消耗大大减少，也可通过海运解决巨型火箭运输难题，并提升残骸坠落的安全性。

中国文昌航天发射场

在发射场，有这样一位保障人，他脚踏实地，带领团队为两次重点型号首飞任务提供了优质高效的服务保障。他就是来自航天一院万源实业公司航天科研保障中心的高勇。

由于长期在海岛或半岛上坚守，同事们笑称高勇为“守岛第一人”。2017 年 4 月，他被人力资源和社会保障部、工业和信息化部、国防科工局、国资委、中央军委政治工作部五部门联合授予“长征五号运载火箭首次飞行任务突出贡献者”的光荣称号。

将地方特色“清补凉”引入职工食堂

将我国航天发射场从北方高纬度的内陆地区“搬”到南方低纬度的沿海地区，文昌发射场的建成，填补了我国低纬度发射的历史空白。

与其他发射场不同，文昌发射场采用的“属地化”服务模式，是后勤保障服务的一种新模式。试验队平时五六百人，高峰期上千人，高勇从零出发，率先组织起一支由北京管理人员、各地优秀厨师、海南当地洗消人员共同构成的精干餐服队伍，采取多渠道、多地点、灵活性高的原材料供应方式，为试验队员提供兼顾北方口味与当地特色的美味佳肴。

很多队员，特别是女队员都对餐厅一种名为“清补凉”的小吃念念不忘。

海南岛全年平均温度在30度以上，“清补凉”是当地人习惯吃的一种消暑小吃。它没有什么固定搭配，汤底可以是红糖水、椰子水或椰奶，放入豆类、杂粮、水果等食材，再加上冰块，消暑解渴又养颜，别提多美味了。闷热天气里，队员有时食欲不振选择不吃正餐，而是到邻近的文昌龙楼镇来一碗“清补凉”作为宵夜。

高勇发现后想，既然队员爱吃，餐厅为什么不能做呢？于是，他利用业余时间，几乎尝遍了文昌市的清补凉摊位，一一询问配料和制作方法，有的摊主不愿意透露配方，高勇则逐渐练就了“独门舌头”，只要一试吃就能把配料及比例拿捏得差不离。在会同厨师几经改良后，最终将这道风味美食端上了队员的餐桌。

经由高勇改进后的“清补凉”配料丰富、健康美味，收获了试验队员的啧啧称赞。若是餐厅有一段时间没有供应，就会有队员问起：“什么时候再

高勇（一排右三）与他的餐服队伍

做‘清补凉’呀，我们都惦记着这一口儿呢。”

平时，为了让队员吃得更好，高勇结合各地特色，潜心研究创新菜品。到了各个节日，餐厅制作的月饼、粽子、汤圆等特色食品，让离家千里的试验队员感受到家的温暖。

每次发射前，为队员准备象征圆满顺利的“成功包子”，是一项试验队的传统。高勇本来并不会包包子，但为了分担厨师工作量，也为了向试验队员表示心意，他认真观察厨师的操作，利用后厨废弃的边角料自己练习。从歪歪扭扭完全不成型到像模像样，如今他包包子的速度和质量丝毫不逊色于餐厅的主食厨师。

2016 年 6 月，长征七号火箭发射前，食堂向试验队送去了 3000 个“成功包子”，有羊肉大葱、猪肉韭菜、鸡蛋木耳数种馅儿，一上桌就被一抢而空。除了举国瞩目的火箭发射，“航天包子”也跟着上了热搜。队员们吃得开心，高勇也感到很自豪、很欣慰。

将台风预防做到细致入微

夏秋季节，海南很容易受到台风等极端恶劣天气影响，狂风暴雨有时甚至会断绝整个海岛交通和物资供应。

此前，高勇一直生活在北方，并没有经历过台风天气。

2016 年 10 月，超强台风“莎莉嘉”在登陆我国前，已给菲律宾造成了近 3 亿比索的严重经济损失。

为此，高勇向当地人详细了解了台风到来时可能面临的各种极端情况，提前一周做了多方面的周全准备。

他带领采购员多次前往文昌市区，采买多种应急食品，第一时间分发到队员手中；提前联系供应商，储备大批原材料，保证餐食正常供应；考虑到餐厅的玻璃门窗可能被大风裹挟的杂物击打破裂，他准备了硬纸板、宽胶带，组织餐服人员加固门窗；担心高处玻璃破裂，他踩上椅子，逐个仔细检查。厨师长刘俊峰劝他：“勇哥，我们粘了好几层，你就放心吧。”他一边检查一边答："玻璃要是破了，餐厅里的设备设施就难保了，咱们拿什么给队员们做饭啊，我得再检查检查。"

"莎莉嘉"登陆时，带来了暴风骤雨，树木被吹得枝叶断裂，甚至连根拔起。餐厅洗消人员是本地人，每天骑电动车来上班。担心上班不安全，高勇提前给他们放了假。

这些员工问："我们回家了，餐厅洗碗打扫这些工作你们哪做得过来？"高勇笑着说："航天人还怕这点困难吗？你们放心地回家吧。"那段时间，队员用餐完毕后，他带领库管、采购、服务员等五六位员工，加班加点干完了平时十余位洗消人员负责的工作，确保了试验队员的正常用餐。

整个台风期间，餐厅设备无一损坏，用餐环境整洁干净，开餐时间正常有序，各色美食琳琅满目。发下去的应急食品大多数队员都没有拆封。队员们打趣说："'莎莉嘉'来这一趟，除了下点雨，对我们也没什么影响嘛。"

为采购最新鲜最实惠海鲜甘当搬运工

由于在文昌基地表现突出，2018 年年初，高勇被从海南岛调到了辽东半岛，负责抓总发射基地的服务保障工作，为近千名试验队员提供服务。

七八月份，大批游客到大连避暑，加上渤海湾进入了休渔期，海鲜价格上升。但高勇有自己的坚持：海产品味道好、营养价值高，不能因为价格高就退出试验队员的餐桌。

经过多方走访打探，他找到了海鲜产品的源头地——大连湾辽渔海鲜批发市场，并决定绕过批发商，直接与渔船船主洽谈，力求买到全大连最新鲜、最实惠的海鲜。

凌晨 4 点，他和同事驱车 50 公里前往大连湾采购。但采购过程并不顺利，由于基地需求量有限，而很多渔船都有固定的收购商，上千斤海产品一次性全部出售，就可以马上开船，所以他们并不愿意与高勇这样的"散客"打交道。

尽管询问渔船主时，高勇脸上满是真诚而灿烂的笑容，但渔船主通常只会淡淡地回一句："我们跟别家都谈好了，没有货给你。"

但高勇并不死心，他一艘船挨着一艘船地问，终于找到了一些愿意达成交易的船主。但渔船不像市场摊位，没有提供搬运服务的人手。海产过秤、钱款结清后，高勇和采购员一起，将一箱箱、一包包鱼虾贝类从码头边的船上搬运到市场外的车上。

大连的夏天闷热潮湿，市场路面湿滑，高勇体型偏胖，搬运重物略显费力，尽管搬运时小心翼翼，但锐利的鱼鳍有时还是会划破他的衣服，划伤手臂，留下一道道血口。

船主看他气喘吁吁、汗湿衣襟的样子，奇怪地问："听你们采购说你还是个经理，怎么不派别人来干这些活？"高勇一边搬运一边笑着说："哪有什么经理不经理的，都是为单位干活的，我搬也一样。"回到基地，天色已经微亮，带着满身鱼腥味，高勇匆匆回房洗过澡，又出现在餐厅、厨房，查看早餐准备情况。

无论在海南还是在渤海湾，高勇甘当配角、辛勤付出，以为科研生产中心任务做好保障为己任，以个人的精神风貌带动、影响着整个团队，以高质量的服务水平获得了试验队员的认可。

同时，作为创新服务保障模式的实践者，高勇在用高度的责任心、饱满的工作热情、高效的工作方法、优质的服务水平传承航天奉献精神的同时，彰显了个人价值。

采写感悟

作为创新服务保障模式的实践者，服务团队的引领者，试验队员的贴心人，高勇以高度的责任感和强烈的事业心，为型号科研人员做好服务保障工作。这份保障，是一线试验队员安心工作的基础，助力航天型号的圆满成功；这份保障，离不开"守岛第一人"高勇的奉献、付出与牺牲。他兢兢业业、精益求精的工作态度，是新时代航天保障人的楷模。

7 守护，为了保持“零”差错

独有菊泉能定力，岁寒坚守此山前。

——（宋）张炜《荐菊泉》

人物简介

姜艳生，出生于1978年11月，毕业于北京市顺义区牛栏山技工学校，1996年3月入职航天一院二一一厂，先后从事搬运工，金属保管员，油封工等工作，2004年任航天一院物流中心房山火工品库保管员。曾荣获2014—2015年院突出贡献共产党员称号。

火工品是火箭上带火药的各种零件，易燃易爆，“娇气”得很，但它的重要性不言而喻。

守护火工品的工作看似简单，但没有耐住寂寞、忍住枯燥的坚守，就难以换来零事故、零差错的纪录。

远离北京南苑“大本营”的京郊山脚边，航天一院物流中心火工品库保管员姜艳生，和他的伙伴们一起，与寂寞为伴，与艰苦共舞，只为保障火工品的安全和按时进出库。

他们的长年守护，为浓墨重彩的航天梦描上了不可或缺的一笔。

常人难以想象的库区生活

走进姜艳生一家三口70多平方米的“家”，电冰箱是公共财产，饭桌是折叠的，天花板上吊着一只灯泡，近乎“家徒四壁”。夫妻二人的卧室靠着门口，墙上挂着他俩的结婚照；紧挨着的是儿子的卧室，房间里放着两个铁皮文件柜充当衣柜，书桌上摆着两个简易的塑料小火箭，是儿子心爱的玩具；厨房一角堆着煤烟，摆着“土暖气”，这是他们冬天的取暖设备……

火工品库共有 4 名保管员，姜艳生最年轻，但在火工品库工作的年头却最长。从 2005 年开始，他一待就是 10 多年。与其他保管员不同，姜艳生一家三口都在库区，爱人是火工品库的清洁员，儿子就在山那边的小学上三年级。姜艳生原本想把孩子送回老家密云念书，但实在没人照顾只好放弃，儿子也就成了“山里娃”。

库区生活的不便，常人根本难以想象。

买菜的地方距离库区 10 公里，购买生活用品更得跑到 13 公里以外。姜艳生就每周出去一次，尽量把东西买齐。

火工品库的工作和生活孤独而艰苦。夏天，风吹得树叶发出“沙沙”声，映衬出寂寥；冬天，到处光秃秃的，大风呼啸，显得格外荒凉。姜艳生笑说，厕所在院子里，冬天蹲着都直打滑。

火工品库生活区建于 1980 年代中期。推开宿舍门，就能看到墙上的爬虫“钱串子”刺溜刺溜地钻进墙缝里。有天早上起床时，姜艳生脖子上爬了只蝎子，多亏他反应快一把打掉，但还是被蜇了一个大红肿包，他只庆幸“没咬着孩子”。在家里，姜艳生最多一次逮过 5 只蝎子，厕所里也抓到过蛇。

断水断电的窘境更是经常遇到。生活区用水由附近村子供给，农忙时节的灌溉、抽水泵短路等原因，都会造成生活区停水，有时一停就是一天。姜艳生他们慢慢有了经验：洗澡时，如果发现水流越来越小、越来越热，这是又要停水了。时而会有这样的搞笑场面，因为停水，姜艳生爱人拿着锅铲跑到院子里，遇到手里拿着一把菜的姜艳生，两人只能无奈地对视一眼……

断电也是家常便饭。下班回到宿舍，一拉灯，“砰”的一声，灯就爆了。每年雨季，大雨常会把高压电线打断，断电的频率就更高了。姜艳生印象最深的一次，是点蜡烛过了 1 个多月。

别人周末或者假期大多回家与亲人、朋友聚聚，但姜艳生一家三口扎根山脚，很少有机会出去逛逛。尽管老家在密云，他也很少回家，因为库区实在离不开人。作为家中独子，姜艳生对老父亲很是愧疚："老爸身体不太好，我也不能在身边照顾他……"

有人问："这么苦的环境，你会有抱怨的时候吧？"

姜艳生回答："有啥怨言，就是工作嘛！"不过，他停了停，声音放低了些说："其实我自己吃点苦没什么，就是孩子跟着我在这儿，挺亏欠他的。"

365 天 24 小时都在工作

一天凌晨 3 点，急促的电话铃声把姜艳生从睡梦中叫醒。

"我们马上过来取火工品，赶紧准备一下。"电话那头的计划员下达了指令。放下电话，姜艳生毫不迟疑地披上衣服，立刻往库区赶去。首先要将火工品配备齐整。姜艳生拿着取货单，一件一件对照着取出。他知道，这来不得半点马虎。他反复核对，等待计划员的到来。

计划员很快来了，把所需要的物品装上车后拉走。此时已经天亮，姜艳生完全没了睡意，他干脆将所有的库房又检查了一遍。

其实，像这样紧急取货的事情随时都可能发生。每一次，姜艳生都毫不懈怠。十几年来，他已经习惯了晚上十一二点到货，或者凌晨来人取货，甚至有时候由于型号需要，需要连夜盘点产品，直到天亮。在姜艳生的概念里，没有所谓的"上下班"和节假日，任何时候都要做好准备。只要工作需要，24 小时都是工作时间。

山里的夜黑沉沉的，安静得能听见心跳声。刚到这里的人，甚至多多少少会感到一丝不安。但姜艳生说："这里早就熟悉得跟家一样了。虽然地处偏远，但是能为国家的航天事业尽一点微薄之力，其他又算得了什么呢？"

2012 年 7 月 21 日，是姜艳生至今记得的日子。当时北京遭遇百年未见的暴雨，洪水从山上冲下来，冲垮了库区一段新修的围墙，同时也冲坏了库区外面的道路。

姜艳生在库区

整整3个月，又赶上北京最热的时候，汽车无法开进库区，保管员们就肩扛手提，把产品送进库房或者装上汽车。用姜艳生同事冯庆章的话说："活儿都是一步一步干出来的。"

这还不算最难的时候。有一年，由于工作太紧张，姜艳生的咽炎犯了，4天时间里，说话完全没有声音。

"无论我怎么使劲，就是不出声，但嗓子并不疼，我就想'完了完了'，这回变成哑巴了。"好在姜艳生的担心并没有成真，打了3天点滴后，他说话时候终于又有声音了，在和同事谈工作的时候，不用再打哑语干着急了。

和千万航天人心怀同一个梦想

仓库里，存放着火箭各型号产品使用的火工品，因此对库房的管理要求极其严格。在仓库办公室的墙上，写着库房必须满足的条件：通风、防火、防爆、泄爆、防盗、防静电等，十分醒目。

火工品的保管和存放，来不得半点疏忽和马虎。

姜艳生的任务主要有三项：一是将火工品入库时放好，出库时配备齐套，二是防止火工品受湿，三是防止火工品干燥。

下雨的时候关注有没有漏水，晴天的时候检查有没有干燥，进库的时候做好防静电，出库的时候保证装备配套分毫不差，漏水了赶紧排水，干燥了洒水加湿，搬运的时候小心翼翼……对火工品的守护，大量时间都花在这些一件件看似琐碎的小事上。但姜艳生知道，看似琐碎的小事，蕴藏着维护安全的大道理。运送到靶场的火工品只要出现一丝一毫的差池，就会影响到整个发射任务，可谓关系重大。

保管员有一项常规工作：就是每天检查库房，观察温湿度表，记录环境指标，保障库房环境情况符合要求。占地 2 万多平方米的库区，保管员检查一圈要花上 40 分钟左右。这个检查任务，就连节假日也不能例外。山区多发暴雨，大雪、冰雹等极端天气也不鲜见，越是这种恶劣的天气，越要仔细检查库房，保持高度警惕性，防止出现突发状况，确保库区里的火工品安全。

一年春节，正是姜艳生值班，正好赶上了大暴雪。“早上我出门，一脚踩下去，雪没过了膝盖。”就这样深一脚、浅一脚，他好不容易从生活区走到库区。但由于库房四周围着防爆坡，过道里的积雪都到了胸口。怎么才能进到库房？姜艳生比画着说，就像“狗刨”一样，他刨出了一条路，随后又趟着齐膝深的大雪，把几间库房都检查完了，这才放心。

十多年来，姜艳生和同事们看护的火工品库从未出过差错和事故。这背后，离不开看库人的辛苦付出。火工品保管员是一个平凡的岗位，管理的却是极其重要的物资，需要严慎细实、踏实认真的品质。姜艳生就像一粒沙、一块砖，默默尽着一份属于自己的职责。

“我是党员，身份在这儿呢，怎么能没有责任心。我们和千万航天人心怀同一个梦想，那就是建设航天强国。”姜艳生说。

采写感悟

接受采访的姜艳生腼腆、话语不多。当提及库区条件艰苦、守护工作不易时，他憨憨一笑。这样的他扎根基层，默默奉献，不为名、不为利，耐得住寂寞、担得了责任。这就是新时代千千万万航天人的缩影，没有惊天动地的豪言壮语，只有数十年如一日的坚守和付出。

8 仁心仁术让患者“心安身泰”

衣带渐宽终不悔，为伊消得人憔悴。

——（宋）柳永《蝶恋花·伫倚危楼风细细》

人物简介

陈应泰，出生于1975年11月，医学博士，毕业于北京大学，师从中国工程院王俊院士，2014年调入航天一院七一一医院任胸外科主任。目前担任10个专业学会副主任、常委等职，获国家级奖励1项、省部级奖项3项，院级奖项3项。2019年获评院首席技术专家。

“您今天感觉怎么样？”走进一名肺部肿瘤患者的病房，航天一院七一一医院（北京航天总医院）胸外科主任陈应泰一边笑脸盈盈地说着话，一边习惯性蹲下查看病人引流情况。

2015年，北京航天总医院胸外科建科，如今科室收治病人量、手术量已与宣武医院、友谊医院不相上下。

这一切与作为科室带头人的陈应泰密不可分。

从医 20 年来，陈应泰获得了一系列荣誉，但他却淡然处之，“这只是为病人减轻痛苦的附加值，医生的本就是治病救人。”

有难必克　挑战别人眼中的不可能

在众多知名医院云集的京城，北京航天总医院名气不算大。但是这家医院却肩负着国家大型飞行试验工作人员的医疗保障和广大航天员工家属以及周边近百万居民的医疗保健服务。

2015 年，北京航天总医院和北京大学人民医院胸外科联合组建的胸外科正式成立，陈应泰带领胸外科从无到有，从大到强，见证了总医院胸外科

陈应泰（左二）

的茁壮成长。

肺癌在我国不仅发病率第一、死亡率也是第一。总医院胸外科联合健康管理中心开展了以肺部小结节诊疗绿色通道为依托的多学科合作，及时对发现的早期肺癌患者，进行微创手术根治。经过四年的发展，如今总医院胸外科年手术量已攀升到每年 600 台，超越了同区域多家著名的市级三甲医院。

去年 5 月，山东 44 岁的郑女士被发现后纵膈存在一个大约 4×5cm 的肿物，到航天总医院之前，她已经去过北京、上海和济南不下十家大医院会诊，均被告知手术难度大、风险高，需要胸外科—骨肿瘤科—血管外科—神经外科多科行颈部切口联合开胸手术，手术中还要切断锁骨和多根肋骨，找到陈应泰时，郑女士几近绝望，做好了放弃的准备。

“病人病变位置特殊，位于颈根部和胸顶部交界处，肿瘤周围大血管、功能神经交错，手术难度及风险非常大。”经过讨论，陈应泰带领团队从术前准备、麻醉方式、手术体位、手术切口、到术中如何剥离肿瘤，如何进行有效的生命体征监护，再到术后如何护理、抗感染等，每一个环节和细微之处，都做了精细的预案和防范措施。

“我这里已经是她最后一丝希望所在，我肯定不能放弃。”陈应泰回忆说。术中，陈应泰通过常规胸腔镜的微创切口，找到肿瘤边界，剥茧抽丝，将肿瘤与周围重要结构逐一分离，最终完整切除肿瘤，整个手术历时仅 35 分钟，且术中几无出血。

技术精湛，是位非常好的医生。这是很多患者对陈应泰的评价。

2014 年，雷奶奶在单位的例行体检中发现右肺多发结节，最小的 0.5 厘米，最大的 2 厘米，尤其是下叶结节位置特别敏感，深埋在肺实质内部，靠近汇管区及叶支气管。由于高龄、病灶位置敏感、切除范围大等原因，曾经也是一位医生的雷奶奶当时选择了继续观察，可是两年后，先前发现的结节长大了。

为了能够彻底地切除肺部的多发结节，按照常规的传统手术只能把深部结节所在的整个肺叶切除。但年近八旬的老人能否承受得起整个肺叶乃至多个肺叶切除的后果，谁也没把握。

老人找到了陈应泰。

陈应泰带领胸外科团队经过多方研究发现，雷奶奶的下叶结节虽然靠近肺门，临近大血管，但结节直径相对比较小，和周围肺实质间隙也还算清晰。

“我们可以采用国际上最新的铥激光精准剜除术！”陈应泰提议，铥激光剜除术主要在德国及意大利应用较多，对术中操作要求很高，目前国内只有几家医院开展过，而对肺实质内部如此之深的病灶精准切除，在国内尚属首次。陈应泰制定了详细的手术方案，向雷奶奶及家属就治疗方案做了细致讲解与耐心沟通。最终手术共切除三块病变肺段，总出血量不超过20ml，创伤极小，术后5天，雷奶奶健康出院。

雷奶奶的家属们高兴极了。他们夸赞陈应泰医术高超，敢拍板、敢决断。但他们不知道的是，任何一位医生也无法预料手术过程中可能出现的突发状况，当病人签下字的那一刻起，医生在这个“战场”上背负的就是生命的信任，只有拼尽全力一往无前。

有求必应 “24小时在线”的专家

除夕夜，阖家团圆的时刻，正在厨房切菜的陈应泰接到了值班大夫的电话。

原来胸外科收治了一位肺癌晚期伴胸腔积液的患者，患者身体不适已久，本想撑过春节再做手术，但傍晚时分，大量胸腔积液令他呼吸越发困难，喘憋难耐，只能来到总医院急诊就诊。

了解病人情况后，陈应泰放下手里的活，和家人打了个招呼，立即奔赴医院。

陈应泰的家人甚至已经习惯了他的这种工作节奏。

常有患者家属找到陈应泰：“我们公司不好请假，能不能把患者手术安排在小长假前一天或者周末前，这样能多出3天时间照顾老人。”

考虑到大家的需求，陈应泰每到节前都尽可能地为患者多安排手术，一天三四台手术是家常便饭，多的时候甚至一天能够达到五六台。“对肿瘤患者来说，时间太珍贵，要让他们被治得再早一点，康复得再快一点，最大程度减轻患者家庭的负担。”

有的手术难度大，病灶很难处理，手术持续时间长达八九个小时。高强度的手术极其耗费体力，陈应泰好几次出现头晕眼花等低血糖反应，但他硬是靠着几支葡萄糖咬牙坚持了下来。

在网上，不少患者用自己的亲身就诊经历，记录了陈应泰平凡却又不平凡的工作点滴。

“陈主任周末、节假日都来这里查房。每天看到他都觉得特别安心。”患者刘叔叔说。

“感谢陈医生，是您给了我父亲信心！”另一位患者的儿子在写给陈应泰的信中写道。

平时工作繁忙，但工作时间之外，陈应泰“自找麻烦”，给自己安排了一项重要工作——免费给患者回信。如今这已成为北京航天总医院赢得患者信任的“独门秘籍”。

这些患者来自祖国各地，大多素未谋面，他们将自己的就诊资料寄给陈应泰，希望得到就诊建议。

陈应泰不仅会及时回信，必要时还会加微信或电话与对方详细沟通，考虑到医保等因素，甚至给出患者在当地就医时应该去哪个医院、找哪个医生等建议。

在医患关系紧张的今天，陈应泰的微信好友里，保守估计一半是患者。对患者来说，陈应泰是值得信赖的“24 小时在线”的专家。

有口皆碑　患者信赖的学科带头人

“排队一上午，就诊 3 分钟。”面对患者，不少医生往往惜字如金。

陈应泰却不然。

汪老师是一名航天专家，这位 20 世纪 50 年代的北大高才生对生活如工作一般严谨细致。手术前，老太太并不太信任北京航天总医院的专家，经常拿着国内外专业期刊，来找陈应泰讨论肺癌的专业问题。

“这其实是在‘考’我。”但陈应泰不厌其烦，每次都掰开了揉碎了和老太太详细解释，最终用自己的耐心和专业水准赢得了患者的信赖，并成功为其实施手术。

在患者圈，陈应泰拥有不少“粉丝”。

陈应泰曾治疗过不少来自东北三省的病人，李先生就是其中一位。3 年前陈应泰给他做了肺癌手术。2019 年 1 月，李先生爱人查出肺部小结节后，第一时间就来咨询陈应泰。

“北京有名的医院我们去过不少，但总医院的态度是最好的。手术前陈主任用尽各种通俗易懂的语言，给我们解释手术的原理，消除我们心中的顾虑。”如今，李先生爱人的手术已顺利完成，老太太爽朗的笑声里饱含着对陈应泰的感激和信赖。

一名周姓患者家属至今印象深刻的是，手术前的家属谈话中，陈应泰态度和蔼地向家属介绍了患者病情，讲解医学常识和术后护理知识，消除了患者家属的担心。

“与其他癌症不同，肺癌往往前期难以察觉，一查出来多是中晚期，治愈率非常低。”陈应泰说，他希望能够通过自己的工作，增进大家对肺癌预防和治疗的理解。

自 2015 年科室成立以来，胸外科一个雷打不动的项目，就是每周四早上五点半集合前往北京大学人民医院进行学术查房，交流典型和疑难病例，并聆听专家分享的国际学术新进展及读书报告。

如今，作为北京大学人民医院胸外科团队的主要成员单位，航天总医院胸外科迅速成长，整体医护水平与北京大学人民医院胸外科实现了同质化发展。

采写感悟

采访刚刚结束，在送记者离开时，陈应泰就在走廊遇到前来赠送锦旗的患者家属，看到他们写在眉梢眼角的感激，记者也能感受到医生这个职业的幸福感。正如他的名字，对患者“有求必应”，让患者“心安身泰”。“医生这份职业是个良心活，患者把生命托付给了我们，这份信任太重了，胸外科的路还很长，我只有一步步继续踏踏实实地走下去。”陈应泰说。

中国航天
CZ-7
万无一失

五

xin shi dai zhui meng huo jian ren

协同攻坚的大局意识

篇首语

“我们最大的优势就是我国社会主义制度能够集中力量办大事，这是我们成就事业的重要法宝，过去我们搞‘两弹一星’等靠的是这一法宝，今后我们推进创新跨越也要靠这一法宝。”

——习近平

2019年9月29日，中华人民共和国国家勋章和国家荣誉称号颁授仪式在人民大会堂隆重举行。中国航天人的杰出代表、“两弹一星”功勋科学家、2009年国家最高科学技术奖获得者孙家栋院士荣获“共和国勋章”。

这位获得了中华人民共和国的最高荣誉勋章的航天老人，曾语重心长地说：“我们航天精神有一句非常到位的话，就是大力协同，形成团队。除了共同学习，更要共同支持。离开集体的力量，个人将一事无成。”

航天工程是一项十分复杂的综合系统工程，要求各大系统、子系统密切合作、相互衔接、缺一不可。举例来说，总量200多吨的火箭，90%的推进剂是化工部门做的，很多设施设备是全国大配套生产的。航天事业必须依靠全国范围的紧密合作、大力协同、集智攻关、集力攻关。从这个意义上说，协同攻坚是航天事业的必然要求，是建设航天强国必须具备的基本品格。

协同攻坚，就是要树立系统论的思想和方法。航天人从一开始就把系统工程理论和方法运用于技术创新和工程实践，推动在工业基础和综合实力非常薄弱的条件下取得重大突破。每一个大型航天工程都是通过系统工程的方法，有机地集成大系统、分系统和子系统的结果。这决定了从事航天事业的各单位、各部门乃至每一位航天人都要胸怀全局、同舟共济。航天事业每一次飞跃，一个重要的经验就是讲大局、讲风格、讲团结、讲协作，提倡互谅互让、主动支援、主动担责，培养和形成完备的系统工程管理思想、理论和方法。新中国成立70年以来，中国航天人成功地运用了举国体制，在“两弹一星”、载人航天等领域集智攻关，取得了举世瞩目的科技突破，使无数“蜿蜒小溪”汇聚成了中国航天事业发展的大江大河。

协同攻坚，就是要树立全局观念和“一盘棋”理念。早在中国航天事业起步之时，中央就明确要求把从中央到地方的各方面技术力量组织起来，全国一盘棋，拧成一股绳，统一安排，分工负责，通力合作。无论是总体设计还是分系统，无论研制一线还是管理保障，都必须在各自的岗位上尽职尽责，高标准完成每一项任务。各单位必须相互支持，在兄弟单位产品发生影响整体进度的故障时，首先做到眼睛向内，查找自身有无问题，把兄弟单位发生的问题当成自己的事，想方设法共同解决。在艰苦卓绝的环境面前，在惊天动地的伟大成就面前，运筹帷幄的领袖、德高望重的老帅、“两弹一星”的功勋科学家和无数参与其中的科研人员都牢牢记住了其中这样一条经验：协同攻坚。

航天事业事关国家战略发展，关系中华民族复兴伟业。当今世界经济、军事、政治、科技局势变化波诡云谲，面对新形势，继承和弘扬协同攻坚精神，更需要在全面构建航天科技工业新体系的发展实践中，透过不同的体现形式，不断挖掘、提炼，赋予它新的内涵和时代特征。协同攻坚不仅与恪守航天职业道德相辅相成，更离不开科研生产实践，只有和万众一心干事业的伟大实践相结合，把充满希望的伟大事业当作传播这种精神的活的载体，航天事业才能更加具有活力，更好地向前发展。

航天事业创建60余年来，正是广大科技工作者对国家利益至上的坚守，对民族伟大复兴梦想的追逐，凝聚起了国家越来越强大的航天科技实力。在迈向科技强国的征程上，我们仍需要协同攻坚这样的宝贵精神财富。在这一章里，编写组记录下了航天一院一线员工平常工作中最浓墨重彩的协同攻坚故事。这些生动的、可触摸的故事直击人心——只要坚守自己的职责，我们普通人也能用平凡书写不凡，以普通铸就伟大。

在奔向梦想的路上，我们每一个人就像一朵浪花，既汇成大海，也依托大海。只要浪花翻滚，永不停歇，就将铸就更大的中国“奇迹”，迸发出更强劲的中国“活力”。

——**胡尚元**

（中国政法大学中国和平发展研究中心副主任）

1 在“刀尖”上跳芭蕾

会挽雕弓如满月，西北望，射天狼。

——（宋）苏轼《江城子·密州出猎》

团队简介

长征二号丙火箭抢险队，抢险12人主要由航天一院二一一厂火箭总装车间员工组成，涉及6种岗位，平均年龄35岁左右。危难之时，每一步都是生死一线，而每一次他们都做出了同样的选择。

承载着光荣与梦想，中国航天缔造出一段段奋进的岁月；面对航天高风险考验，中国航天人齐奏出一曲曲金戈铁马之声。

尤其当火箭处于危难之时，每一步都是生死一线，但每一次他们都做出了同样的选择：

1990年，老工人魏文举关键时刻舍身排故抢险，用生命托举起长征二号捆火箭飞向太空；2006年，长征三号甲遥十一火箭试验队员第一次为已加注氧化剂的火箭更换活门；2012年，长征三号乙遥二十四火箭试验队员三进三出排除燃料泄漏故障……

2016年10月31日，航天一院二一一厂总装事业部长征二号丙火箭试验队再次上演了一场“刀尖上的芭蕾”——“舞台”是太原卫星发射中心发射平台，升腾的烟雾不是干冰，而是致命毒气四氧化二氮。

序　曲

2016年10月29日上午，长征二号丙火箭发射前一天。

在一级氧化剂加注过程中，箱压突然出现异常升高。故障被锁定为一级氧箱安溢活门在加注过程中没有正常打开，但故障原因在短时间并不好确定。为确保飞行成功，10月29日晚，指挥部决定，先将一级氧箱安溢活门更换掉。

此时，火箭已经完成燃料加注，燃料是四氧化二氮。凡是和火箭打交道的人都知道，四氧化二氮系剧毒，易挥发，具有强腐蚀性，附着性强。泄露出的燃料一旦附着在仪器上，将造成大面积损坏，附着在人的皮肤上则直接会导致烧破、烧穿。

进舱更换安溢活门会接触大量四氧化二氮，无论谁去更换，都将面临重大考验。

"这个阀门是我装的，我要去！"顾来群主动请缨。

"我有三次抢险经历，我去更合适！"石磊抢着说。

"我是老党员，是他们的老组长，我必须上发射塔！"58岁的沈耀荣这么找"借口"说。

"我必须去，没什么可商量的！"陈棣说。

"陈棣你在后方指挥，我熟悉工序细节，算我一个！"王京航站起身来大声地说。

接到更换活门的指令后，总装事业部的试验队员们开始"争"起来。难以想象的是，他们争的竟然是生死考验的"机会"。

在严肃、凝重的氛围中，工艺员焦宇铭熬了两夜，根据既有的通用靶场更换活门预案，针对火箭的情况制定出详细可行的更换方案、工艺规程及质量控制卡，还根据大家的意见，专门列了一张表格，详细列明更换活门所需的各种设备、防护器材。赶到现场的丁鹏飞、尹旭虹……每个人都参与了方案制定的讨论。

与此同时，试验队成立了抢险组织机构，确定了进入火箭舱段的人员：中队长陈棣负责指挥；最凶险的进舱更换活门由经验丰富的石磊和火箭装配主岗顾来群承担；沈耀荣和王京航在舱外负责保障；其余几位抢险队员负责监视氧气瓶用量。

抢险方案涉及分工、步骤、质控、安保各个方面，试验队反复审了3遍才定稿。操作方案详细到强光灯摆放的位置、人的站位、操作时每一个转身、拿螺钉和工具的先后顺序。在开始抢险之前，每个人在脑海里都把整个流程过了四五遍。

起　舞

10月31日上午11点，穿上密不透风的防护服，戴上专用氧气面罩和5层橡胶手套，扎紧袖口，石磊、顾来群各自准备妥当，先后进入一级箱间段，开始更换活门。

火箭氧化剂箱内仍有氧化剂，四氧化二氮持续挥发出致命的有毒气体。当活门被取下的刹那间，一大股浓浓的黄烟立刻从活门安装口涌出，瞬间充斥整个舱内并向舱外涌出，强光手电的光在顾来群的视线里变得暗红——这意味着，此刻他们已踩在了命悬一线的“刀尖”上，而且还要完成一系列精确的动作。

活门在火箭贮箱底部，留给抢险队员的操作空间很小。入口在外壁上，仅仅只有0.4米见方大小，刚够一个人爬进去。内部结构复杂，而且有很多精密的仪器设备及导管，要十分小心才行。

浓烈的四氧化二氮气体仍然弥漫整个舱内，让石磊、顾来群的操作视线大受影响。此时在舱口的沈耀荣和王京航一边守住安放在活门附近的吸气管，使其持续吸气，一边对舱内进行吹风，“左右开弓”帮助降低四氧化二氮气体浓度。

舱外，监视呼吸机压力的张跃发现，顾来群和石磊的呼吸机指数都出现了大幅波动，在这样密闭的空间里，这是他们屏住呼吸后大口吸气导致的。看到这个画面，大家的心都揪到了嗓子眼儿。

舱内，两人很快镇定下来。石磊用团队事先自制的橡胶塞子堵住泄露口，又将腿下压着的抽气管对准泄漏口猛吸。几分钟后，操作空间内毒气排光了，后方大屏幕上又能看见石磊和顾来群了。

顾来群趁机迅速卸掉8颗螺钉，拆下活门递出舱外，接过用于更换的新活门。此时石磊已经取下了活门安装口的旧密封圈，拔下橡胶堵塞，并迅速安装上了新的密封圈。紧接着，顾来群动作娴熟地将新活门安装到位。更换活门的动作如行云流水般结束，舱内的浓烟渐渐消散，两个人安全地度过了最危险的阶段。

活门固定螺钉安装，活门控制导管安装，施加力矩，打保险，后续清理……当石磊、顾来群安全出舱这一刻，意味着紧张惊险的工作终于完成。整个过程用时3小时，比预计整整提前了1.5小时。在这个过程中，他们没有出舱休息片刻，堪称一气呵成。

当陈棣对着屏幕向指挥大厅打出“胜利”手势时，大厅里爆发出一阵阵掌声和欢呼声，守在抢险现场十几米的现场指挥丁鹏飞快速跑向抢险队员，与每一个人握手、拥抱，眼里满含泪水。

当天下午，火箭重新进行气密检查，指标一切正常，这也说明：抢险成功！

幕　后

11月1日晚，长征二号丙火箭轰鸣着腾空而起，这仿佛是为抢险队员们送上的绚烂礼花。

正如观众看不到芭蕾舞演员脚上的累累伤疤，这场惊险的“演出”背后，也有着不为人知的细节。

浓烟滚滚遮挡视线，5层手套阻隔触感，只有对火箭结构和操作流程极为熟悉，才能准确找到操作点；在交流只能靠手势的情况下，也只有平日里默契配合的队友，才能并肩作战、临危不乱，共同完成这场高难度的抢险

长征二号丙火箭

任务。

当时，火箭伫立的发射塔架附近气温已经到零下，为了加快有毒气体扩散，所有窗户全部打开，冷风直灌。舱内空间十分狭小，还要提防碰到内部其他仪器，顾来群拆换活门时只能半躺着。而活门重达10公斤，他连续操作几十分钟，体能消耗极大。出舱时，“冷热交加”的顾来群整个人就像被水浇过一样，全身湿透。

回忆起当时的紧张过程，抢险队员们有着共同的想法，“穿上防化服的那一刻，心里就只有抢险任务了。”

主操作手顾来群是第一次参加抢险，在那个狭小、黑暗的操作空间里，烟雾蒙住视线那一刻，他第一次感觉到死亡离自己这么近。但问到如果这次不是他负责的部段出问题，还会争着去抢险吗？顾来群斩钉截铁地回答：“当然会，因为我是党员！”

“抢险就是必须要做的工作。”石磊认为自己不是什么抢险英雄。沈耀荣这次非要“抢”一个最危险的岗位，他说自己有两次抢险经历，岁数也大了，把年轻人留下吧……

插 曲

陈棣是这次抢险的一线指挥，也是二一一厂总装事业部的副主任，39岁的他是两个孩子的父亲，大女儿8岁，小儿子才满10个月。

这天晚上，他给爱人打了个电话。

“孩子们都睡了吧。”

“嗯，睡沉了，你啥时候回来？”

“这不好说。”

“怎么今天这么晚打电话？”

“没事儿，就是想你们了。早点睡吧，我们还有任务呢。”

匆匆挂断电话，陈棣深吸一口气，走向抢险准备现场，那里有他的战友，和他们的火箭。

这个晚上，这样深情而决然的对话，出现了不止一次。

采写感悟

航天工程是复杂度极高的系统工程，航天事业是堪称千人一杆枪、万人一门炮的大协同、大协作，既苛求产品的质量，也考验人们的气量。长征二号丙火箭抢险队，面对生死考验，不是退却，而是争先，用生命为火箭成功发射保驾护航。这种危难之时的协同攻坚，是航天精神的优秀传承，也是火箭升腾背后的强大后盾。人们不禁要问，究竟是什么力量赋予了这些血肉之躯以钢铁意志？答案或许藏在中国航天60多年的栉风沐雨中。以国为重，以成功作为信仰的信念，在一代代航天人中薪火相传。

2 鹰飞雁行驱长空

鹰击长空，鱼翔浅底，万类霜天竞自由。怅寥廓，问苍茫大地，谁主沉浮？

——毛泽东《沁园春·长沙》

团队简介

作为航天一院在某领域的开拓者，该团队历经6年完成研制任务，开创了航天一院在某领域新状态新应用的先河，为用户发展转型提供了有力支撑。该项目团队获2018年航天一院长征贡献奖。

这支队伍开疆拓土，创造了航天一院60多年历史上的首次，树立起新的航天里程碑。

这支队伍主力是“80后”“90后”，常年远离亲人、深入大漠无人区，但严酷的环境没有吓倒他们，反而孕育了独特的“鹰雁文化”。

让我们跟随这群年轻人走进大漠，走进梦想，走进成功背后不为人知的故事。

勇猛如鹰、团结似雁，抗压能力强、决策执行能力强

先乘飞机再坐汽车，一路辗转近12个小时，才能到达驻地。从这里开始再往高原进发，随着海拔升高，一天中经历烈日、大雨、冰雹，等到夜幕

降临，终于抵达试验目的地。这是团队执行试验任务往返的常规路线，他们已习以为常。

“龙卷风”“高原红”“日光灯”……还没开始“打仗”，阵地先给了他们一个下马威。

四面是一望无际的芦苇荡，芦苇上停满了密密麻麻的黑斑蚊子，让人看了头皮发麻。有时候甚至能看到一缕缕“黑烟”从芦苇荡升起，这是蚊子“龙卷风”。黑压压的蚊子扑面而来时，人一说话就能把蚊子吸到嘴里。试验队员们只能穿着军大衣，戴着养蜂专用的防蚊面罩，捂得严严实实。但这还架不住蚊子落满在每一个人身上。

试验需要在露天水泊中完成水中作业，水的盐碱度很高，队员的军大衣上全是面白色的盐碱渍。高原上，紫外线照射很强，队员们的手臂和脸上都被不同程度地晒伤，时间一长，脸上都像抹了“高原红”。

为了挡住风沙，队员们在现场临时搭了个吃饭的小屋，没有水电，屋里的光线全来自头顶的日光，所以，每天要趁着天还没黑抓紧时间把饭吃完，队员们美其名曰“日光灯”。

孔繁良在无人区

但就是这样艰苦恶劣的条件，队员们甘之如饴，一心扑在试验任务上。是什么锻造了他们这种强大的内心力量？答案藏在驻地食堂门口的两副对联里："鹰击长空　跃凌云存鸿志翼佑家国梦想""雁行有序　汇众智砺长剑续写航天情怀"。这副对联道出的正是团队特有的"鹰雁文化"。

"鹰雁文化"有什么特别之处？勇猛如鹰，团结似雁，时刻激励队员们锻炼雄鹰一样迅猛、精准的个人能力，在团队中像大雁一样团结、仁义、谦逊、机智、守信，最终形成一支抗压能力强、决策执行能力强的鹰雁团队。

"'鹰雁文化'在全院某领域研制队伍中独树一帜，起到了内聚人心、外树信心的作用，开创了某领域型号队伍文化建设的先河，提升了软实力。"这是人们对鹰雁文化的高度评价。

"鹰雁文化"不是虚的，而是实的；不是表面文章，而是内化于心。在食堂的一侧展板上，写满了试验队员们的心声：

"久有凌云志，重上戈壁滩，敢上九天揽月，可下五洋捉鳖，谈笑凯歌还，世上无难事，只要肯登攀""以背水一战的气势，打好这场攻坚战""坚持将高质量和零缺陷作为首要目标""搏一个艰辛八月，换一段光辉岁月""用户的需求就是我们的追求，排除万难去争取最大的胜利"……

两军相遇，勇者胜。在攻坚克难、发力创新的征途中，队员们用各种方式相互激励、相互感染，充满了雄心壮志。

攻克技术难关，实现突破，才能满足用户的需求

涉足的是新领域，研制的是新产品，没有成熟规范和技术体系，这支团队压力之大可想而知。

"很多技术没有经验可以借鉴，每一步我们都走得很小心，特别是方向不能出错，一旦错了，就要落后别人一大截。"项目领导刘总说。

项目技术领导王总掰着手指头数了数面对的压力，竞争对手的压力、研制的压力、批产的压力……"现在竞争都是靠产品说话。如果不能赢得竞争、获得市场，就意味着前期的投入只能自己承担。"

面对挑战，项目领导带领队伍从零起步，发奋图强，一个个创新的设计方案、一次次严格的试验测试、一项项关键的技术攻关，硬是取得了任务发发成功的战绩，在激烈的市场竞争中取得了先机。

只有攻克无数个技术难关，实现无数个突破，才能满足用户的需求。每走一步，都是在爬坡。

在发展上，队伍一直在走“引领式创新”之路。“走一步垫半步”就是他们的一个策略。每一次研制中，都会超前提出下一步的新技术，并搭载验证，为下一次试验做铺垫。

“我们不仅在引领用户，也在引领竞争对手。”刘总言语间充满了自信。

成功的背后，是常人无法想象的付出。对队员们来说，加班加点实在普通得不能再普通。“平时加班到后半夜基本上已成常态，如果有重要工作，几天几夜连轴转也是很平常的。”

有人问：“大漠戈壁一待就是几个月，寂寞吗？”他们哈哈一笑，“时间紧，任务重，没时间寂寞。”

队员孔繁良聊起工作中的困难和压力，他只是爽朗一笑：“每一次任务就像是一次考试，不可能没有压力。”

项目总体周主任这样定位自己的团队——先行者、开拓者，“连续完成的任务，几乎每一次都是新状态，次次都有创新”。

创新路上一次次破茧成蝶，应用上也在一回回爬坡过坎。

在几年的市场开发中，项目技术领导王副总深刻感受到，面对当前的竞争形势，必须以市场为导向，以用户为中心。因此，在研制初期，试验团队就积极与用户沟通，提前交流设计思路和设计成果。力争在设计之初，就是一个好用的产品。

有一次，他们邀请用户前来交流沟通，一个按钮一个按钮、一条信息一条信息地给用户看，不符合用户需求的，就标注出来再设计创新。“满满当当搞了两天，把人家请过来，也没正儿八经吃饭，都是在办公室吃的盒饭。”最后，用户觉得收获很大，回去后还特意发来短信表示感谢。

“我们要主动向用户推销自己的产品，尽最大努力满足用户需求。把产品做到极致，事事都为用户想在前面，尽量做到尽善尽美。”王总说。

站在用户的角度想问题，了解用户需求，力争设计出最好用的产品，正是项目团队的制胜法宝之一。“在实力与竞争对手不相上下的情况下，即使一个螺钉不好看、不好用，用户也会认为我们团队不行。”王副总说，团队经常去主动了解用户使用习惯，掌握他们关注的信息，让用户提改进需求，保证设计出的产品好用、管用。

沉下心来搞研究，不计名利，全身心投入

在这个项目研制队伍中，绝大部分是“80 后”和“90 后”的年轻人，15%是博士，68%是硕士。他们在家是顶梁柱，在单位是主力军，扎扎实实挑起了大梁。

张银辉是试验队的调度，相当于“大总管”，很多事情都由他来协调安排。他的身影在试验场几乎随时可见。一次，他带领 4 辆卡车、3 辆小车运送物资设备进场，先遇上持续大风，又赶上大雨，雨过天晴还遭遇前方修路。为了按时送达，他决定绕道走一条不熟悉的道路。为了保护产品安全，他冒着危险走在最前面，先行探路。每一段路确认安全后，才让车队跟进，保证车队安全抵达试验场。

丛彦超是电气专业设计师，为了确保关键技术达到要求，他除了大量自学，还经常找同行们交流。“在家靠父母，出门靠同学。到现在，我已经找遍了从小学到研究生的所有校友。当然，他们帮我，我也尽量用自己掌握的专业知识去帮他们，不让别人低看我们航天的实力。”丛彦超笑着说。

丛彦超女儿出生那天，正好是项目试验成功当天。丛彦超把他亲手设计的产品代号当了孩子的小名。尽管孩子生日的时候，他总是因为有任务不在家，不能给孩子过生日有些遗憾，但念念女儿的小名，觉得格外有意义。

“我和爱人的第一次约会就是产品立项那天，本来领结婚证也想在这天。但看看项目的周期有点等不及，就把产品立项的日期‘倒’过来领了证，很有纪念意义……”设计员宋磊刚结婚就被派到试验场。人们说，毕竟是

试验队员在戈壁滩上用餐

年轻人，他们擅长在压力中寻找乐趣。

对这支年轻团队来说，任务完成只能悄悄地庆祝，自己偷着乐，甚至不能与家人和朋友分享，但内心的光荣与自豪始终满怀。

提到自己的“兵”，王总既心疼又赞赏：“一开始，我不好意思让大伙来加班，后来实在没有办法。但他们完全没有怨言，很多队员都主动放弃休假，因为实在抽不出时间。有的队员已经接连数个新年在大漠戈壁度过。”

王副总很敬佩这些年轻人，“现在外面诱惑这么多，他们能沉下心来搞研究，不计名利，全身心投入，这就是奉献精神。这样的思想境界，让人无法不感动。”

采写感悟

航天一院有这样一支队伍，他们绝大部分是“80后”“90后”的年轻人，在家是顶梁柱，在单位是主力军。他们经常深入无人区，远离亲人、朋友，在常人无法想象的艰苦环境中辛勤工作。然而，恶劣的环境没有吓到他们，反而孕育了独特的“鹰雁文化”，他们在团队中相互激励、相互感染。他们勇猛如鹰，团结似雁，开疆拓土，勇闯新路，开创了航天一院对产品新状态新应用的先河。利剑在手，逐鹿天疆。“80后”“90后”青年人已经成为中国航天的主力军，他们必将托举起中国航天更加辉煌的未来！

3 时隔廿载，为金牌火箭擦亮国际名片

天时不如地利，地利不如人和。

——（战国）《孟子·公孙丑下》

团队简介

长征二号丙火箭控制系统团队是一个特别能战斗的团队，他们承担着我国低轨宇航发射的重任，飞行状态覆盖两级基本型和三级增强型，控制体制繁多，任务类型复杂导致设计任务量巨大。该团队以严慎细实的工作态度，确保全过程无差错，高质量地完成了数十发火箭的设计任务。

沉寂一月有余的酒泉卫星发射中心，在2018年7月9日中午，再次响起熟悉的轰鸣声。由航天一院抓总研制的长征二号丙/SMA运载火箭以“一箭双星”的方式，成功地将巴基斯坦遥感卫星一号和巴基斯坦科学实验卫星送入太空。

作为在我国内陆三个发射场都成功发射过的“金牌火箭”，此次任务是长二丙火箭近20年来首次重返国际航天商业发射服务市场。

为了进一步打开长二丙火箭的国际市场，航天一院型号队伍凭借“严慎细实”的专业精神，协同攻关，再次擦亮了这枚“金牌火箭”的“国际名片”。

久违的国际入场券

在长征系列运载火箭中，长二丙火箭是基础型号，却以超高可靠性被誉为“金牌火箭”。更值得一提的是，它还是一枚具备为国际市场提供发射服务能力的火箭。

1987 年 8 月 5 日，长二丙火箭成功发射搭载法国马特拉微重力试验装置的返回式卫星一号，中国航天向国际市场迈出了第一步。

1997 年至 1999 年，该火箭又为美国成功发射 2 颗模拟星及 12 颗铱星。

然而自 1999 年起，美国开始限制用中国火箭发射含美国零部件的卫星，极大地影响了我国国际商业航天发射服务，长二丙火箭也因此在国际市场沉寂多年。

2016 年，长二丙火箭收到一份来自巴基斯坦的特别订单——按照合同，我国将以一箭双星的方式为其发射两颗卫星。

这次发射，肩负着推动我国与“一带一路”国家合作关系的重任。“金牌火箭”终于迎来了再次站上国际舞台崭露锋芒的机会。

“那时候（1999 年发射美国铱星时）的主力基本是‘60 后’，这次已经是‘80 后’了，过去了整整一代人。”长二丙火箭副总设计师徐勤感慨道。

一般情况下，长二丙火箭为两级状态，考虑到这次任务的有效载荷，为提高运载能力，设计人员决定采用多年未用的三级状态。

“当初的设计人员大多已退休，这次可以说是新人新设计。”长二丙火箭控制系统副总设计师李光杰介绍。

于是，型号设计人员重新熟悉、学习原始图纸和设计报告，通过集体讨论分析，充分理解和掌握火箭设计意图，然后根据本次发射的实际要求，开展适应性的论证分析和设计。经过数月时间，适应卫星发射的火箭设计终于顺利完成。

虽然发射队员基本都是没有国际市场经验的“新人”，但所有人却对任务成功抱有极大信心。

“因为长二丙自身技术没有问题，管理上又有其他型号服务国际客户的经验基础。我们依靠的是整个火箭团队的力量。”徐勤说。

在徐勤看来，重返国际商业发射服务市场，对长二丙火箭来说，机遇大于挑战，收获更为重要。“通过这次国际合作，开阔视野，提升能力，让我们能更好地了解国际市场的需求，为今后服务世界航天打下基础，进一步提高长二丙火箭的市场竞争力。”

“所以我们希望能抓住这次机会，让世界看到长二丙的实力，期待下一次机会能来得更早一些。”徐勤说。

选择题：打还是不打

虽然久经“沙场”，长二丙火箭发射队伍此次国际发射任务还是经历了意料之外的波折。

2018 年 6 月，火箭送抵至酒泉卫星发射中心。箭在弦上，发射进入倒计时。

月底的一天，长二丙火箭系统姿控主任设计师纪刚，坐上了从北京南苑机场飞往酒泉的飞机。人还在飞机上，熟稔于发射场工作的他，就开始盘算到酒泉工作需要关注的每一个细节和数据。

三个多小时后，纪刚和同事一行人抵达酒泉驻地。他刚进房间，急促的敲门声便响起了——发射队员朱文彪风尘仆仆地赶来说：“刚判读完测试数据，发现火箭偏航控制指令与在北京时不一样。”

火箭在飞行中可能偏航，而偏航控制指令好比矫正仪，确保火箭沿着既定的路线飞行。一般情况下，发射场测试数据应该和北京测试数据非常接近。

纪刚心里“咯噔”一下，但仍沉着地回应：“不要慌，把数据刻盘回来，咱们再仔细看看。”他清楚，一旦有问题，最坏的情况将导致发射中止。如果这样，不仅所有人的努力将付之东流，还将严重影响中国航天的国际声誉。

很快，数据拷贝回来，偏航控制指令的确不正常。是不是数据判读依

纪刚坐在从北京南苑机场飞往酒泉的空军值班飞机上

团队集体攻关查找问题

晚上 11 点神舟宾馆三层会议室依然灯火通明

发射成功，现场响起热烈的欢呼声

据不一样？飞行软件各环节数据有没有问题？研制团队各专业展开了头脑风暴。

经过确认，这两个最可能的原因都被排除。由于北京和发射场纬度相差很小，偏航方向姿态角的因素也被剔除。

几经周折，连测量装置原始数据这样的“蛛丝马迹”也被逐一考量，但依旧没有找到原因。

按照型号工作惯例，每次测试数据判读报告需要向“两总”汇报。那晚汇报会的时间从夜里10点半开始，围绕着火箭偏航控制指令不一致问题，大家一直研讨到第二天凌晨。

次日，按照商议结果，火箭保持现有状态，再次进行加电测试。然而，测试结果并不理想，问题依然存在。整个团队陷入困惑。

如此反反复复，晚上11点，会议室里依然灯火通明。尽管身体已非常疲惫，但所有发射队员依然活跃。经过一轮又一轮的问题分析、后果预设、预案抉择，团队终于决定继续测试。

第二天一大早，测试如期开展。虽然刚经历了一个通宵的问题讨论，但各专业人员都挤在判读计算机前，各自拿着小本，根据实时显示的测试数据做计算；“两总”也在大家身后，每隔五分钟便上前问一次“怎么样”。

然而，让人失望的是，一上午的测试结果显示，问题依然存在。

打，还是不打？随着发射窗口的临近，这道难题摆在了所有人面前。

私下闲谈时，有队员开玩笑说：“没有什么大问题，干脆打了算了。”但大家心里都明白，航天岂能意气用事，每一个细节，每一个决定，都可能影响一发箭、一颗星。

面对异常的测试数据，航天人又经过了多轮“折腾”。“折腾对于航天人来说，实际上应该理解为‘严慎细实’。毕竟，责任越大，做出决定的艰难程度就越大。”纪刚说。

最终，通过酒泉和北京前后方五天四夜的精细分析，终于找到了产生偏差的原因，并将偏差控制在允许的范围内，不影响发射。通过沟通，卫星方也认可了这一结论，发射日被定在7月9日。

不负众望，长二丙火箭最终将卫星准确送入预定轨道。时隔 19 年的国际发射任务取得圆满成功，现场响起热烈的欢呼声。

尽管从技术角度看，这是一次再普通不过的发射任务，但在发射队员们看来，只要是自己负责的工作，哪怕再“折腾”，也绝不能留任何遗憾。这是他们的职业坚守，也是他们的自我要求。

“成功的荣誉属于大家”

作为我国最早经历高密度发射的运载火箭，长二丙火箭主要发射高度在 500 公里以下的各类近地轨道卫星和其他航天器，在我国农业、气象、科学实验等领域立下过赫赫战功。

长二丙火箭发射巴基斯坦的两颗卫星前，一段关于“2018 年上半年 18 次宇航发射全胜”的视频在网上热传。网友们在为中国航天点赞的同时，也无比期待 2018 超级航天年“下半场”的精彩表现。

巧合的是，完成上半年完美收官和顺利开启“下半场”征程的都是“金牌火箭”之师——长二丙火箭发射队。

就在此次发射的 11 天前，长征二号丙运载火箭在西昌卫星发射中心成功执行了一次发射任务。多年来的密集发射，早已让型号队伍锻炼出了完善成熟的应对能力。三线并行作战已成为惯例。

“长二丙在 2018 年共承担 6 次发射任务，这两次都是挑战比较大的任务，”杨建民说，“不到发射成功那一刻，我们丝毫不敢松懈。”

任务遇到困难时，队员们可以持续一周工作到深夜，24 小时待命，随时准备开会，不断地分析、试验、验证……面对困难，队员都积极迎难而上、勇挑重担。二一一厂总装事业部的胡楠在异常恶劣且非正常的操作环境下，上半身俯身钻进舱体内，脚下踩着临时拼搭的踏板操作了近三个小时；刘震，作为长二丙火箭的生产岗长，为提高工作效率，在阴冷狭小的仪器舱内工作，一“冻”就是几个小时。

与此同时，留守北京的团队成员也在加班加点，昼夜不分地检查测试、分析验证，邀请经验丰富的老专家们共同会商查找问题原因。

“大家看到的是我们 110 名发射队员，其实我们身后有整个研制团队做后盾，”徐勤反复强调，“每一次发射的成功，都离不开后方专家、同事们的全力帮助和鼎力支持，成功的荣誉属于大家。”

采写感悟

长二丙火箭发射任务种类多、构型状态多。然而，任务虽千变万化，研制队伍却能闲庭信步，靠的是扎实的专业基础、高效且不断迭代优化的设计工具，尤其是团队成员间的团结协作和前后方专家的联动攻关。老骥伏枥，志不止在千里，虽然长二丙火箭是一枚“老”火箭，但通过型号队伍的不懈努力，一定会让这枚“金牌火箭”的名片再次闪亮全球。

4 战天战地战自己　只为找到你

黄沙百战穿金甲，不破楼兰终不还。

——（唐）王昌龄《从军行七首（其四）》

团队简介

伴飞测量飞行器残骸搜寻队伍共 14 人，主要由航天一院十四所一线设计人员组成，涉及 11 个专业，平均年龄 30 岁。科研攻关路上，他们是攻坚克难、大力创新的“探路者”；残骸搜寻途中，他们是有战必征、征之能胜的“急先锋”。

“乘客”没有“回家”！

这消息让航天一院十四所的每一个人心里都变得沉甸甸的。

某重要型号首次飞行试验获得圆满成功！但十四所自主研制的伴飞测量飞行器，作为它的附加“乘客”，却在“到站”后不知所踪。

它是该所科研人员多年心血研究的成果啊！如果找不回来，多少人的心血将付之东流，这是重大的科研损失。

一定要把“乘客”找回来！十四所迅速抽调精兵强将，在副总师刘成国的带领下，先后派出 14 名从事轨道、导航、结构等专业的设计人员，分 3 批奔赴落区，执行搜索任务。

掘地三尺，也要找到它！这是给搜寻队下的不折不扣的命令。

战天：山阳日出山阴雨

经过精密计算，确定了飞行器的理论落点。但这里地势险恶地形复杂，要么一座高山连着一座高山，要么黄沙漫漫、戈壁绵延千里。

特种装置设计员周运强是第三波加入搜寻队伍的。得知前两次搜索毫无结果，他内心很是焦急，这是多少名同事眼里的“孩子”啊！接到去参加搜索任务的命令，他立刻起身，飞赴目标落区。落区的天气就像孩子的脸，说变就变，周运强在落区待了 3 天，经历了暴晒、大风、大雨等多种恶劣天气，没日没夜地搜寻，他累坏了。

他到达的第一天，黑云笼罩着大地，天阴得厉害。虽然看不见太阳，紫外线却很强。一番艰辛的忙碌后，依然没有找到“乘客”，大家一片沉默。同行的人突然惊讶地问：“周工，你脸上怎么了？白一块黑一块的。”他用手一摸，坏了！才几个小时，脸竟然被晒脱了皮！“没有找到‘乘客’，这点伤算什么？”虽然脸上火辣辣的，看看周围的搜索队员，脸上谁不是黑一道紫一道，继续努力找！

第二天，天又一次变脸，吹起了狂风，地面被卷起一层沙，碎石也飞了起来。他一个壮小伙儿，被风吹得走路都趔趔趄趄，脸和胳膊被沙子石子

落区的自然环境

打得通红。搜索队员起五更、搭黄昏，不放过一寸土地。风越刮越大，天地一片昏暗，沙子更是无孔不入，密密地钻进每个人的眼里、鼻里、嘴巴里、耳朵里……呼吸也因此变得更加困难。即使戴着口罩，也无济于事。大家用袖子捂着嘴，继续努力找！

第三天，天公作美，一下子艳阳高照，碧空如洗。这难得的好天气给搜索提供了便利。周运强想，机会来了。没有想到，山的阳面是晴天，转到它的阴面却是瓢泼大雨，那雨冰冷冷的，渗透到衣服里，大家冻得瑟瑟发抖，却又无处躲藏，仍旧继续努力找！

战地：踏刀丛丈量每寸土地

落区附近的山几乎都是光秃秃的，植被稀少，山体裸露，到处是红色、绿色、黑色石块。远远望去，这些石块好像浑然一体，坚硬、结实。走近一看，因风化已久，它们一层一层的，都很松散，像刀片一样直立立的。脚踩上去，立即就碎成薄薄的碎片，像玻璃碴一样。

越野车急速开进落区，起起伏伏，一路颠簸。人在车上，眩晕感、胸闷感随之而来。下了车，走在铺满碎石的戈壁滩上，脚底下疙疙瘩瘩。

不到30岁的贾平会是本次搜寻任务的联系人，大家都称他“贾队长”。贾队长知道这项任务的分量。他眼神凝重，组织大家一个山头一个山头拉网式地寻找，“每厘米要像过筛子一样过一遍”。下山时，他的右掌被石头划了一道两厘米的口子，一个星期后，深深的伤口依然没有愈合。

“我的运动鞋刚穿了没几天，在那里走一天就坏了。这鬼地方！”搜寻队员说。他们在山坡上一圈圈寻找，手脚并用，不断掉落的石头、无序生长的骆驼刺，都会时不时“偷袭”一下大家。

遇到大风或大雨，上山不易下山更难。贾队长说：“山势陡峭，大风强劲，我们常常半蹲着，一点点往前挪。要是风太大，站不稳、走不动，我们就伸开四肢，平躺在地上。”

天地之间，孤单单几个人影，一片苍凉。他们的头顶是高远的天空，耳边是呼呼的风声，心中是艰巨的任务和成功的信念。大家朝思暮想的伴飞测量飞行器，你到底在哪里？我们一定要找到你！

战自己：不惧艰苦开阔思路

参加这次任务的人，虽有过搜寻飞行试验残骸的经历，但都是头一次来找这么一个小个头的搭载产品。它的长度不足0.6米，直径0.1米左右，特别是“皮肤”呈黄绿色，掉落在丛生的骆驼刺里，一眼望去实难分辨。

起初，大家以乘坐的越野车为中心，展开“放射式搜寻”，即四散而去，到了约定的碰头时间，再返回越野车，汇报每个人的搜索情况。

晚上，搜索人员从落区回到住处，简单吃完晚饭，还要总结当日收获，并用电话与北京“大本营”的领导同事交流，最终定出次日计划。

可两天过去了，这样的做法收效甚微。因为离中心点越远，人与人的距离就越大，无法保证搜索范围100%全覆盖。

集思广益后，大家决定尝试“地毯式搜索”。他们根据计算，将目标锁定在约12千米长、7千米宽的区域内，并从试验厂区搬来“救兵”，由司机驾车，沿南北方向以“S”形线路慢速来回。搜索人员分成几组，派往各车。每车间隔50米，每趟来回大约半小时。车行半路，遇到缓坡、山丘，搜索人员随时下车，徒步上山。

如此搜了三四天，还是没有眉目。人能到达的地方都去了，目之所及的地方都看了，莫非飞行器落在了这些范围之外的某个角落？

多少天来，大家早出晚归，在人迹罕至的落区跋涉。前方，要与试验厂区做好协调，诸事烦琐，不能有丝毫疏忽；后方，有那么多领导和同事等着飞行器“回家”，不完成任务，拿什么向他们交代？可黄沙阵阵，前路漫漫，何时才有转机？何处才是归程？

能否考虑使用无人机？一个新的思路，让大家眼前一亮。是呀！万一飞行器是头朝下扎入了骆驼刺中，人眼确实很难找到。无人机就不同了，它能从上往下看，弥补平视的不足，也能往人到不了的地方飞，弥补人力的局限。

随即，无人机小组赶赴落区。搜寻人员兵分两路，一路靠无人机，一路靠人接着搜。此时，搜寻已到第9天。

那天，上午还烈日当头，中午却乌云密布。到下午4点左右，倾盆大雨突然从天而降，所有人都措手不及。黄昏将近，难道今天又要无功而返吗？大家坐在车上，无望地看着沿路的一山一石、一草一木。

终于找到了你

“前方有个东西！”突然，刘成国的一句话打破了车上的沉默。大家顺着他手指的方向看去，滂沱大雨中，天地混沌一片，一个黄绿色的东西躺在前方路旁，任凭雨水冲刷。

车开得越来越近，目标越来越清晰，大家的心跳也越来越快——没错，就是它！当车子开到目标物旁边时，所有人都急不可待地跳下车，飞奔过去。

搜寻团队找到残骸

一瞬间，大家的头上、身上都湿了，分不清是雨水、汗水，还是喜极而泣的泪水。

“冥冥中似有天意，它好像知道我们在找它，就等在我们必经的路边。又刚好有场大雨，把它冲洗得一尘不染，没有被风沙掩埋。这是刘总牵头做的项目，最终又被他给找到了，这是多么巧合、多么幸福呀！”周运强富有诗意地感慨道。

是的，在每名科技人员眼里，产品就像自己的孩子，若非用情至深，何以倾其所有，又怎能领略其妙？每一发航天产品的成功背后，无一例外的，都有一群将其视若珍宝的团队并肩前行。

他们彼此为伴，在孤独时互为依靠，在攻坚时互为支撑。来自戈壁的一声求助，无论何时，都会得到各方的及时支援。这种默契的配合给他们力量，让他们在无人旷野里坚持下去；给他们希望，让他们在戈壁滩上留下深深的足迹。历时 9 天，所有搜寻人员团结一心、精诚合作，翻遍群山、穿越戈壁，战天、战地、战自己，胜利完成了伴飞测量飞行器的回收工作，把

“乘客”带回了家。

采写感悟

在伴飞测量飞行器的研制过程中，整个团队不畏难、不服输，以坚如磐石的信念砥砺前行；在它的搜寻过程中，前方队员和后方同事又携手共进，互为支撑。这是一群为国铸重器的追梦者，是一批自力更生的实干家。他们在艰苦的环境中善于开拓、勇于攀登，在事业的召唤下无私奉献、大力协同。他们用实际行动诠释了“两弹一星”精神，彰显了航天人的风采，为航天强国建设出了一份应有的力，尽了一份无悔的责。聚是一团火，散作满天星。故事的主角都已投身各自的“战场”，迎接新的挑战，开始新的征程。在各自的岗位上，他们每位个体展其所长，熠熠闪光；朝着共同的目标进发，整个团队所迸发的力量便雷霆万钧，势不可挡……

5 协同攻坚闯难关

为者常成，行者常至。

——（春秋）晏婴《晏子春秋·内篇杂下》

人物简介

吴新峰，出生于1980年1月，硕士研究生，2002年毕业于武汉大学数学与统计学院。目前主要从事指挥信息系统总体设计。获得省部级奖励1项，院级技术奖励8项。

都说航天事业是千人一杆枪、万人一门炮，最讲究协作精神。

吴新峰所在的航天一院预研团队，就是依靠着大力协同这把“巨斧”，开山辟路，越过了创新路上的一道道雄关。

“大力协同的航天精神，让我们成就事业，也成就彼此。”对此，吴新峰体会良深。

从几十个字到135页的“翻山越岭”

当一份仅有几十个字的项目指南摆在面前，作为“航天老兵”的吴新峰有点发蒙，感觉更像是面对着一个巨大的谜团，“指南寥寥数语，说的却是非常宏大的事情，无形中反映出任务的艰巨”。

尽管吴新峰干了十多年的航天测控和卫星导航等相关领域的软件开发

吴新峰

工作，但在信息技术领域却是“新人”，属于“改行”从事预研工作。接手这个项目时，距他加入航天一院研发中心还不到一年。

仔细审视这份项目指南，吴新峰预感到，接下来将是一段长时间的鏖战。

吴新峰所在团队从事的预先研究属于系统级预研，涉及的领域大多是“无人区”，只能靠自己摸索。这和他过去的工作不同——解决的都是具体的事，不懂的问题请教一下别人，大多时候都能得到答案。

“系统级的预研，都不知道怎么去问，很多东西没有标准答案，也从来没有人经历过。”为了项目，组网、信息采集、处理、传输等各领域的专业人员，都汇聚到了吴新峰的团队中来，“群英荟萃”的协同攻关，成了这项工作的主基调。

项目立项并非一帆风顺。接到任务后，吴新峰把别人曾经成功立项的材料拿来研究，针对需求，反复与大家探讨那短短的项目指南中蕴藏的深意。

但第一批项目申报结果出来，吴新峰申报的项目并没有被列入候选课题，受挫后的无力感一下子向团队袭来。接下来该怎么办？吴新峰真切感受到预研工作的高难度。

“预研创新也是需要经验的，你可以充分发挥自己的优势”；“静下心来一想，为什么要干这个事？干航天不是为了干简单的事，而就是来干难事的”……身边领导的鼓励，自己的琢磨，让吴新峰“满血复活”。

随后，面对第二批项目指南时，他仔细分析、挑选出契合领域发展方向的项目，再针对技术指标逐项计算、分析。同时利用自己的特长，用软件工程的方法将项目建议书和立题报告划分成需求分析、方案设计、关键技术及途径研究等多个阶段。一个部分、一个部分地仔细完成，每完成一个部分就请有经验的同事帮着挑毛病。

项目涉及6个专业，分别交由不同专业的同事，然后大家再聚到一起进行“头脑风暴”，但面对创新性预研项目时，每个专业的人都从本专业提出最优解决方案，综合在一起则可能矛盾重重。因此，很多问题都是在面红耳赤的争论中定下来的。

“谁也说服不了谁，但谁提的意见建议都有点道理。”吴新峰说，这就是“头脑风暴”的价值。作为负责人，他就要把握清晰的思路，从总体的角度来权衡和考量，直至选择最优的方案，把团队总体优势发挥出来。

最终，历经两个月，项目组写成的项目立题报告足足有135页。大家都感叹，从来没有写过这么厚的项目立题报告。

“这个项目充分体现了航天的大力协同，每个人都在自己的专业里面做到极致，最后的报告就是一个高质量的报告。”吴新峰说。

正是凭借着协同攻坚，经历艰苦努力，这个项目不仅获得了立项支持，而且成为当时该方向总经费最高的专用技术项目。

把自己当新人，每天加班一小时用于学习

在平均年龄30岁出头的研发部，吴新峰不算特别年轻。但他从来没有把自己当老资格，他有着和年轻人一样的活力和拼劲，甚至拼得更凶。

对新知识的缺乏，让他触动最深。以前干的是测控、软件、导航领域，现在进入信息领域，而且一上来就涉及非常宽广的信息领域专业面，他深感自己知识广度不够。

紧迫感让吴新峰下班时间越来越晚，他给自己下了个任务：每天下班后利用一个小时时间，学习信息领域的新技术和新知识。

“信息技术更新的速度不断加快，从4G到5G，进程更迭明显更快。现在有的地方已经在研究6G，所以单靠基础理论是不够的，必须紧跟最新的发展动态。”吴新峰像刚毕业的年轻人一样，对新技术、新知识的学习和吸收如饥似渴。

在同事眼里，细心、“爱较真”的性格，是吴新峰身上的标签。

在某个项目论证时，有一项与导航定位精度相关的指标，吴新峰发现同事发来的参考报告和自己以前工作经验中的认识有出入，就仔细询问指标论证的来龙去脉。最后发现，原来是大家对这项指标限定范围的理解出

现了不一致。实际上，正是吴新峰始终保持一丝不苟，他写的报告思路清晰、逻辑严密，连评审专家也很难挑出毛病。

还有一次，有个软件在测试中程序出现了异常，而这个异常出现的概率其实非常小，查起来也很麻烦。有些人觉得，可以忽略不计，也不会有什么太大影响。但吴新峰坚持要修正问题，他一点一点地细抠，最终找到了原因、解决了问题、排除了隐患。

“任何小概率事件背后都有原因，只要查就能查清楚。”吴新峰说，小问题积累越多，就可能引起大的问题，就像雪崩，每一朵雪花都有责任。

细心，还表现在未雨绸缪，比别人多想一点，发现别人没有关注到的问题。一次，实验室新进了一批设备，准备进行项目联调。看着满屋的设备，吴新峰突然想到，这些设备的用电功率是否会大到实验室不能承受？于是，他仔细统计了新进和以前部署的总共五六十台设备的功率，发现功率总和果然“超标”，是实验室额定功率的 1.5 倍。

这个安全隐患极大，一旦设备全部开机，电路负荷过大，很可能引起线路发热甚至起火。吴新峰提出来后，实验室采取了针对性的安全措施，消除了隐患。

每个人都在自己的专业里面做到极致

面对不熟悉的预研领域，接手不熟悉的信息技术前沿课题，吴新峰和团队是如何完成了看似不可能完成的任务？

“秘诀在于，每个人都在自己的专业里面做到极致。”吴新峰感慨，“每个人都是一个螺丝钉，协同起来，每个人都把自己的事做好，巨轮才能行驶得更远。”

项目成功的背后，是项目组成员的无数个加班之夜。曾经在攻坚最紧张的时候，吴新峰迎来了自己的生日。之前他答应不到 3 岁的儿子，过生日的时候请儿子吃蛋糕，儿子兴奋不已，早早就期待这一天的到来。

生日那天，吴新峰和往常一样加班到天黑，家人也“配合”地没有在工作时间给他打电话。回家以后，吴新峰看到桌上纹丝未动的蛋糕，才想起今天是自己生日。这时，儿子已经在客厅等得睡着了。

其实，干航天不轻松。用吴新峰的话说，“航天这碗饭不好吃，还得靠情怀。”每当遭遇困难挫折，他的脑海中总会浮现这样一个画面：1999 年 5 月 8 日，中国驻南斯拉夫联盟大使馆被炸，导致人员伤亡。当时吴新峰正读大一，老师、同学包括他自己，都格外悲痛、震惊。落后就要挨打，这句话此时感受格外真切。当时吴新峰就下定决心，未来一定要参与国家国防建设。毕业后，他毫不犹豫地选择成为了一名航天人。

对航天的深厚情结，也来自自豪感。工作两年，第一次进试验场时，他在 2 公里以外看到自己参与的型号腾空而起、刺破天际，地动山摇的场景使他震撼，也让他感动，“知道自己工作的成果是这样的‘国之重器’，从事航天的决心更加坚定了”。

“干航天这么多年，赶上了飞速发展的时代。”吴新峰说，一个大国成为强国有很多指标，国防是非常重要的一个。“我想，航天报国，就是无论吃多少苦，都要努力去实现航天强国建设的使命和目标。”

采写感悟

从软件开发转到预研领域，立刻接手并不熟悉的信息领域前沿课题，吴新峰面对的问题都是全新的。然而他的背后有着坚强的支撑，全室各个与信息技术有关的专业都汇集到一起，“群英荟萃”。吴新峰自己也像刚毕业的年轻人那样，以对新技术的敏感性、对新知识的好奇心、对新任务的热情付出了自己的全部精力和心血。攻坚克难的精神，加上大力协同的氛围，让他的团队完成了这项“不可能完成的任务”。

6 我们是火箭健康体检师

二人同心，其利断金。

——《周易·系辞上》

人物简介

徐昊，男，出生于1992年2月，2016年毕业于清华大学，同年入职航天一院总体设计部六室，任火箭健康管理设计师。工作期间多次获得领航党员先锋岗、部突出贡献技术人员等荣誉称号。

朱骋，男，出生于1990年8月，2016年毕业于北京航空航天大学，同年入职航天一院总体设计部六室，任火箭健康管理设计师。工作期间获部突出贡献个人、优秀共产党员等称号。

火箭研制是一项庞大的系统工程，从研制到发射，从蓝图到产品，从实验室到发射台……每一个步骤都需要精准的操作和精确的判断。想要确保火箭这个大家伙顺利通过每一次检测，拿到出厂通行证，离不开火箭健康管理设计师团队的工作。看着自己服务过的产品一飞冲天，并传回“正常”这个最美妙的声音，是“90后”航天小伙朱骋、徐昊觉得最有意义的事情。

同一份热爱，同一种选择

2016年，站在毕业季的十字路口，北京航空航天大学计算机系毕业的朱骋、清华大学软件工程毕业的徐昊两人，奔向的都是航天企业的招聘台，

徐昊（左）、朱骋（右）

最终如愿进入航天一院总体设计部。

在这两个小伙子心里，干航天是一件“高大上”的事，没有什么比“放飞火箭”更酷的事儿了。他俩一起毕业，进入同一家单位。然后又分到同一个班组，在工作中相互帮衬，默契十足，成为了优秀的火箭健康管理设计师。

火箭健康管理设计师，这是火箭数字化、智能化过程中衍生的新工种。他们需要在火箭进入测试阶段后，全面介入火箭研制工作，对火箭研制过程中的数据进行判读、分析、建模，确保每一个步骤都安全、可控。这项工作将一直持续到把火箭安全送入太空。而待火箭圆满完成任务后，他们将再次进行数据搜集、整理、分析，形成火箭全生命周期的管理闭环。

在旁人看来，这项工作需要面对的是庞大的数据和冰冷的电脑，时间长了，难免枯燥，但是朱骋和徐昊却从中找到了无限乐趣：甄别隐患，排除故障，消除隐患，让火箭安全上天……虽然默默无闻，但是却能用当下最先进的技术为火箭“保驾护航”，这样有意义的工作让这两个不善言语的小伙子感到欢喜。

工作后不久，朱骋、徐昊就有幸参与了火箭健康监测系统的研发工作，主要负责统筹设计系统整体架构以及技术选型、功能设计等相关工作。

新系统的开发是一个漫长的过程。刚开始，各项工作进展得出乎意料的顺利，但是很快，挑战来了。

健康监测系统出现了响应慢、延时高的问题，查询一次试验的数据需要等待数分钟，无法满足型号任务需求。有设计人员提出：由于试验时间紧张，能不能在两天内完成问题排查？

朱骋、徐昊两人决定试一试，主动请缨，志在解决难题。

为了高效地完成任务，他俩采取了“内部PK”的模式：分头查找资料，分析线索。

紧锣密鼓的筹备后，在随后召开的软件研发小组交流会上，两人展现出了惊人的默契——同时给出了相同的问题原因以及解决方案，两人不仅故障原因、解决思路一样，连具体修改哪些文件、哪些函数甚至如何修改都几乎相同。

他俩用近乎一致的思路，提供了一个最佳的问题解决方案。同事开玩笑说，这下不用为采纳谁的意见头疼了。经过实践，改良后的模块性能提升了数十倍，测试效率更高了。

毫不松懈的学习，只为保持最敏感的嗅觉

步入信息时代，技术一日千里，快速迭代。这让每一个信息技术的从业者无时无刻不感受到压力。朱骋、徐昊这些从事火箭信息系统研发的从业者也不例外。繁忙工作之余，他们就像一块海绵一样，不断吸收最新的前沿技术信息，让自己保持敏感的嗅觉。

他们一直在思考，在大数据时代，如何利用先进的信息技术为数据判

读工作“减负”，让火箭真正成为“智能火箭”。火箭数据的搜索引擎就是他们进行的又一项尝试。

在传统型号发射过程中，发射场技术文件种类繁多且分布分散，技术参数缺乏统一的管理和查阅入口。一旦现场出现问题或疑点，设计人员需要查找各类纸质文件，费时费力，效率不高。

他们希望改变这一状况，希望建立一套航天人自己的、实用好用的搜索引擎，实现测试数据、设计方案、试验细则、故障预案、归零报告等各类文档的检索。有了这个搜索引擎，设计人员只需输入一个参数名称，就能查到以往试验中参数的数值，系统还会列出所有包含该参数的文档，就像型号的“维基百科”，为设计人员的工作带来便利。

做搜索引擎的第一步，也是非常重要的一步，是将文档自动拆分成若干词语，即我们平时说的关键词。

然而，和日常生活中使用的关键词搜索不同，很多航天专业词汇在普通字典里找不到，这意味着常用的中英文搜索方法和规则无法适用。

面对分词难题，徐昊和朱骋两人经过大量的学习研究，将传统的字典分词和词性标注方法结合起来，搜集、整理了上千个专业词语，建立了航天专用词库，并对程序进行优化升级。有了这个搜索引擎，当试验队员遇到疑点时，只要输入专业的关键词，便可搜索到其基本介绍、参数曲线以及包含此关键词的所有文档，实现了文件的快速查阅，大大提高了发射场试验人员的工作效率。

这个创新为团队解决了实际问题。在一次交流会上，大家需要了解某参数的中文名、参数范围等信息，但手头只有该参数的代号，正当大家束手无策时，朱骋打开搜索引擎，输入代号，参数信息以及该参数的相关文档都被搜了出来。

从学校到实验室、从学生到设计师，对前沿技术的追求他们从未松懈。

从点滴中寻找创新源泉

一次偶然的机会，徐昊发现，型号前端监测机柜众多，对于上面指示灯状态的监控一直依赖于测试人员肉眼观测。时间长了，测试人员容易疲劳，也难以察觉指示灯的瞬间变化。

他很快就发现这是判读过程中的薄弱点。他琢磨，能不能通过图像识别的方法，让摄像头代替人来值班呢？这样既能解放人力，又能让监测更加准确。这个充满挑战的想法令徐昊兴奋不已。

他立即查资料、找源码、调程序，加班加点编写了一套软件，实现了对指示灯亮灭和颜色的准确、自动识别，解决了靠测试人员肉眼观测的问题。

然而，新难题很快又出现了。

一组机柜有上百个指示灯，有的和电脑显示器指示灯大小相近，不易被发现；调试过程中，如果人从摄像头旁经过，一不小心就会导致指示灯晃动，影响监测系统的自动识别精度，此外，实验室需每天断电，监测系统的摄像头再次通电后，会自动旋转进行自检，与机柜的相对位置也会发生变化。这些都会影响到摄像头的识别能力。

徐昊尝试用图像识别领域新算法来实现对指示灯的精准定位，然而效果不理想。一时间，难以破局。

朱骋也很快发现了这个问题。有一天他突然想起，以前看演出时，舞台上常用荧光胶布进行定位，能不能在机柜的四个角贴上标签，再通过识别标签来确定指示灯位置呢？

按照朱骋提供的这个思路，徐昊编写新的程序，两周后的测试结果令人欣喜，难题得到解决。之后，他们再接再厉，又相继实现了数码显示屏和指针式表盘识别功能，进一步提高了监测的可靠性。

“我们走的弯路少，是因为站在前人的肩膀上。”徐昊说，健康监测系统的基础之一是数据收集模块。这个模块会从火箭的众多传感器接收大量的数据。由于两人刚入职不久，工作经验不足，按照两人原来的设计思路，可能会碰到不少问题，浪费大量时间。但在团队每周一次的分享会上，经验丰富的同事在异常数据处理、模块功能划分上给出了很多的建议，并帮助他们顺利完成数据收集模块任务。“要是按照一开始自己的思路埋头就干，免不了多花好几个星期做无用功。”

“航天是大力协同的伟大事业，耳濡目染，我们也学会了分享、合作。”朱骋说。

虽然这些年，朱骋、徐昊两人的进步有目共睹，但是他们深知：个人只有真正融入团队中去，才能实现与事业同频共振，共同成长。

在同事眼中，出现徐昊和朱骋这组“黄金搭档”也并不奇怪，这是航天“小核心大协作”模式的传承和发展。

砥砺奋进逐浪潮，栉风沐雨勤耕耘。作为新时代航天事业的中流砥柱，他们用实际行动号召着每一位航天人都应该肩负历史使命，紧跟时代步伐，绽放出自己的青春绚丽年华，为实现航天梦、中国梦不断作出新的贡献。

采写感悟

从这对“90后”的“双子星”身上，我们看到的是满满的青春活力与激情，他们展现出了年轻一代航天人朝气蓬勃、积极向上的新时代风貌。从他们身上，我们看到了航天“三大精神”中勠力同心、协同攻关的优良传统，在年轻一代航天人身上的传承。

六

xin shi dai zhui meng huo jian ren

勇攀高峰的科学追求

篇首语

人类在浩瀚的宇宙面前是渺小的，但人类的探索精神是伟大的。希望广大航天人在航天事业发展的征程上勇攀高峰、不断前行，为建设航天强国和世界科技强国建功立业，为实现“两个一百年”奋斗目标、实现中华民族伟大复兴的中国梦不断作出新的更大的贡献。

——习近平

“会当凌绝顶，一览众山小。”如果把科学比作高山，那么，技术密集度高、尖端科技聚集，难度大、风险大的航天科技，无疑是这座高山中的最高峰之一。从长征五号任务实现多项创新、填补系列国际国内空白，到商业航天“爆款”频现，我国航天事业之所以能够取得举世公认的巨大成就，与全体航天人勇攀高峰的拼搏精神和进取意识密不可分。

人类从陆地走向海洋，从海洋走向天空，从天空走向太空，使政治、经济、文化、生态等各领域的发展都不断地向上延伸。因此，航天绝不仅仅是一个行业，而是俯瞰全球、经略宇宙、推动人类文明迈向新纪元的一个窗口，今天的航天与数百年前的航海一样，是人类探索未知世界、拓展生存空间的历史必然，一定会深刻影响科技发展、文明进步的方向和进程。

钱学森说：“实现宇宙航行，是科学史上的一个大事件。在此之前，人类都是在地球上观察和研究自然。今后就可以在一个新的立足点上来研究自然和宇宙，这样必然会出现一个科学上大发展、大创造的时期。”

在物理学中，“跃迁”指的是量子力学体系状态发生跳跃式变化，如今已被用来形容非线性上升现象。从某意义上说，我们所处的正是一个不断“跃迁”的时代。

紧跟时代节拍，就要有在九天之上勇攀高峰的勇气。在科技创新的疆场，无论是从研究室到试验基地，还是从大漠风沙到瀚海惊涛，无数科研人员洒下的辛勤汗水、攻克的道道难关，都是登上高新技术峰峦的足迹。坚定意志，勇攀高峰，在重要领域抢占制高点，成就创新链，激发新动能，矢志做科技创新的领跑者，是新时代火箭人的应有姿态。

万山磅礴，必有主峰。勇攀高峰，首先要知道高峰在哪里。《2016 中国的航天》白皮书中，首次明确了航天强国发展愿景："具有自主可控的创新发展能力、聚焦前沿的科学探索研究能力、强大持续的经济社会发展服务能力、有效可靠的国家安全保障能力、科学高效的现代治理能力、互利共赢的国际交流与合作能力，拥有先进开放的航天科技工业体系、稳定可靠的空间基础设施、开拓创新的管理队伍、深厚博大的航天精神。"在具体领域，比如运载火箭，在航天运输系统发展路线上，需要跨越多个重要节点：到 2030 年前后，重型运载火箭将实现首飞，为载人登月提供强大支持，并为火星采样返回提供充足的运载能力；2040 年前后，运输工具有望帮助小行星采样成为现实；到 2045 年，我国进出空间和空间运输的方式将出现颠覆性变革，以核动力为代表的新型动力进入实用性开发，天梯、地球车站、空间驿站建设有望成为现实。新时代的中国航天人必须紧盯世界最巅峰技术发力前行，不断培养走向浩瀚宇宙的世界眼光，不断挑战人类对太空文明的已有认知。

勇攀高峰，就要勇于面对挫折和失败。我国的航天事业并不是一路凯歌、鲜花和掌声，也经历过刻骨铭心的挫折和失败。面对失败，航天人承担的压力是常人难以想象的。只有经历过失败，仍然能风雨兼程，才是真正的勇士。在一次次的失败中，在一次次经验总结中，中国航天人提炼出"成功是差一点的失败，失败是差一点的成功"、"成功不等于可靠，可靠不等于万无一失"等哲学思想，以及系统工程管理、质量归零标准等一整套行之有效的技术和管理经验，这些都成为航天人迎接挑战、勇攀高峰的制胜法宝。在建设航天强国的征途上，面对困难和挑战，航天人知难而进，攻坚克难，锲而不舍；面对失败和挫折，航天人百折不挠，从不气馁；面对成功和胜利，航天人不骄不躁，再接再厉。一项项关键技术的突破，一道道科学难题的破解，一个个辉煌成就的取得，无一不是航天人勇攀高峰精神的体现。

勇攀高峰，就要勇于不断突破。一次次大胆设想、一次次成功实践推动着自强不息的中华民族实现飞天梦、登月梦，在世界高技术领域占有重要一席之地。“长风破浪会有时，直挂云帆济沧海。”未来，在探索太空的“新长征”路上，中国航天人肩负着艰难而光荣的使命和任务。空间站建造、火星计划、月球采样，实现“2030 年整体跃升，跻身航天强国之列”，广大航天科技工作者要不断向前延伸太空梦想，以更大的智慧和勇气去探寻未知世界的奥秘。

“大鹏一日同风起，扶摇直上九万里。”一代人有一代人的奋斗，一个时代有一个时代的担当。只要广大航天科技工作者坚持砥砺前行、勇攀高峰，在走向太空的道路上，中国航天事业的步伐一定会越来越快，越来越远。正如习近平总书记所期望的：“牢牢抓住战略机遇，坚持创新驱动发展，勇攀科技高峰，谱写中国、航天事业新篇章。”

——**毛一翔**

（国务院国资委新闻中心原主任）

1 追求极致的大国工匠

不忘初心，方得始终。

——《华严经》

人物简介

高凤林，出生于1962年3月，1980年毕业于航天一院二一一厂技工学校。入职后从事火箭发动机焊接工作，现任高凤林班组组长，中华全国总工会兼职副主席，特级技师。先后荣获“国家科技进步二等奖”等科技成果奖20多项，荣获“全国十大能工巧匠”先进荣誉称号30多项，2015年，获评“全国劳动模范”。

他缔造的传奇不计其数——

他是一名航天特种熔融焊接工，攀到了焊接领域金字塔顶，被国家“认证”为大国工匠；

他用一把小小的焊枪，以细到毫厘的精湛技艺，将一枚枚火箭安全送入太空；

他的人生“焊点”也清晰可辨，近40年中，80%时间给了工作，15%用来学习，剩余的5%留给家人。

高凤林，用专注“焊”出极致。

高凤林在焊火箭发动机

一言千钧

北京东高地，中国航天事业发祥地，也是航天一院所在地，多数长征火箭都从这里“诞生”。

车间里，几台高达一人半的火箭发动机喷管正处于焊接生产阶段。一枚 20 层楼高、体重数百吨重的火箭，却可能因一个密封圈、一颗螺丝钉甚至几克的杂物在飞行中轰然解体。焊枪的每一次点焊，如果力道、时间把握不对，就可能成为巨大隐患。

火箭发动机上一个焊点的宽度仅 0.16 毫米，焊接时间误差仅限 0.1 秒。火箭上每种材料的焊接方式也都有所不同，高凤林经手的材料如今已有上百种，他发明的多项焊接技术已成为火箭焊接领域的通用工艺。但回溯到 20 世纪 90 年代，年轻的高凤林也曾经历惊心动魄的时刻。

“金牌火箭”长征三号甲系列火箭是我国承担发射任务最多的火箭。

当时，长三甲火箭发动机上大喷管的焊接一度成为研制瓶颈——大喷管延伸段上的细方管，壁厚只有 0.33 毫米，比一张纸还薄，焊枪多停留 0.1 秒就可能把管子烧穿或者焊漏。

在高凤林焊接出了第一台长三甲火箭发动机大喷管后，经专用 X 光机透视检测，大喷管焊缝有多达 200 多条裂纹。一旦判定焊缝质量不合格，大喷管就将面临被弃用的命运，这也意味着我国首次采用全新管束式焊接的发动机结构方案将被推翻。没有量身定制的发动机，新型长征三号甲火箭飞上太空也将遥遥无期。

这个结果一出，所有人都惊呆了。大家坐在一起开了几次研讨会商讨，却都没有突破性进展。最后有人提出，把一线操作人员高凤林也请来一起讨论。

当时高凤林才 20 来岁，走进会场的他发现气氛凝重，就悄悄在一个角落里坐下。围绕如何处理裂纹，一个个方案被提出，又在激烈的争论中一个个被否定，会议又陷入了僵局。

“那不是裂纹。”高凤林小声说道。

主持会议的负责人捕捉到了这个细微的声音：“什么？你大点声再说一遍！”

在众目睽睽下，高凤林略显紧张地大声说：“那 200 多处是假裂纹，不用做任何处理。”

他的话震惊四座。紧接着，他从焊接的特点和喷管结构说起，进行了深入解答。会议主持人当即拍板，让高凤林立刻回去试验，看看到底是不是假裂纹。虽然顶着巨大的压力，但胸有成竹的高凤林回去做了试验，最终证明他的判断是对的，裂纹果然是假的。

就这样，高凤林一言千钧，力挽狂澜。

千锤百炼

1978 年，高凤林以优异成绩考上当时的七机部航天一院二一一厂技校，算是一只脚跨入了火箭行业。他第一志愿报的是机械加工专业，想着以后能在大厂房操作大设备，就觉得很威风。所以当被分配到焊接专业时，高凤林的心情瞬间跌入谷底。他当时对焊接并不了解，感觉未来与理想相差很远，他的成绩直线下滑。老师问起原因，他直言：焊接没劲。

两个月后，学校安排了一次进厂参观。来到第一代氩弧焊工陈继凤的车间，陈继凤从火箭部件的操作台上走下来，对这群年轻人说，氩弧焊的焊接人员被称为“金手银手”。他解释说，当时我国还生产不出氩气，从东德进口普通氩气是 3 万元一瓶，高纯氩气 6 万元一瓶。飞行员用的是燃油，氩弧焊工烧的是氩气，培养一个氩弧焊工，相当于培养一名飞行员。

高凤林忽然来到了人生中的“决定性时刻”。当他看到焊工师傅们在复杂的火箭发动机前操作，感觉“老师傅非常熟练，内心羡慕不已，用现在的话说，就是非常酷”。

这次参观后，高凤林对焊接工作的向往油然而生，成绩也直线上升。这件事甚至影响到现在，如今高凤林去学校演讲，也会建议老师把工作最好的一面展现给学生，让学生爱上专业，并为之努力学习。

自从有了方向，无论是在学校还是成为一线工人后，高凤林为了练习过硬的技术，一方面虚心向老师傅请教，另一方面勤学苦练，吃饭时拿筷子练习焊接的动作，喝水时端着盛满水的缸子练稳定性，休息时举着铁块练耐力，冒着高温观察铁水的流动规律……很快，他成了远近闻名的能工巧匠，甚至航天系统外的人都来登门求助。

一次，某空军机场紧急求援，我国新引进的俄罗斯飞机发动机出了技术故障，不能正常运行，这架飞机 10 个小时后马上要执行一个紧急任务，可谓十万火急。高凤林和专家组一起认真测试了发动机的各项性能，发现喷管处有一条近 150 毫米的大裂缝，需要焊接。

“放心，这种情况可以维修！”高凤林通过翻译向一旁的俄罗斯专家询问了发动机的相关信息后，果断表示。

翻译把高凤林的意见告诉了俄罗斯专家，专家一听，激动起来：“你们中国根本就不具备这个条件，没有这个焊接水平。要么由我们派人来焊接，要么运回俄罗斯去维修，你们选吧。”

高凤林听完笑了，对翻译说：“你告诉这位专家，我用 10 分钟就能处理好！”

他说到做到，果然 10 分钟内完成了焊接。俄罗斯专家带着挑剔的眼神验收，结果愣是找不出任何问题，也不由得露出了笑容，冲着高凤林竖起了大拇指。

在场的人们激动地鼓起掌来。要知道，这台发动机要是运送到俄罗斯

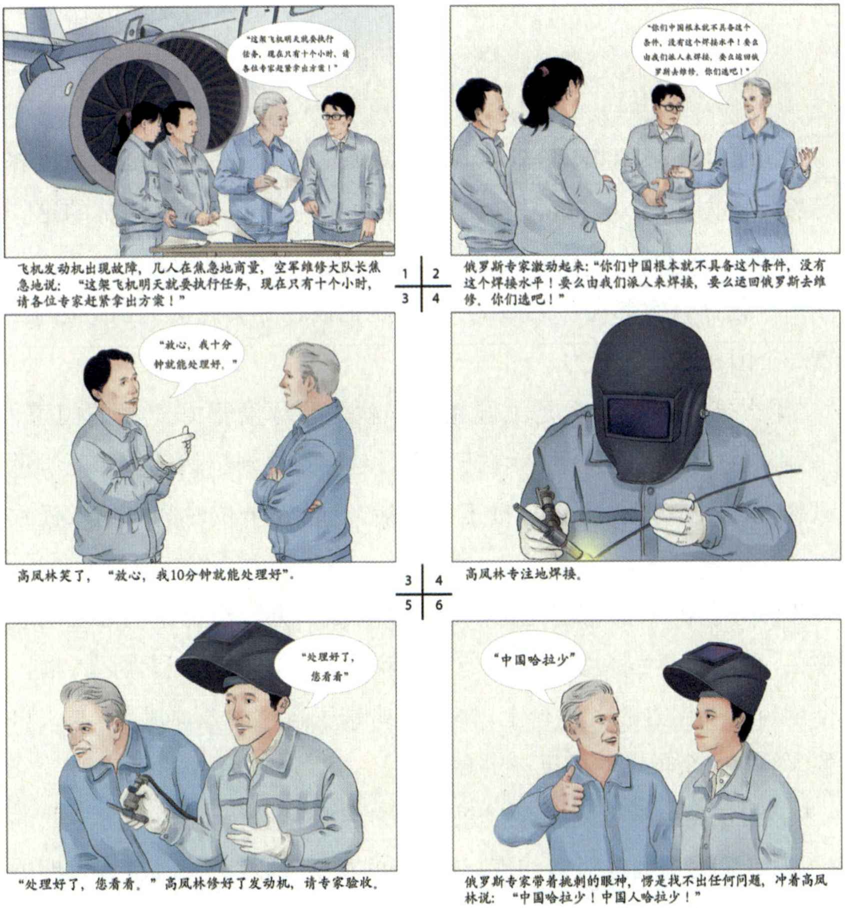

维修，前后最少需要四百万人民币，更何况，这架飞机马上还要执行重要任务。

10 分钟的背后，是高凤林对自己的千锤百炼。

2006 年，由诺贝尔奖得主丁肇中教授组织、世界 16 个国家和地区参与的暗物质与反物质探测器相关项目，由于工程难度巨大，被迫停滞。进退两难之时，有人向丁肇中推荐了高凤林。他通过细致了解设计结构、工艺状态和加工手段，果断建议改变设计方案，他提出的新方案也让现场专家无不折服，并最终获得了正式认可。后来，高凤林还被丁肇中委以特派专家的身份，前去督导项目的实施。

琢磨门道

航天工业环环相扣，制造环节不可或缺。夜里，工程师会在高凤林身边等着焊接方案；一早，火箭总设计师也会来问结果——高凤林的这一环节不完成，会使得后续工作无法进行。实际上，新型火箭研制周期内，1/5 时间用于设计，4/5 都耗在制造上，能不能把设计方案完美地制造出来，检验着一个国家的制造能力。

“什么是工匠？什么是工匠精神？就是要琢磨干好产品的门道，国家、行业、企业之间的差距，就在于门道，越琢磨得到位就越能保证质量。”高凤林说，工匠精神，不仅是慢工出细活，还要在单位时间内追求极致和完美。

2014 年，第 66 届德国纽伦堡国际发明展举办。纽伦堡国际发明展历史悠久，位居世界三大发明展之首，每年都有数十个国家和地区参展。在这个创新成果比拼的大舞台上，高凤林带来了自己的 3 项成果，与来自世界各国的 600 余项发明成果一决高下。

展会上，高凤林针对每项成果和十多组专家进行了“车轮战”式的讲解，面对专家的提问他对答如流，让现场的观众频频点头。最后，发明展共颁发 39 个金奖，高凤林带去的 3 个项目全部获得金奖，这在发明展历史上也十分罕见。

年轻时，高凤林有着“拼命”的劲头，难活重活都冲在前面，至今身上伤痕累累。他的左臂残留着一颗黄豆大小的铁屑，是当时为了赶重大任务受的伤，医生建议先不取出。从此，高凤林似乎理解了战士身上残留弹片的感觉。

如今，虽然已是行业专家、技能大师，获得过全国劳动模范、全国道德模范等无数荣誉，高凤林最喜欢的还是泡在一线干活，焊接产品。他说，这才是技术工人的价值所在。“最大的快乐，就是看到自己经手的火箭一次次成功飞上天，让我国航天事业能够跻身世界一流。”高凤林的快乐依然简单、纯粹。

采写感悟

事业为天，技能是地。作为一名技能工人，高凤林始终坚守初心，不断学习、钻研技术，勇攀技术高峰，成为行业专家、技能大师。从业近四十年，他遇到过无数的难题，获得过无数的荣誉，但是他始终坚持做一名一线工人，他积极践行工匠精神与航天精神，精益求精，追求极致，成为这个时代的大国工匠。

2 十年“淬火”成能手

看似寻常最奇崛，成如容易却艰辛。

——（北宋）王安石《题张司业诗》

人物简介

肖抓，出生于1985年12月，2002年毕业于北京市有色金属技术学校。入职后从事金属热处理工作，现任航天一院二一一厂四车间三四组副组长，高级技师。曾获“全国技术能手”“航天技能大奖”“院青年拔尖人才”等荣誉。

没有高大上的操作设备，没有现代化的工作环境，有的只是高温的环境和枯燥的操作，这就是肖抓的日常。

但他一干就是17年，26岁成为全国技术能手，33岁被评为青年拔尖人才，为自己的青春写下了最美的注脚。

肖抓自己说，“我还要向更高的台阶迈进。”

专治“疑难杂症”

在航天一院二一一厂四车间，肖抓是一名热处理工。人如其名，肖抓有一双灵巧的手。

热处理是零件加工过程中的必经工序：先把零件放在炉子里，高温加热到800摄氏度左右；第二步，放到水或油中冷却；第三步，回火。这样就能改变金属零件内部的组织结构，使之达到特定的综合性能。通俗地说，就是“淬火”。

肖抓说，淬火的难度在于，零件在高温炉中加热后，根据材料成分的不同，要放在水或油中进行冷却后再取出。取的时间很关键，早了，零件的性能不达标；晚了，又容易出现裂纹，影响产品质量。水冷相对更难，一不小心就可能出现次品、废品。“零件的尺寸不一样，热处理的时间也不同。很多零件不规则，薄的地方在水里大概冷却2秒就够，厚的地方要冷却4到5秒。因此，零件从入水到出水，可能几秒钟就会影响产品质量。”

工人师傅操作的时候，不可能拿表来掐时间，主要靠自己在实践中摸

肖抓在进行热处理

索经验。刚参加工作时，肖抓没有控制好时间，处理的第一个产品就成了废品。他一边自责，一边暗下决心：一定要掌握好这门技术，同样的错误决不能再犯第二次。

为此，肖抓做了大量的练习。他常常在水槽边聚精会神地观察零件，慢慢体会其中的奥秘。“外行看热闹，内行看门道”，细心的肖抓发现了一个现象：零件在水里冷却的时候，刚开始会震动，能看见水里的波纹很明显。慢慢地会看到波纹变小，等快消失的时候，说明这零件就可以从水里拿出来了。这个时候，它的性能是最好的。

潜心练习两年多，肖抓掌握了零件最佳出水时间，经他处理的零件再也没有出现过废品。他也迅速成长起来，时间一长，甚至成为了解决型号任务“疑难杂症”的一把好手，在单位里小有名气。

有的型号零件厚度不足 0.5 毫米，因为太薄，散热快，淬火后的硬度总是不均匀，产品质量几乎只能靠一些有经验的老师傅来把握，导致合格率往往仅有 50%。不合格的产品只能再进行热处理，严重时会直接导致报废。

之前，这个难题严重制约型号进度，一度成为当时的瓶颈。

“既然散热快，那就想办法减慢这个速度。”肖抓看在眼里，暗自较劲，开始想办法攻关。

和工艺人员商量后，肖抓设计制作了一个“保温外套”。这个“保温外套”让薄片的不均匀问题得到了很大改善，使得产品合格率提升到了90%以上。对这项改进，肖抓感到很自豪，“从此，不仅是老师傅，经验相对缺乏的年轻人也可以顺利完成薄片的淬火。”

还有一次，某标准件产品因为数量太多，让车间盐浴炉设备陷入“困境”——盐浴炉本身承担的热处理工作量就很大，现在这个标准件的数量突然由过去的几百件提升到几万件，车间顿时面临严重的资源冲突。

必须想办法提高效率。上万件的标准件，怎么才能批量操作呢？肖抓想到，过去，在放入盐浴炉热处理前，自己经常绑扎标准件，但通常只是几个标准件绑在一起，效率很低。肖抓琢磨，标准件材料具有较强的淬透性，是不是可以改变绑扎方式进行淬火？于是他把标准件一个个摞在一起，一串足足就有60个左右。经过淬火试验，批量处理的标准件热处理效果没有受任何影响，装炉量反而提升了500%，产能提高了300%，大幅降低了生产成本。

不仅要达到标准，还要“好于标准”

长辈给肖抓取名“抓”字，包含着朴素的愿望：希望他能掌握一项技能，端住自己的饭碗。肖抓不但没有辜负长辈的期望，而且年纪轻轻就成为全国技术能手。成长的秘诀是什么？肖抓有自己的工作理念：要么不做，做就做好。别人觉得达到标准就行了，但他要达到的是“好于标准”。

金属零件在淬火以后，会产生一定程度的变形，工人师傅要使用压力机把它们校正到合格的尺寸，才能满足使用要求。从零件表面的哪个点上施加压力非常重要。如果点选得不准确，不仅校正不好，还可能造成零件更大的变形。

肖抓经过长期实践和积累，掌握了选点的门道，校正尺寸的速度也更快了。“我是把需要压的几个点，直接一次性压完，免去了中间反复测量的过程。相比之下，如果一个点一个点的操作，时间就长。”

完全消除变形不太可能，只要变形处于工艺文件规定的范围之内，其实都算符合标准。但肖抓没有满足，他对自己提出了更高的要求——把变形控制得更小，以便于下一道工序的高效操作。尽管这样一来，他自己的工作量会增加不少。

“我们工艺文件要求的标准是 0.15 毫米，但是肖抓在校正的过程中，可能要求自己达到 0.05 毫米甚至以下的标准。有的人把标准看作一个尺子，觉得‘我达到标准就行了’，但他却要‘小于标准，好于标准’。”车间二工段工段长刘伯韬对这个年轻人格外看重。

肖抓有点不好意思地解释说：“标准其实也达到了要求。但如果一直按照现有标准做的话，以后要求更严格的时候，可能短时间内就没有能力去完成。我只不过把这个工作提前，要么不做，要做就做得好一点。”

热处理这个工种，要想干出点成绩，并不容易。有些大型零部件在热处理过程中，需多人配合完成，因此往往是“多人操作一人指挥”。指挥的人拿主意，决定工艺参数和操作时间，其他人只要跟着干就可以了。长期下来，这使得有的操作人员只“知其然”，却“不知其所以然”，干了一辈子，技术也难以提高。

在肖抓的影响下，不少同事迎头赶上。同事顾昊说，之前他干完活就到一边歇去了，等到下批活要干的时候再去。但看到肖抓干完一批活并不休息，而是为下一批活做准备，顾昊也会过去搭把手，“感觉自己的主动性更强了”。

“肖抓把所有技能都掌握了，而我们还不会干，会觉得很不好意思。所以年轻人现在都在自觉地追赶他。”同事刘国春说。

向更高的台阶迈进

在肖抓工作的 4 车间 8 号厂房里，有 12 台炉子、4 个水槽、4 个油槽……

用了 30 多年的老设备，印刻着岁月的痕迹，述说着一代代航天人的故事。

车间里不是高温的炉子，就是油和水，工作环境恶劣，条件艰苦。每个炉子和水槽之间，距离不到 10 米，肖抓常年就穿梭于炉子和水槽之间，工作单调、乏味。

但他很满足，工作干得有滋有味："一年到头，虽然都是零件热处理，但在我看来，零件的形状不一样，热处理的方法也是千差万别。每一次都跟上一次不一样，充满着新鲜感，并不单调。"

"虽然在很多人看来，我的工作很艰苦。但在我看来，比我的父母那一代在家里干农活要轻松得多，也不用风吹日晒。手头的工作干起来也是得心应手，常常有一种完成使命的喜悦感，感觉实现了我自己的价值。"或许是真的有缘，出生于北京大兴一个农民家庭的肖抓，2002 年从北京市有色金属技工学校毕业后成为一名航天人，他很快就适应并喜欢上了这一行。

肖抓内心深处有一个偶像，就是同在航天一院的全国劳动模范、全国十大能工巧匠高凤林。高凤林从 1980 年至今一直从事火箭发动机焊接工作，攻克了世界级难关，为载人航天、北斗导航、嫦娥探月等航天工程的顺利实施，以及"长征五号"大火箭的研制作出了突出贡献。肖抓说，自己要努力成为像高凤林一样的人。对未来的路，有了方向的肖抓充满了信心。

采写感悟

一干就是 17 年，没有高大上的操作设备，没有现代化的工作环境，高温是常态，枯燥是乐趣，肖抓用整个青春诉说着他对工作岗位的热爱。这种坚忍不拔、百折不挠的斗志，正是对勇攀高峰精神的一种传承，是新时代航天人特有的精神符号。

3 “80后”技术“痴人”

“让理想信念在创业奋斗中升华，让青春在创新创造中闪光。”
——节选自习近平总书记在纪念五四运动100周年大会上的讲话

人物简介

邹敏，男，中共党员，1983年出生于四川省，2011年硕士毕业于中电54所电磁场与微波技术专业，现就职于航天一院万源科技公司，担任副主任设计师，主持完成多项微波产品研发。2018年荣获航天一院优秀共产党员称号，2019年被评为航天一院劳动模范。

走进邹敏的办公室，偌大的屋子里，林林总总堆放了很多元器件，循着键盘飞快的敲击声，我在电脑屏幕后面看到了一名穿着格子衬衫，头发微微凌乱，眯着眼戴着眼镜，脸几乎快贴到屏幕上的青年。

航天人才济济，眼前的“80后”小伙邹敏，却有个绰号——技术“狂人”。不过由于太过投入，他似乎没注意到应邀而来的我。

从他专注的神情我突然明白，与其说他是“狂人”，倒不如说是“痴人”。

从“零”到“壹”

2011年从某研究所硕士毕业时，邹敏本可以顺理成章地留在那工作。但他放弃了优享的待遇和北京户口，来到了万源科技公司。

邹敏在研究元器件

这个看起来似乎有些“傻傻”的决定让人倍感好奇，追问原因，他的回答却很朴实：“当时也没多想，只想认真做技术，这里的微波技术缺人，专业领域也比较薄弱，我想挑战一下自己，看能不能把微波给玩转了。”

“不善言谈”，“老实”，“对微波技术有‘瘾’”，“只有聊到专业技术时才会畅所欲言”，这是同事对邹敏评价中出现的高频词。

上班第一天，邹敏只做了一个简短的自我介绍，让部门的同事最初几乎感觉不到他的存在。

几天后发生的一件事，让大家对这个新人有了全新的认识。

机缘巧合，公司承接了一个遥测系统项目。当时公司在微波方面的市场基础还比较薄弱，这个项目对公司后期发展至关重要。

但将项目交给谁，这是个棘手的问题。

平时沉默的邹敏突然说：“要不让我来试试吧，我在硕士期间一直从事这方面相关工作，对软件、硬件部分都比较熟悉。”

大家后来回忆，那是邹敏来部门后说过的最长、最流利的话。

部门领导考虑再三后，决定由一个经验丰富的技术人员和邹敏共同负责项目，其余人随时待命。

这是个难得的机会，邹敏如获至宝，那段时间他几乎把自己关在试验室，“埋”在大量的书籍、技术材料中。

经过不懈努力，他终于找到了突破口，并一鼓作气完成任务，比规定交付时间早了整整两天。

因为项目效果远超预期，不仅客户满意，外界对航天一院万源科技公司在微波技术方面的能力也刮目相看。而作为当时的“功臣”，邹敏一头又扎进了其他的项目中。

如今，通过坚持不懈的钻研，对技术执着的邹敏已经挑起了公司微波领域的大梁，研发出两类 15 种单机产品。公司微波专业实现了从无到有、从量变到质变的飞跃。

从“不怕难”到“难不怕”

“邹敏这小子不怕难，别人不敢接的活，担心完成不了的活，只要他知道了，一定会想尽办法去争取。”邹敏的一名老领导说，其他人往往喜欢做自己熟悉的任务，碰到难题习惯往回退，邹敏却越要往前冲。“我一开始想初生牛犊不怕虎，随他折腾吧，吃几次亏就老实了。可也没想到，他不是冲动，是真有本事。”

一次，部门接到一项特别棘手的设计任务，涉及的技术复杂程度超乎想象。

“我已经做好了放弃承接任务的准备，但这小子不知道从哪里听说了这件事情，连夜查了一晚上的资料，第二天一大早堵在我的办公室门口，从各个角度论证可行性，说服我同意让他来试试这个项目。”这位领导说，自己也有个“毛病”，愿意给年轻人机会，答应了把那个项目全权交给邹敏一人负责，自己再帮他把把关。

项目开始后，邹敏每天像打了鸡血一样，没日没夜地干活，但领导对项目还是有些担忧。比如，这个出了名的“话语迟”在需要协调统筹沟通的复杂项目中，是否能胜任？

出乎意料，项目协调和沟通过程竟格外顺畅。领导后来无意中得知，邹敏会让沟通尽量地停留在技术层面，以自己的丰富经验说服其他人。

2018 年四季度，某型号产品在发射场试验过程中出现故障，邹敏临危受命，连夜驱车赶赴现场开展故障排查处理，经过 2 天分析和检查，终于找到了故障原因，得到型号相关领导和技术保障人员的高度认可。

2018 年下半年，公司某批次任务交付压力繁重，严峻的气氛笼罩着整个部门，邹敏并没有受这样的压力和气氛影响，依然沉浸在对新技术的攻关中，并找到突破口，将原来的手工测试改为自动测试，使工作效率提高近 60 倍，极大地增强了整体测试数据的可靠性和一致性，高质量交付了那批产品。

因为敢接别人不愿意挑战的任务，勇于一次次突破技术瓶颈，“难不怕”的邹敏如今在微波测试系统研究圈内有了一定的名气。

“现在很多客户指定让他负责高难度的技术研发工作，别人努力争取的市场，在他这变成了‘上门’生意。”该领导感慨，回想起来庆幸自己当初选择相信了这个小子。

但邹敏并不满足于现状，“技术创新是不能停止脚步的，稍有懈怠，满足于现状，就有可能随时被超越。”

他打破传统专业界限，将高速信号处理与射频微波技术有机结合，使前端和后端不再是独立的两部分，拓展了公司微波专业的广度和深度，几年间获得发明专利 4 项、实用新型专利 5 项。

生活中的“孩子”

作为技术上的“专家”，邹敏却是生活中的“孩子”。

邹敏的爱人非常精明强干，工作上也小有成就，忙工作的同时还要照顾老人、孩子，十分辛苦。

“我总感觉有两个孩子，一个正在渐渐长大，另一个却是在生活中永远长不大。”在妻子眼中，丈夫经常前一分钟和自己商量完重要事情，转身就忘记了。他也从来不清楚家里什么东西放在哪里，有时甚至一日三餐吃过什么、怎样吃的都说不清楚。

徒弟却深刻理解生活中“不能自理”的师父，“他只是没有精力去在意生活细节，因为太潜心钻研技术了。”

前段时间，公司承接了一个新技术引入多、系统整合复杂、关键技术研制困难的项目，作为负责人，邹敏每天最少工作 10 小时以上，每周最少工作 6 天。

邹敏家住廊坊，每天往返单位需要 4 个小时。邹敏干脆把办公室当成了家。公司领导了解情况后安排了公寓，但邹敏觉得搬家、收拾浪费时间，而且即使离得很近，回家仍需要放下手头的工作，思路反而被打乱了，不如在办公室方便。

“夜晚的办公室特别安静，是思考工作的最佳场所。”邹敏少有地幽默了一把，“你们也可以试试，别有一番滋味在心头。”

徒弟说，一开始自己挺不理解，但看到师父在自己的世界里渐入佳境，竟会有些羡慕。“师父对技术创新狂热、痴迷，在‘痴’中享受攻破难关的乐趣，用‘痴’不断刷新自己专业水平的新高度。在这个浮躁的时代，能够为一件事痴迷并且心无杂念为之奋斗的人，是幸福的。”

采写感悟

一个“痴”于微波技术的“80 后”小伙子，不修边幅、不善言谈、不拘小节，放弃唾手可得的优渥待遇，凭着对航天事业的崇高敬意和誓要攻破微波专业难关的“瘾”，不断刷新着自己专业水平的新高度，以坚定的理想信念，践行航天青年人的使命担当；以攻坚克难的勇气，书写出无愧于青春、无愧于理想、无愧于事业的奋斗篇章！

4 决胜毫厘　挑战极限

会当凌绝顶，一览众山小。

——（唐）杜甫《望岳》

人物简介

刘柯，出生于1981年2月，硕士研究生，2006年毕业于哈尔滨理工大学。入职后从事几何量测量专业，现任航天一院一〇二所十室主任、党支部书记，研究员。获得省部级奖励3项，中国航天科技集团有限公司科学技术奖二等奖1项，院级科学技术奖一等奖1项。授权发明专利36项，实用新型专利24项，外观专利3项。2018年荣获第70届纽伦堡国际发明展金奖，中国航天科技集团有限公司首届创新创意大赛金奖，第七届中国创新创业大赛军转民大赛三等奖。

航天梦很大也很小，既是对浩瀚宇宙的不懈探索，也是对毫厘极限的奋起挑战；

航天测量听起来简单，实际充满挑战，失之毫厘就会谬之千里，需要不断勇攀高峰、精益求精；

刘柯，航天一院一〇二所十室主任兼党支部书记，带领团队完成了一次又一次的登攀和跨越，不仅测量出精准的航天参数，也测量出航天人的人生高度。

接到一个“烫手山芋”

刘柯所在的二室，也叫几何量计量室，建有多项国防最高技术等级的计量标准，日常工作就是准确测量航天产品、型号部件中，大到几十米长的火箭外壳参数，小到头发丝十分之一细甚至更细微的结构变形数据。

2017 年 4 月，刘柯接到一个任务，要对常规液体火箭发动机喷注器环小孔进行测量。看似常规，其实一点也不寻常。

喷注器环是火箭发动机上的一个关键部件，如果质量不合格，就会引起发动机振动，一旦多个位置同时发生振动，甚至会对发动机产生致命影响。

刘柯仔细观察，乍一看不起眼的喷注器环，却真是“环环相扣”，千“窗”

刘柯（右三）和他的航天测量团队

百孔。大环套小环一共 15 个环，环面上密密麻麻布满了一对对倾斜圆柱孔，竟然有一千余对、近三千个。环上小孔直径最大的有几个毫米，最小的只有零点几个毫米。

这样的小孔，每一对都需要精密测量形状、位置公差参数，近三千个孔就是四百多万个数据，允许的测量误差不能超过 5 微米——大约是一根头发直径的十六分之一。测量这么多数据，要求的精度这么高，就是为了让每一对小孔喷出的燃烧剂和助燃剂实现高度精确交汇，充分雾化，充分燃烧，确保火箭发动机正常稳定工作。

传统的检测方法是依靠手工检测，效率低，而且难以覆盖所有参数，这导致喷注器环的检测成为了制约火箭产品批量生产的关键技术瓶颈之一，难以满足火箭的高密度发射需求。这一难题经过多年研究仍没有解决。而且，国内外许多专家都认为，使用量具 15 天手工测完近三千个孔的方法已是最优，再优化空间极小。

因此，交到刘柯手中的这个任务，实际上是个“烫手山芋”。

“喷注器环结构很复杂，到底能不能测，我当时心里也没底，只能试一试。”刘柯坦言。

15 天已是最优，不能再缩减？对于平均每月发射两次的中国航天，随着发射密度越来越高，如果不能解决这个问题，将会严重影响中国航天的发展速度和质量。刘柯暗下决心，一定要攻克此难关。

一波三折终获成功

刘柯带着平均年龄不到 30 岁的攻关团队，经过一个多月的测试，打印数据的纸已堆积如山，但之前确定的两种测量方案都行不通。任务走不下去了，团队开始时的心气也有些被消磨，有的人甚至喟叹：“连着做了一个月的试验了，都是无用功。”

“是不是不接这个任务就好了？”夜深了，已经连续熬夜的刘柯，回家却怎么也睡不着。他脑海里不断浮现出当年和大家一起咬紧牙关，攻克某型号风洞烧蚀测试任务难关的情景。“国家运载火箭产业计量测试中心”“国防科技工业长热力计量一级站”……人家不就是冲着这些牌子才来找我们一〇二所的吗？容易干的事，还用得着我们吗？这些想法在刘柯心里升腾、沸腾，汇成了一句话：“没有过不去的坎！”挑战不可能，既是为了成功，也是为了尊严。

下定决心后，刘柯迅速调整方向，提出了“基于设计模型的全自动激光扫描测量”新方案。哪想到，方案刚一提出，居然是客户率先提出了反对。原来，为了解决喷注器环检测效率低的难题，客户方早已开展了10多年的研究，曾经与高校、科研院所甚至国外顶尖仪器厂商都合作过，试过很多套方案，其中就包括刘柯提出的新方案。但经过大量试验，结论仍旧是“行不通”。刘柯刚刚燃起希望的火苗，瞬间被一盆冷水浇灭。

放弃？继续挑战？这个时候，刘柯告诉团队：我们已经无路可退，也无法回头。国外测的不行，我们未必就不行。我们就是要做到“人无我有，人有我优”。

新一轮的试验又开始了。新方案的前期试验效果，正像外国专家说的那样，精度和效率都不够高。“那段时间心理压力挺大，基本每周都会被询问进展，可是很多时候都没有进展，连续几个晚上睡不着觉。”刘柯说。

面对瓶颈，刘柯又进一步提出了改进意见。实验室里，他和团队成员一起，画图纸、编程序，弯着腰埋头调试，一个完整的测试和数据分析流程走下来，天已放亮……这几乎成为了刘柯和队员们3个月里每天的常态。

90天攻关，刘柯带领团队用有力的证据证明了外国文献中的结论有误，通过锁定误差、分离误差，大幅提高了光学扫描测量精度。最终，团队自主研发的智能化高精度激光扫描测量仪获得了成功，彻底解决了“不可测、测不准、测量效率低”等问题。以往10多天的传统手工测量，奇迹般在3个小时内就能完成，测量精度经过比对验证，完全满足要求。

“3个小时就完成整套产品的测量，怎么可能？”客户方不仅发出质疑，而且带了已经手工测量过的产品，前来进行现场验证。现场验证中，机器人自动完成操作流程，所有数据解析计算后自动生成分析报告，几万个参数合格与否一目了然。刘柯带领团队研究的成果，不仅在 3 个小时内完成了测量，而且还现场证明了手工测量存在的误差。在事实面前，客户的质疑顿时变成了赞美的掌声。

如今，刘柯带领团队研发的这套激光扫描测量系统已经在航空发动机、新能源汽车等领域得到应用，未来还将拓宽更大的市场，发挥更大的价值。

为创新梦想时刻坚守

不怕小，也不怵大。与小孔的“小”相比，刘柯还擅长在“大”上做文章。

有一次，某客户的飞机在吊装中发生机翼碰撞，由于无法判断机翼变形是否超标，按照惯例要运到国外的飞机厂总部进行检测，开支至少数百万元，而且海运往返周期要几个月，这样一来，将对产品交付周期产生致命影响。

抱着试试看的心态，客户方主动与刘柯取得联系，寻求帮助。客户提出，出于空气动力学角度的考虑，近 20 米长的机翼，允许测量误差必须小于 1 毫米。

经过 15 天现场测试和模型逆向比对，刘柯和团队在毫无成熟经验借鉴的情况下，凭借自主研发的“激光精密测量技术”，将测量误差控制在 1 毫米以内，并最终做出了“机翼参数正常，不影响正常使用”的结论，为客户节约了一笔可观的成本。正是技术上的不断创新，刘柯为航天计量赢得了市场的认可，也使一〇二所成为了某跨国飞机制造巨头的“中国唯一指定校准实验室”。

凭借不断积累的技术优势，刘柯进一步研发了具有自主知识产权的激光雷达扫描仪。这个长得酷似机器人的扫描仪，能够以非接触的方式测量 50 米内的大型结构外形尺寸，精度均在 0.05 毫米以内。激光雷达扫描仪已经成功解决了长征五号火箭助推器对称度、与发射平台垂直度的测量等难题。如今，刘柯又锁定了新的目标，带领他的团队向国家重大工程——C919 大型客机的外形精密测量工程发起挑战。

采写感悟

生活中的刘柯内敛沉稳，与他在工作中“拼命三郎”的状态对比鲜明。作为院级劳动模范，每每谈及成绩和成果，刘柯总说：“这是团队集智攻关的结果，我只做了我应该做的。”对于团队的每一位成员，他都如数家珍，话题不断，眉宇间流露出的是自信与自豪。“长风破浪会有时，直挂云帆济沧海。”在一〇二所，以刘柯为代表的新一代航天计量人正在勇攀高峰的征途中砥砺前行，以毫厘间的精准不断突破新的极限。

5 找寻“九死一生”中的一线生机

多少事，从来急；天地转，光阴迫。一万年太久，只争朝夕。

——毛泽东《满江红——和郭沫若同志》

人物简介

霍礼壮，出生于1971年9月，大学本科，1996年毕业于哈尔滨工业大学。入职后从事再入飞行器结构、总体设计，现任型号主任设计师。获得国家级奖励1项、省部级奖励3项，授权专利3项。

霍礼壮的航天生涯似乎没有别人那么顺利。如果说起印象最深刻的事情，几乎都与失利有关。

2009年，霍礼壮与研制团队开赴戈壁试验场，信心满满地筹备着一场关键的型号试验。然而，试验当天，型号产品起飞没多久，就在空中发生爆炸解体，碎片散落一地。

这次失利，对研制团队的打击是空前的。要知道，3 年前这个型号就遭遇了一次重大失败，其后的 3 年，团队所有工作都是为了这一次复飞。然而万事俱备，却依然铩羽而归。

“很迷茫，前面的路有多长，不知道。”霍礼壮回忆当时的心境，一片哀伤。

“在我们最担心的地方出了问题”

2009 年这次型号试验失利后，团队成员都在嘀咕：已经做过好几次验证性试验了，以为肯定没问题了，怎么又出了问题？“底”在哪里，原先有的一点眉目，又消失了。

那段时间，整个团队士气低落，也很焦虑。“有时候大家在电话里讨论问题，都会发生争执，整个团队心态有点崩。”霍礼壮回忆。

然而，任务进度容不得他们有更多的情绪，针对型号问题的查找和改进立刻启动。之后的一年，整个团队重新做了一轮设计，从方案到大量地面试验，不断地改进、改进、再改进。

任务之所以困难，在于其技术的先进性。有一种说法，创新就是“九死一生”，越先进的技术，创新难度越大，失利的风险也就越高。这是难以逃脱的铁律。

霍礼壮来自航天一院十四所总体室，从事飞行器研制。在这一领域，中国近年来取得了举世瞩目的成就。

2005 年，当时已经工作 10 年的霍礼壮，被调任负责这一重点型号，担任分系统总体设计师，这是他与这个型号缘分的开始。

这一型号意义重大，还在萌芽状态的时候，就受到各方高度关注。对霍礼壮来说，这个创新性型号，是他施展才华难得的机会。

刚进入团队那段时期，型号产品前几次飞行试验都非常顺利，所有人

霍礼壮在实验室

都认为，型号并没有什么大的弱点，成功的好运将会一直延续到最后一次试验。

2006 年，原计划的最后一次试验到来了。型号试验能否完美落幕，牵动着与之相关的所有单位和参与者的心。

点火、起飞……接下来发生的一幕让所有人都惊呆了——还没飞多远，型号产品就“栽”了下来。试验失利了，甚至没有留下多少有价值的数据。

“嗡”的一声，霍礼壮跟同事们大脑几乎一片空白。失利不仅意味着要重新查找原因、改进设计，也意味着项目的完成时间将推后，与之相关的很多单位和工作都将受到影响。

霍礼壮说，根据事后分析，试验失利的原因是没能充分认识到飞行环境的复杂性，飞行器的强度不足，造成了产品结构的损坏，“在我们最担心的地方出了问题”。

本来以为是冲刺，一日之间，回到了原点。

“大家都认为进度落后了，抢时间去做”

作为一名经历丰富的航天人，霍礼壮很快就痛定思痛。还没等总体给出条件，他就带着同事们做方案，改进设计。

说起这段经历，同事金建峰回忆：“霍礼壮不停地鼓励我们，带着我们做了大概六七个方案。”他们优化设计，从中选择了一个最优的方案。

解决飞行器强度问题是核心。由于试验没有留下什么数据，他们通过蛛丝马迹开展验证试验，目的就是探明产品性能指标的边界是什么，以此来摸清产品的底线。

在一次试验数据的查看过程中，他们发现有一个数据明显异常，非常可疑。霍礼壮立即将这一发现告诉总体人员。顺着这条线，总体人员在进行了大量的分析、计算之后，终于有了点眉目，得出了一个新的环境载荷条件。

根据总体给出的新载荷，他们重新分析、计算。幸运的是，方案达标了，能够满足要求，可以立即开展接下来的工作。

在紧张地查找故障、改进设计的同时，研制团队还面临着时间的压力。原来一年多就可以完成任务，结果遭遇波折，“大家都认为进度落后了，抢时间去做”。

霍礼壮带领大家主动查找以前的试验数据，助总体人员一臂之力，尽量追回任务进度。

“从分系统的角度支持总体”

在重新改进型号过程中，型号总体决定先做一发简易的产品做试验，这发产品不用太精细，只求能够满足一些关键性能指标。

即使如此，从接到总体要求到产品出厂，也只有半年时间。终于，他们赶在规定时间内做出了产品。然而交付前夕，新的任务又来了。型号需要再加一套测量系统。

临时加设备，谈何容易？这不是拉货装车，临时来两件，马上就可以装上去。型号产品改变一个点，就要改变一个面，甚至要改变整体。

虽然平添了新的困难，但霍礼壮理解，所有人都在摸索中，希望能够一次成功，“技术吃不透的情况下，就会有这种反复。”

同事王晓雪回忆起这段经历说：“尽管很难，但霍礼壮并没有推诿，而是从分系统专业的角度支持总体，按时完成了总体的要求。”

后续几发产品，不断暴露出设计上的一些薄弱环节，有的问题并不是出在霍礼壮的团队上，但他也进行了相应的改进。做设计的人知道，如果要求变化太大，最好的做法就是直接修改大方案。然而，型号两总综合考虑多方面因素后，决定不改方案，只在局部做一些小调整。这样约束条件多了，设计人员能够发挥的空间越发缩小，难度也相应增加了。

难，也得改。自打参与这个型号，霍礼壮就明白，这一路必然是坎坷不断。

“我们再也经不起任何失败了”

2010 年，又经过了一年的高密度改进工作后，团队再次开赴试验场，内心自信与忐忑交织。

两次挫折，已经使得型号产品进度比计划的晚了三四年。“现在，我们再也经不起任何失败了，因为那意味着国家的重大损失。”霍礼壮告诉团队成员。

苦心人，天不负。试验终于圆满成功。霍礼壮设计的产品不仅强度更高、满足了载荷要求，而且体积更小，更加方便用户的使用。

回首坎坷的一路，霍礼壮如今愁容消散，他从失利中获得更多的是养分。

“为什么这个型号遇到的挫折比较多，还是因为技术积累不够，前期试验验证还不充分。无论是理论基础的准备，还是研制策划都是不到位的，对于复杂环境缺乏足够的认识。”霍礼壮反思。

霍礼壮近年来也同时从事了其他型号的工作，但在他眼里，最艰难、最具挑战的还是这个型号。作为一名航天老兵，霍礼壮对于失败并不陌生。刚入职的 1992 年，就遇上航天遭遇重大失利。“那时候就感受到了航天的高风险，必须万无一失。”

后来当他真正参与到型号试验中，伴随创新而来的失利锻炼了他。“失败以后再回想，才发现好多没考虑到的事情。因此必须得反复思考，从不同的角度分析，消除各种可能的隐患。”从失败中，他学会了一次把事情做对，事无巨细。

接踵而至的困难，突如其来的挫折，都是攀登高峰的必经之路。

如今，这个型号产品还在不断的改进当中，霍礼壮依然在忙碌着。

采写感悟

创新意味着“九死一生”，尖端科技的创新更是如此。失败始终与创新同行，如何面对失败、认识失败、走出失败，是航天创新者必须面对的课题。霍礼壮经历多次失利，也正是因为他从事的型号位于创新的前沿，而他善于从失利中找经验，是勇攀高峰、百折不挠的航天人的一个缩影。

6 为航天器打造“太空盔甲”

路漫漫其修远兮，吾将上下而求索。

——（先秦）屈原《离骚》

人物简介

雷辉，出生于1984年8月，硕士研究生，2009年毕业于北京航空航天大学。入职后从事空间热控涂层材料的研制生产，现任工程组副组长、专项副主任工程师。获得省部级奖励2项，中国航天科技集团有限公司技术发明一等奖1项，院级技术一等奖2项，授权专利5项。2019年获推院青年拔尖人才。

特别“上瘾”，为了做实验，他可以三天三夜待在实验室里不出门；

特别“胆小”，他把每件产品都当成艺术品小心翼翼地呵护；

特别“胆大”，他敢闯敢为，敢从国字号科研机构手中抢来任务订单；

这个集一身“特别”的航天人，就是航天一院七〇三所的雷辉。入行十年，他的故事让人印象深刻。

“上瘾”，没日没夜泡在实验室

卫星在太空轨道运行，要经受空间反射和静电的考验，为了延长卫星寿命，科技人员要给卫星喷上一层像“漆”一样的保护层——热控涂层，雷辉，就负责这项工作。

2009年，雷辉来到航天一院七〇三所，在师父的指导下，系统学习相关专业知识和技术流程。第二年，他就承担了一些课题，开始有了实践机会。从研制成果到产品输出，从设计到涂装，从地面实施到上天应用，雷辉一头扎进了实验室，醉心于热控涂层的研究。

雷辉经常说，他最大的兴趣是做实验，这是一件非常美好的事情，会让人“上瘾”。

为了琢磨出性能更优的产品，他可以三天三夜待在实验室里，尝试各种不同的涂料配方和工艺；他也可以不眠不休地翻阅大量资料、查找海量文献，只为找到让“漆”变得稳定的解决方案。

雷辉在做实验

有一次，雷辉接到研制某重要型号热控涂层的紧急任务，距离鉴定评审仅剩不到两个月的时间。期间不仅要商讨设计方案，编写鉴定试验方案、研制总结等各种报告，更为关键的是，还要进行大量的地面试验。而这种热控涂层配方和喷涂工艺，之前没有任何应用经验，一切都要从头开始积累、验证。

前所未有的困难里，往往蕴藏着千载难逢的机会。雷辉明白，这是这种涂层真正应用到型号产品上的绝好机会。

时间节点像锣鼓一样不断敲击着人们的心脏，同事们都十分紧张。雷辉没日没夜地泡在实验室，筛选了多种表面处理剂和固化剂，完善了涂层配方和工艺，并对涂层体系的性能影响进行了系统的研究……随着一个个阶段性进展的完成，一个个“路障”被清除，最终解决了结构材料和涂层防护材料在同一单位生产、交付的难题，大大缩短了生产周期，提高了整体产品质量。如今，他研制的这种涂层，已应用于多型号产品中。

雷辉是一个工作中的有心人。他积累了大量黑色、灰色热控涂层材料配方工艺数据，形成了热控涂层产品体系，满足了高、低轨道空间环境对热控涂层的设计需要，对新型热控涂层在航天器的应用起到了积极的推动作用。

这些工作不仅让卫星换上了亮丽的新装遨游太空，而且飞得安全、自如。

“胆小”，小心翼翼呵护每件产品

在雷辉看来，他的工作既是一门技术，也是一门艺术——技术上保证卫星使用寿命，艺术上达到美观的效果，实现科学与艺术的完美结合。

雷辉真是把每件产品都当作艺术品来对待，小心翼翼，精心呵护，决不允许自己负责的产品有任何纰漏。从 2012 年承担卫星热控涂层的喷涂工作以来，雷辉负责的几十个型号、上万件卫星零部件产品，不仅按时交付，而且从未出现质量问题，得到了一致好评。

跟雷辉合作的同事们一开始都不太习惯，觉得他太胆小，一会儿一个电话询问，一会跑到车间了解情况，事事跟踪、时时留心。但渐渐地，大家都习惯并理解雷辉的这种“胆小”，同事们还给他起了个风趣的外号“雷小胆”。

“胆小”背后，其实是一定要出高品质航天产品的“匠心”。

“航天工作不容许出现半点差池。跟雷辉合作，必须做好被电话‘轰炸’的准备。如果没来电话，我们心里反而不踏实。”有同事形容。

在雷辉的影响下，他所在的团队严谨务实的氛围也越来越浓厚。用户觉得把任务交给他们很放心，在雷辉和同事的积极争取下，用户甚至把“嫦娥五号”返回舱涂装这样重要的任务交给了他们。

不过，拿到任务只是“过关斩将”的第一步，给“嫦娥五号”返回舱涂装，最大的难点在于，一个侧壁需要采用 7 种材料，每一种材料基底不一样，配方也不同。

经过反复试验、多轮攻关，雷辉和团队最终在不到两个月的时间里，圆满完成了任务，为“嫦娥”未来顺利完成 30 万公里的地月“旅程”打下了坚实的基础。

“胆大”，成功“抢单”重大任务

对于产品，雷辉是“雷小胆”，对于市场，他又一下子变成了“雷大胆”。他一步步开拓，逐步打开了市场，扩大了产品应用领域，创造的产值每年都保持着不错的增长。他甚至成功“抢”来了一个重大任务的“单子”。

当时，雷辉听说中国空间站正在寻找涂装单位，一家颇具实力的科研机构正在申请。雷辉对这家机构研制的产品进行了研究和对比，感觉还是自己的产品性能好、使用寿命长。尽管尚没有实际应用，但成功开展过地面试验，取得了不错的效果，优势比较明显。更重要的是，喷绘也由他们自己实施，时间和质量都能够得到充分保证。

于是，雷辉联系到了对方单位，跑过去面对面讲明白了自己产品的优势。他自信的陈述和产品的性能打动了对方。不久后，对方单位通知雷辉，空间站的任务就交给他们来完成。

和雷辉不熟悉的人很难知道，为了这次“抢单”，他付出了多大的努力。雷辉生活中是个内向的人，并不擅长跟人打交道，要去“抢单”，对他而言是极其发怵的事情，要在以前，他宁可在实验室闭关做实验，也不愿意对着那么多人“侃侃而谈”。

雷辉决定克服自己的内向性格，就像电视上常见的演讲者不断对着镜子练习一样，为了更好地沟通介绍，雷辉也如此练习了很久，提前做了大量的精心准备。

功夫不负有心人，雷辉最终成功“抢单”。这次成功经历还让他有了额外的收获，他变得更加自信，也更加外向。

有了这样的经历，雷辉主动承揽任务的信心也更足了。他时常去和设计单位、材料研制单位进行交流，主动了解新型号的设计需求，并把自主研发的新型涂层跟国内外先进材料对标，不断改进和完善自身涂层材料的配方和喷涂工艺，以获得更大的市场竞争力和话语权。

如今，雷辉早已是热控涂层领域的骨干中坚。有人问起，在他的工作经历中，哪一样最重要，雷辉说，热爱最重要。热爱，会让自己沉下心来不浮躁，踏踏实实地把工作做深做细；热爱，也会让自己深入其中，扎扎实实地去验证好每一件产品的性能；热爱，也会让自己不断保持学习的状态，成为一名矢志创新、奋发有为的中国航天人。

采写感悟

就是这么一个生动而专注的人，让我们看到了一名普通航天人的样子。在他们的心里，航天事业带给他们的不只是一份工作，更是一份梦想，一份荣耀。即使是大系统中的一个螺丝钉，他们依然不忘初心，钉在那里发光发热，为航天事业的每一个新篇章贡献自己的力量，他们的奋斗之曲也将在为航天事业持续奋斗的过程中谱写出更多更动人的音符。

7 火箭部件“造型师”

博观而约取，厚积而薄发。

——（北宋）苏轼《稼说送张琥》

人物简介

焦宇峰，出生于1965年3月，高中学历。1985年毕业于首都机械厂技工学校。入职航天一院七〇二所后从事机床操作和编程工作，现任生产组组长，高级技师。获得中国航天科技集团有限公司航天技术能手、院优秀工人、所劳动模范称号，获省部级QC成果优秀奖1项、院级技术三等奖1项。

34 年前，他追随父辈，成为一名“航天人”；34 年来，他心无旁骛，一门心思扎根在铣床边。

岁月不断雕琢着他的容颜，他不断雕琢自己的产品，容颜渐改，技艺渐精。火箭上的传感器、变换器、减振器等关键部件，需要铣成什么形状，他总能凭借高超的专业技术，以及对质量的执着追求，满足火箭研制需要。

“航二代”就是不一样

焦宇峰的父亲是我国第一代航天人。小时候，焦宇峰就以父亲为骄傲。1980 年，我国洲际导弹发射成功，他父亲就是庆功队伍中的一员。少年宇峰羡慕之余，暗暗立下志向：长大以后也做航天人，像父亲一样为国家作贡献。

1985 年，18 岁的焦宇峰技校一毕业，就进入航天一院工作。从此，他再也没有离开航天系统，一干就是 34 年。

初入航天，焦宇峰的父亲就对他提出了很高的要求，并向他传授了多年总结的经验。焦宇峰向父亲表了态：一定要向老一辈航天人学习，像螺丝钉一样扎根岗位，千方百计把本职工作干好。

秉承这样的初心，焦宇峰走上了铣工学徒岗位。他勤奋刻苦，总是刨根问底地把师父教授的技能整清楚、弄明白，然后举一反三，研究出更新、更快的方法。

熟悉了铣床的工作原理和操作技能后，师父交给他一个任务，让他将一个圆柱体切削成正方体。他将工件夹在平钳上，小心地转动转盘，控制好平钳的位置。当刀具基本上置于中央位置时，他认真地对好刀，根据要求设定转盘，才开始加工工件。不一会儿，在刀具的切削下，一个标准的正方形就在铣床上诞生了。

师父对他的操作基本满意，但也提出了不足，主要是工件的尺寸比要求的误差大。他体会到，只掌握理论知识远远不够，实践才是检验真理的唯一标准，必须在熟练操作技能上加把劲。

自此，别人正常上班，焦宇峰自觉加班，以便使自己尽快熟能生巧。在这个过程中，他的实践能力、操作水平得到了提高，创新意识和质量观念得到了增强，很快就掌握了学徒期需要学习的内容。

6个月的学徒期只过了一半，师父就告诉他："你别在这里了，直接进车间工作吧。"

焦宇峰又惊又喜，不太敢相信自己的耳朵。他探寻地看着师父，师父微笑着冲他点了点头，他这才确认师父的话不是开玩笑。

于是，焦宇峰先人一步，成为这批学徒中最早进入车间工作的工人。

从"黑马"到"千里马"

进入车间的第一天，焦宇峰一眼就看到了公示的"任务量光荣榜"。他知道，排在榜首的首先是干活最多，其次是操作熟练，活儿干得快。听着工友们对入榜人的称赞，焦宇峰默默记下了榜单前面几个人的名字，暗下决心，要向他们学习，争取早日"榜上有名"。

为了实现这个"小目标"，焦宇峰选择了"拼命三郎"的做法。起初，领导在分配加工任务时，考虑到他是新手，便给他分简单一点的。他接了一个又一个，完成得又快又好，渐渐地，他刻意选择难的，挑战自己，也为同事们分担急难险重任务。遇到难题，他不耻下问，并勇于创新，总能把活漂亮地干完。

一分耕耘，一分收获。在第一个月的工作统计中，焦宇峰交出了485个"活"，成功地登上了"任务量光荣榜"。工友们纷纷惊叹：铣工新人中跑出来一匹"黑马"。

焦宇峰对"黑马"的称呼不感兴趣，他要做的，是这个行业的"千里马"。因此，他从最初的埋头苦干，渐渐转向灵活巧干。活拿过来，他不是马上干，而是先将准备工作做充分，分析研究怎么干效率更高、效果更好，然后再动手。久而久之，他掌握了一定的规律，形成了良好的习惯，使他工作起来更游刃有余，逐步成长为单位的技术骨干。

从“手摇”到“数控”

随着时代发展，技术革新，传统的手摇铣床已远远不能满足七〇二所车间任务量激增的型号需求。为了提高效率，2003 年，七〇二所引进了数控铣床。

对于这样一个技术含量较高的新生事物，车间当时没几个人会操作，这也给凭借经验控制传统手摇铣床的焦宇峰带来了挑战。

数控铣床需要电脑编程，设定的数值不能有丝毫偏差，否则产品很容易废掉。焦宇峰面对这个新鲜事物，不但没有被吓倒，反而被激起了斗志。不会，他就从头学；不懂，他就虚心向年轻人请教。

焦宇峰先从电脑操作学起，把业余时间大部分用在了电脑上，逐渐弄

焦宇峰在操作数控铣床

懂了电脑的基本原理和用法。此时，恰巧一位会操作数控铣床的人员要离职，需要带一带顶替他的工人，焦宇峰就利用这个时机，主动靠上去学习，基本上掌握了数控铣床的操作要领。

不久之后，车间突然来了一个急活儿——加工4个基座产品。顶替离职数控铣工上岗的两个工人，在两张数控铣床上抢进度，很快完成了任务。

可是，经过检测，这次加工的4个基座，没有一个是合格的。两个工人赶紧返工，使出浑身解数，产品还是不达标。时间紧迫，这下子急坏了车间领导。

关键时刻，焦宇峰主动请缨。他连夜加班，利用自己刚刚学会的数控铣床编程方法，结合以往手控铣床经验，又按照自己的预想设计编程、操作铣床，小心翼翼地尝试着。

功夫不负有心人，焦宇峰用了一个晚上，终于可以成功操控机床了！兴奋的他从早晨一直干到下午4点多，饭也没顾上吃，一鼓作气加工完了一个基座。送去检测，结果完全合格。

初战告捷，不惑之年的焦宇峰正式走进了数控加工的大门。

焦宇峰虽然成功了一次，但他知道，自己编程基础薄弱，还有很多业务知识需要学习，必须尽快补课。于是，他充分利用业余时间，恶补短板。

这年春节，焦宇峰借来了一本全英文的编程教材，利用假期“吃小灶”。他英语底子也不好，只能抱着字典一句一句地“啃”，再对着电脑慢慢消化。整个假期，他一直在家看书，硬是把那本书学完了。

焦宇峰谈起自己的成功经验，感慨地说：“困难像弹簧，你弱它就强。只要不被它吓倒，总会找到办法战胜它。”

从焦宇峰的话里，透露出他不怕困难、勇于进取的积极心态，也折射出他开拓创新、勇攀高峰的精神品质。

不断攀登行业技术新高峰

焦宇峰加工的产品大多是传感器、变换器和减振器的结构件。大的类似电脑主机，小的类似黄豆粒，材料涉及金属、非金属等众多类型，技术要求复杂多变。很多时候，一个巴掌大的不锈钢结构件要留出各种线孔、支架等，花费很多时间和心力才能完成。然而，不管什么样的部件，只要经过焦宇峰的精雕细琢，呈现在人们面前的就是一件漂亮的艺术品。

有人说，焦宇峰对待产品的态度，就像对待自己的孩子一样。在车间，他总是值大夜班（12 小时），大多时候都是在打磨“艺术品”。

有一次，车间加工带有 4 个筋板的零件，其平面度、平行度、对称度等形位公差要求特别严格，工艺上采用线切割方式，一位老师傅连着干废了 3 件产品，最后一件再也不敢尝试了。

焦宇峰勇敢地接过来，带着一股劲，一股不服输的劲，再次挑战高难度。他连续鏖战 57 个小时，不达目的不罢休，终于圆满地完成了任务。看着加工出来的成品，他的喜悦之情跃然在疲倦的脸上。

焦宇峰家里有一本奖励记录，文末常有这么一句话：提高效率 XX 倍。对此，焦宇峰解释说：“因为常常不按套路出牌，很多产品生产工序都有所改动，工序进步了，效率自然就提高了。”

如今，焦宇峰已经 54 岁了，但他仍像年轻时一样，踏实肯干，尽职尽责，被同事们称为“老黄牛”。不仅如此，他比年轻时更注重质量，一丝不苟，分毫必争，成为飞行器最满意的“造型师”。更让人钦佩的是，他仍在积极学习新知识，努力开拓新领域，勇于接受急难险重任务，不断攀登行业技术新高峰，为航天事业贡献着自己的智慧和力量。

采写感悟

焦宇峰在七〇二所车间人称“老黄牛”，踏实肯干、不懈奋斗使他成为了名副其实的火箭工匠。他的事迹报道在航天一院微信公众号刊登后，有这样一段质朴的留言：“好样的，工友们敬重您。我曾是 55 车间一名临时工，您的名字让我记忆犹新。您一丝不苟的勇攀高峰精神，尽职尽责的工作态度让我敬佩，榜样的力量是无穷的。愿您不断创新，取得更优异的成绩。”

8 蓄势待发，为了每一次创新

惟知学然后能勉，能勉然后日进而不息可期矣。

——（北宋）张载《张子全书》

人物简介

刘振皓，出生于1985年6月，博士研究生，2012年毕业于武汉大学。入职后从事技术研究工作。现任某载荷研制团队某系统负责人，高级工程师。获得院技术二等奖1项，三等奖3项，授权专利5项。2019年当选所级青年专家。

在航天领域，预研即超前研究，意义特殊，地位特别。它是从无到有的原始创新，但也伴随着不确定性和高风险。

在航天一院七〇二所重点实验室预研团队，年轻的博士刘振皓以善于学习而出名，他的“跨界作战”和“敢打硬仗”最令人印象深刻。

“中国航天要向强国迈进，眼光必须拉长放远；打造核心竞争力，就要从预研一点一滴积累起。”这是刘振皓的感悟。

“这一步跨得有点儿猛”

“该同志所取得的成绩，为七〇二所的技术发展作出了突出贡献。”被单位如此高度评价的，正是青年技术骨干刘振皓。

要搞好预研，先要充分弄清楚什么是预研。

刘振皓

“搞航天，从原理、技术到产品、应用需要一个过程，我们从事的就是从无到有的前端工作，创新性很强。正因为工作内容超前，经常是目标设想得很好，做起来却不一定能达到相应高度，失败的风险相当大。”刘振皓这么解读。

刘振皓全程负责立项与实施的第一个项目，是研制进气道多场耦合分析平台。复杂烦琐的流体力学与结构动力学数值计算，一开始让机械专业出身的他摸不到头绪。

“当时单位精通该领域的专家并不多，自己接到任务后，第一个反应就是这一步跨得有点儿猛——项目所涉及的专业知识从来没学过。但是自己和任务就被‘摆’在那儿了，怎么办？学吧，反正能找到教材。”刘振皓心想，项目负责人，不就是要带头打硬仗，做解决困难和破解难题的先锋吗？

于是，面对从未接触过的业务领域和从未学过的计算流体力学专业知识，刘振皓骨子里那种不服输的斗志被激发出来。他很快将表态转化为行动，也把每天下班后的办公室变成自习室。一般来说，做科研题目，如果要想看懂一本书，往往要去查看至少 10 本相关的资料书。刘振皓主动加班、带头学习、查阅专业书籍，经常到晚上 10 点才下班回家。第二天一大早，他又会准时出现在办公室，开始新一天的“循环”作息。

尽管如此刻苦用功、学得非常辛苦，但刘振皓仍感觉公式看不懂，对专有名词的理解也是马马虎虎。这种低下的效率怎么可能快速完成专业衔接，进而完成任务呢？他意识到，死磕书本，有些问题可能永远无法得到解决。怎么办？要看实例，弄清楚跟问题相关的例子别人是怎么做的，这比单纯地看书本更符合工作节奏。

实操为主，理论为辅，就这样，刘振皓完成了从“学院派”到“实战派”的转变。一边学习权威的基础原理，一边掌握大量的实操案例，他在很短的时间内就掌握了相关的专业知识和软件操作方法，最终带着团队成功搭建了分析平台，也在重点实验室开创了专业方向。

“没想到，一个跨专业的人能把事情干得这么好。”七〇二所副总工程师李海波不禁对刘振皓竖起了大拇指。

面对工作中的“拦路虎”，很多新人都会产生畏难情绪，面对新课题、新技术的刘振皓，却总是勇于攻关，勇攀高峰，称得上专心做学问，踏实搞科研的优秀代表。

“这么重要的任务交给我，一定不能搞砸”

2018 年，刘振皓再次承担了某重大项目重要分系统方案的论证工作。由于项目的创新度较高，国内外尚无案例和经验可循，因此受到他所在单位的高度关注。

“这么重要的任务交给我，一定不能搞砸，不能辜负组织的信任。”一种强烈的责任感与使命感，在刘振皓的心中油然而生。

为寻求最优方案，项目团队开展了持续数月的方案设计和数值仿真计算。对刘振皓而言，这一次项目中所用到的计算软件又是从“零”开始。为此他不知加了多少班，跑了多少次科研院所与高校，如饥似渴地求教专家学者。熟悉软件操作的同事张忠记得，有段时间，为了请教软件操作方法，刘振皓几乎天天和他待在一起。

有过之前项目的成功经验，这一次刘振皓也是信心满满。带着反复斟酌过的方案，他和团队踏上了正式试验的旅程。谁知道，这一次方案验证试验竟然以失败告终，项目团队近一年的努力付诸东流。

那几天，刘振皓大脑一片空白，食不下咽，夜不能寐。等静下心来后他反复琢磨，终于想明白了失败的原因：由于没有经验可循，团队一开始便忽视了一个极难发现的力学特征。

“现在回想起来，还是自己的知识面不够、懂得太少了。如果当时对那个领域有概念，就能预料到结果，少走一些弯路。”从哪里跌倒，就在哪里爬起。既然原有的知识储备不能满足当前和未来的试验需求，刘振皓下定决心，开始努力学习新知识，掌握新技能，把自己完完全全当成一个新人来充电。

为了解决难题，他一趟趟跑到北京理工大学、哈尔滨工业大学、中国科学院等单位，走访和请教相关领域的权威专家和学者。每次去的时候，他都带上一个空白的笔记本，回来时除了带回写得密密麻麻的本子外，还会额外多出一摞厚厚的草稿纸。随着任务节点的临近，刘振皓和项目组成员干脆放弃了周末和节假日的休息，加班加点、全心全意扑在项目上。

同事孔凡金回忆，那段时间里，除了出差，刘振皓不是发送、接收请教问题的电子邮件，就是给一些不方便见面的专家打电话进行咨询，常常一个电话能打一个多小时……就这样，经过不断的试验，项目团队终于设计出改进方案并通过考核，获得了任务方的高度肯定。

其实，无论是立项论证还是实施科研，刘振皓和同事们常年面临着跨专业与多学科综合的问题，这也是预研的一个特点。为此，他们需要不断充实自己，在深度和广度上都进行充分积累，从而能够提出新的优质的解决方案。

“预研工作最大的特点就是创新。从这个意义上讲，原地踏步就等于退步。”这是刘振皓这些年从事预研工作悟出的“真经”。

“用实际行动丰满航天人形象”

“2003 年，杨利伟乘坐神舟五号飞船首次进入太空，这是中国人的第一次。从那时候起，我开始关注中国航天，心里有一种说不出的向往。不过那时候根本想不到，自己也能成为航天大家庭的一员。”刘振皓这样描述自己与航天的缘分。

1985 年出生的刘振皓，2003 年考入武汉大学攻读机械设计专业，本硕博一路读下来，2012 年毕业后入职航天一院七〇二所，专门从事预研工作。

大把大把业余时间用于工作的刘振皓，并不是只会工作没有爱好的“书呆子”。他从学生时代起就学习吹圆号，擅长乐队指挥，喜欢收集原版音乐 CD，同时还是个“深度”摄影爱好者。刚参加工作时，刘振皓还组织过交响乐团。坚持自己的爱好，把每一项工作做到极致，这是刘振皓心中的“快乐之源”。

但无论是钻研自己的爱好，还是做好每一项创新工作，都并不像口头说说的那样简单，它更需要努力与奉献、坚持与付出。刘振皓就是用自己的实际行动，丰满着新时代中国航天人的形象。

对刘振皓来说，最重要的是，每一次“创新”成功，对他来说都是知识储备和能力的提升。他始终绷紧了弦，一直保持学习状态，蓄势待发，为下一次“创新”做好准备。

采写感悟

面对工作中的“拦路虎”，不少青年科技工作者容易产生畏难情绪，从而前瞻后顾、心浮气躁、知难而退；相比之下，面对新课题、新技术，刘振皓总是勇于攻关，敢啃“硬骨头”，不愧为专心做学问、踏实搞科研的杰出代表。刘振皓的事迹表明：追求梦想不像口头上说说那样简单，它更意味着努力、坚持与付出、奉献。他用自己的行动诠释了新时代中国航天人善于学习、有志创新、勇攀高峰的精神与品质，相信这些将伴随着他在科研的道路上不断前行，最终通向充满曙光的顶峰。

9 独辟蹊径攀高峰

专心致志，以事其业。

——（宋）朱熹

人物简介

张宏宇，出生于1981年1月，硕士研究生，2008年毕业于北京工业大学。入职后从事结构设计与强度设计，历任结构组副组长、强度副主任设计师等。获得院级技术一等奖2项，授权专利8项，发表SCI论文2篇。多次获得所突出贡献荣誉称号，2019年获院突出贡献党员。

在阅兵盛典的电视镜头前，当与之“血脉相连”的国之重器驶过天安门时，他心跳加速，很想大声地喊出来；

在微信朋友圈，看到自己经手的尖端装备被别人转发，他只能默默点赞，但仍然特别有成就感……

对从事航天十余年的张宏宇来说，历史并不记载这些细节，但它们却是历史弥足珍贵的注脚。

成功是沉甸甸的字眼

2008年，走出校门的硕士毕业生张宏宇来到航天一院，成为一名航天人，这既是从学生到职场的转变，也意味着真正从理论转向实践。

张宏宇的第一个“角色”是结构设计师。其职责，简单地说就是把设计人员给出的各类参数，变成可以实现的产品。但张宏宇并不这么简单地去理解。

“这个工作一头连接设计，一头连接制造。”张宏宇仔细琢磨：要做好这个工作，既要懂设计，又要知晓未来制造过程中可能遇到的复杂飞行环境、产品参数、弹道环境等信息，对这些可能遇到的各种变量，他都要提前考虑，这样才能为后续的制造环节留出余量。

为了适应岗位要求，张宏宇觉得仅仅关注结构领域并不够，他迅速补充起工艺、装配、制造等制造端口的专业知识，“一个好的结构设计师要想能‘远眺四方、掌控全局’，必须要有与其他专业对话的实力和水平”。

在工作中不断进步、不断提升，张宏宇找到了其中的乐趣。他善于对每个产品“庖丁解牛”，寻找其中的门道。一个个产品出厂的同时，张宏宇也不停积攒着专业知识，成为迅速成长的“推进剂”。随着本领的增长，“有问题，找宏宇”，成为了周围同事的一句口头禅。大家说，张宏宇仿佛时刻怀揣着一个锦囊，总能为别人提供解决问题的妙计。

实际上，将结构设计师做到“优秀”，还必须经得住各种风险的考验。

张宏宇记忆里最紧张的一次，是一次探索性的飞行试验。临近发射，最后一次复查时却发现，有一个不起眼的小部件的力学结构被忽略了。没经过验算，产品就不能百分百让人信赖。

“当时这次试验十分受人关注，因为它将首次获取某领域的飞行环境数据，给后边的型号做支撑。”张宏宇知道，这虽然只是一个小部件，但如果带着隐患上天，就意味着风险近在咫尺。

“这个问题让我们很难受、很被动，时间太紧张了，但一定要及时解决这个问题。”张宏宇同几位专家一起，连夜攻关，用了整整两天时间终于解决了这个问题。最终方案通过，飞行没有受到影响。

不过，尽管经过了周密的计算，但发射时，张宏宇还是特别紧张。他没有在试验大厅等待飞行数据，而是和几个同事赶去了几公里以外的空旷田野，目睹飞行器起飞。

当时，5 秒钟都显得是那么漫长。夜空中，仿佛火柴一划，闪起了火爆。喷薄的蓝红色火焰稳稳托举着飞行器，伴随着轰鸣声直向苍穹而去。张宏宇长吐了一口气，感觉手心都渗出了汗。这一瞬间，他像卸下了万钧重量，浑身轻松。

饱含着大量设计人员的心血，寄托着团队的美好希望，同时又承受着巨大的压力，对张宏宇和团队来说，成功，是多么沉甸甸的字眼。

在外人看来枯燥的攻关，他却为之兴奋

2014 年，张宏宇再次“转型”，从一位结构设计师变成了强度设计师。从关注结构，到关注产品在飞行环境中的强度领域，这对他的专业知识提出了更高的要求。

在产品研制中，强度优化一直是一个难题。成为强度设计师，张宏宇紧咬着这个问题不放。

古代中国有能工巧匠，一个铆钉或螺钉也不用，仅依靠木料榫卯，就建造出一座高塔或者一艘大船。现代的航天工程师，也追求着类似的目标。不过，尽管螺钉是最简单的连接办法，但在需要强度的时候，它往往不称职。张宏宇和同事们要追求的，就是让产品的强度更加可靠。

张宏宇曾做过这样一次改进。一个重要而常见的结构需要连接两个圆筒，这本来是用一系列螺钉固定，但考虑到重量，螺钉又不能用得太多。这种传统设计带来了局部螺钉受力太大的问题，而且会对板材有一个“掰”的力量，弯曲稍微一大，应力问题就很严重。

张宏宇做了一个小调整，引入额外的板和一个小小的垫块，调整了以

往的关节结构，这样，应力分布均匀了，不再有弯曲和“掰”的问题。这一设计证明十分成功，后来用在了很多产品上。

“现在的飞行器经历的环境要比常规的飞机恶劣得多，载荷也要大得多，所以需要对结构载荷进行各个环节的优化。”分享成功经验时，张宏宇这么说到。

还有一次，某型号的一个小部件本来要安装在飞行器筒体上，关键的连接依靠一系列螺钉。由于飞行时环境非常恶劣，所以这个部件所经受的挑战会极大。一旦这个部件出现松动，就会导致试验失败。

离下一步试验节点只有半个月，时间紧、任务重，承担任务的张宏宇称得上是临危受命。他从原理出发，层层剖析，抓住源头，详细分析，最终顺利化解了难题。

在外人看来，这些攻关工作十分枯燥、辛苦，张宏宇却为之兴奋甚至甘之如饴。

“一个结构的应力如何分布，有时候会完全出乎意料，你不觉得很有意

张宏宇

思吗？有意思的东西看得越多，对于结构强度设计这门学问，理解就会越深刻。”张宏宇说。

敢于打破常规，才有可能发现更好的解决办法

2013年，某型号产品成功发射，标志着航天一院正式进入某新领域。为了在这个新领域有所作为，项目团队历经了数年艰辛，攻破了一个又一个难题，实现了一个又一个攀登高峰的创新。

这其中，张宏宇也作出了独特的贡献。他作为团队成员，打破常规思维，解决了关键难题，为型号产品首飞赢得了宝贵时间。

空气舵用来控制飞行器飞行姿态与轨迹，在传统空气舵结构系统的设计中，所有产品将作为整体装配到飞行器中。但在这次任务中，因为空间有限，整舱式装配行不通。

“怎么办？这个问题如果不解决，后续工作都将搁置，飞行器首飞时间也会延误。”张宏宇作为空气舵结构系统方案的设计人员，肩上压力巨大。他查阅了很多文献资料，包括相关系统的设计规范，还找了许多飞行器的照片逐一观察，但所有的资料都是关于整舱式装配的，没有可以借鉴的经验。

张宏宇反复琢磨，心想，既然按照常规的思路行不通，那就换一种方式思考。那段时间，他像着了魔一样，每天脑子里想的都是各种结构设计，甚至坐公交车时，望着窗外的公交站牌、楼房也会想，这些设计是否能用到方案中？

终于，张宏宇想到了一个解决方案。没想到，方案一提出，就遭到了结构设计领域专家们的质疑，他们认为，整舱式装配是世界通行的方法，从来没有人改变过，如果更改这个方法，将会削弱产品的刚度，大大增加飞行器失稳的风险。

张宏宇显示了对自己方案十足的信心。他坚持说，这个方案只是增加了一个连接面，对产品刚度没有太大的改变。经过讨论，大家决定通过试

验的方式检验这个方案的可行性。最后试验成功，方案顺利通过。再后来，张宏宇的这一设计还获得了航天一院技术改革的一等奖。

有过这次经历，张宏宇感悟很深："传统经验需要借鉴，但也要敢于打破常规，这样才有可能发现更好的解决办法。"

这几年，张宏宇也开始带团队。他觉得，做科研最大的乐趣就是开放、共享，只有这样，个人才能和事业共同进步、共同成长。

有人问他，做好工作的诀窍是什么？张宏宇笑着给出一个看似十分简单的答案："我希望自己出手的东西能够经得住推敲和质疑。"

这些年，由于保密原因，张宏宇对自己的工作只字不提。他有个心愿：再过多少年，等做的事情解密了，一定给儿子好好念叨念叨，爸爸干的事情又酷又炫……

采写感悟

"人生是一个圆，历史是一个圆。改变只是外在，本质一如既往。大道至简，终归一脉"——张宏宇深耕飞行器结构力学，对他钟情的科学有深刻的体悟，他追求的是技术的极致、人生的极致。成千上万个张宏宇，以其专业素养，合力攻克世界级难题。他们修炼小宇宙，探索大宇宙，以热血与梦想汇聚起航天事业奋发向前的强大动力。他们的超能力不是别的，就是铭刻心中的航天"三大精神"。他们不辞辛劳，不言荣辱，默默耕耘，守望花开。

后　记

党的十八大以来，以习近平同志为核心的党中央高度评价航天“三大精神”的历史地位和时代价值，并根据新时代的历史方位明确了要大力弘扬航天“三大精神”的方向和要求。

为深入贯彻落实习近平总书记的指示精神，航天一院党委在 2019 年年初启动了《航天“三大精神”新时代内涵的弘扬和践行》课题研究，并将之作为全年院党委的一项重点工作，决定出版一本火箭人的故事集作为课题研究的成果之一。故事集的内容要体现新时代火箭人在工作中鲜活的、可歌可泣的感人故事，展现新时代火箭人践行航天“三大精神”的生动实践。

2019 年 5 月 14 日，航天一院党委成立了故事集编写组，确定了故事集的书名——《新时代追梦火箭人》，由院党委书记李明华同志担任主编。

在短短的 6 个月中，编写组在全院组织了 4 轮征集活动，征集了包括 282 篇、52 万余字的故事素材，共召开了 7 次、整整 10 天的评审会，八易其稿，编写组人员从筛选文稿、提出相关建议，到修改书稿逻辑及相关内容，经常从早上 9 点一直评审到晚上八九点。编写组志在推出一本无愧于全体火箭人、无愧于航天事业、无愧于伟大新时代的优秀作品。

参与撰写这本书的同志有很多。除了编写组成员外，左敬华、王涑、高崇芮、阎琳琳、赵昉、张娟娟、左秋红、付应丽、邱晨辉、王胜永、周楠、金石开、王丽秋、刘秉、纪刚、赵珞、解晓芳、许诺、周宏、武园浩、张利宾、杨蕾、杨树涛、张佳、王若凡、徐铁聪、李燕红、张娅婷、高小方、李瑶、徐婷婷、吴思、陈海燕、肖强、朱世鹏、李雪雯、刘莎莎、张青、王新平、赵日、黄蔚、张宏剑、覃思琪、徐阳、李晶华、王琳、张双莹、陈棣、焦宇铭、宁丽红、孟兆威、楚芸焕、费智婷、岳梦云、初娣、孙理理、杜亚培等都参与了本书的故事采写工作。

本书编写组还邀请了一些相关领域的专家撰写了篇首语，他们是中国现代文化研究中心原主任、中国现代史学会会长郭德宏，中国企业联合会（企业家协会）驻会副会长尹援平，中央党校（国家行政学院）党史教研部副主任、教授、博士生导师李庆刚，中国文联文艺评论中心副主任周由强，中国政法大学中国和平发展研究中心副主任胡尚元，国务院国资委新闻中心原主任毛一翔，这些专家对书稿的内容，甚至是一些细枝末节，都曾提出一些很好的建议，且大多已被采纳和体现在书中。

与此同时，优美的文字也需要角度到位、用光巧妙、形象生动的图片加以衬托。我们邀请了《中国航天报》摄影记者宿东对部分故事内容涉及的主人公进行了拍摄。

除此之外，编写组饱含着对故事人物的深厚情感撰写了此书的前言，对文章的导读及采写感悟也做了大量的修改，力求做到贴合人物、体现故事、展现精神。在本书即将付梓之际，要特别感谢所有关心、支持、参与编写工作的各位领导。他们是：中央党史研究室原副主任、现任中央党史和文献研究院院务委员张树军，全国党建研究会特邀研究员、国务院国资委直属机关党委原常务副书记曾坚，中国高科技产业化研究会党委书记、航天一院原党委书记梁小虹，航天一院原党委副书记李光亚，新华社评论部负责人郑文博，北京师范大学马克思主义学院教授、博士生导师徐斌，对外经济贸易大学马克思主义学院研究员曾磊，北京航空航天大学马克思主义学院博士后孙新。

本书在定稿之前，征求了诸多航天系统相关单位党委书记的意见。他们是：航天一院事业部党委书记戴育雷、航天一院十所党委书记李谦、航天一院七〇二所党委书记李晨风、航天一院七〇三所党委书记张民、航天一院航天长征化学工程股份有限公司党委书记杨铁诚。

感谢人民出版社对本书的精心修改和为出版发行提供的热情支持。感谢北京获麟管理顾问有限责任公司总经理李峰同志为书稿的撰写所做的大量保障工作。

在本书初审时，我们曾邀请部分航天系统外的读者提出宝贵意见。我们欣慰地看到，在阅读这本书的过程中，有的读者热泪盈眶，有的读者陷入沉思。有一名读者甚至专门为本书的一位主人公留言："你的名字，我们不熟悉；但我们的国家，因你而强。国庆70周年阅兵的那个时刻，你们不仅用智慧和汗水书写了国家的历史，也定义了我们的人生。"

仰望苍穹，征途漫漫。行路青天，险远无终。只问敢勇，无问西东。再次衷心感谢所有关心帮助和支持本书编写工作的同志们！

本书编写组

2020年2月

总 策 划：陈紫阳
责任编辑：王世勇
版式设计：顾杰珍

图书在版编目（CIP）数据

新时代追梦火箭人／李明华 主编．—北京：人民出版社，2020.6
ISBN 978－7－01－021704－8

Ⅰ．①新…　Ⅱ．①李…　Ⅲ．①航天科技－工程技术人员－生平事迹－中国－现代　Ⅳ．①K826.16

中国版本图书馆 CIP 数据核字（2019）第 138253 号

新时代追梦火箭人
XINSHIDAI ZHUIMENG HUOJIANREN

李 明 华　主编

人民出版社 出版发行
（100706　北京市东城区隆福寺街 99 号）

北京汇林印务有限公司印刷　新华书店经销

2020 年 6 月第 1 版　2020 年 6 月北京第 1 次印刷
开本：710 毫米 ×1000 毫米 1/16　印张：21.25
字数：316 千字

ISBN 978－7－01－021704－8　定价：98.00 元

邮购地址 100706　北京市东城区隆福寺街 99 号
人民东方图书销售中心　电话（010）65250042　65289539